本书系陕西省“三秦学者”创新团队支持计划“西北政法大学基层社会法律治理研究创新团队”成果，系西北政法大学与延安市委政法委合作课题成果

XINSHIDAI
SHIGE MEIYOU

PING’ AN ZHONGGUO
JIANSHE DE
YAN’ AN SHIJIAN

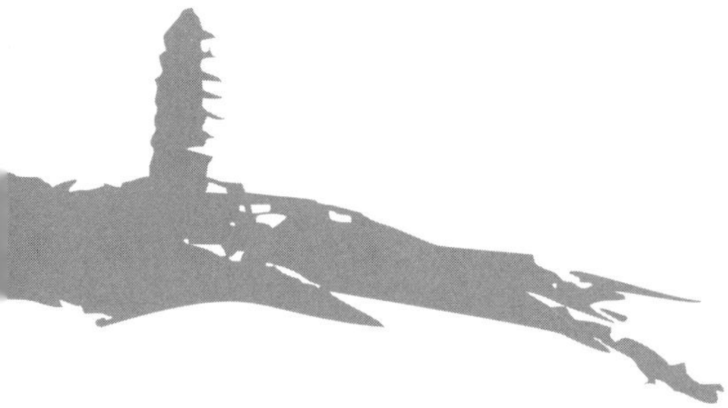

新时代“十个没有”

平安中国建设的延安实践

江世荣 王斌通 / 主编

陕西新华出版传媒集团 陕西人民出版社

编委会

编写组

组　长： 汪世荣　王斌通

成　员： 侯学华　闫强乐　赵俊鹏　魏毅娜　吕江鸿　乔　良　高　娟　刘晓峰

序　言

西北政法大学是一所具有深厚红色文化底蕴的高校，与中国革命圣地延安有着深厚的渊源。西北政法大学起源于1937年中国共产党在延安直接领导创办的陕北公学，后历经延安大学、西北人民革命大学、中央政法干部学校西北分校等时期。学校法学学科底蕴深厚、力量雄厚，是法学教育国家队“五院四系”之一，是国家首批“卓越法律人才教育培养计划”高校，承担全国高校唯一的法学“服务国家特殊需求博士人才培养项目”，拥有多个国家级、省部级研究平台，形成了注重基础理论研究、服务国家重大需求与区域发展的研究特色。

学校专门成立中华法系与法治文明研究院、枫桥经验与社会治理研究院、马锡五审判方式研究院，其研究成果受到中央政法委、最高人民法院、最高人民检察院、司法部的高度肯定，在中华优秀传统法律文化、人民司法优良传统、枫桥经验、平安建设、法治建设、市域社会治理现代化、基层社会治理现代化等方面的研究走在全国前列。

早在延安时期，中国共产党就团结带领中华儿女进行了社会治理实践与探索。1940年2月1日，毛泽东主席发表题为《团结一切抗日力量，反对反共顽固派》的演讲，首次提出“十个没有”：“这里一没有贪官污吏，二没有土豪劣绅，三没有赌博，四没有娼妓，五没有小老婆，六没有叫化子，七没有结党营私之徒，八没有萎靡不振之气，九没有人吃摩擦饭，十没有人发国难财。这种纯洁的党风，直接推动着中国革命的胜利前进。”“十个没有”反映了延安的党风、政风、民风，特别是政通人和的社会治理效果，与当时国统区形成鲜明对比。延安也成为全国最进步、最有朝气、最有希望的地方。

中国特色社会主义进入新时代，面对推进国家治理体系和治理能力现代化的新形势，如何继承和发扬延安时期优良传统，适应社会主要矛盾变化带来的新任务，成为创新社会治理的重大课题。近年来，延安市不断从延安时期“十个没有”的成功经验中汲取营养和力量，在宝塔区先行先试、取得经验的基础上，确立了“努力重现延安时期‘十个没有’良好社会风气”的目标任务，以各领域、各行业实现“十个没有”为目标，全面开展新时代“十个没有”系列创建活动，努力把红色资源利用好、把红色传统发扬好、把红色基因传承好，推进市域治理现代化，为推进基层治理体系和治理能力现代化提供了“延安实践”。

汪世荣、王斌通主编的《新时代“十个没有”：平安中国建设的延安实践》是西北政法大学与延安市委政法委合作课题的阶段性成果，集中体现出延安市新时代“十个没有”平安建设的实践经验，是一本融思想性、学理性、实践性于一体的学术佳作，反映出西北政法大学研究团队精湛的学术水准和高度负责的学术态度，对深入推进社会治理现代化具有重要的参考价值。

社会治理永无止境，实践创新永无止境。我希望，西北政法大学研究团队继续保持全国一流的枫桥经验与社会治理学术团队研究优势，不断提升团队凝聚力、学术创新力、成果影响力，形成朝气蓬勃、开放包容、锐意进取的学术共同体，努力把论文写在祖国大地上，推出更多服务国家和地方发展重大需求的研究成果，为建设更高水平平安中国、法治中国做出积极贡献。

范九利

目 录

绪　论

党的十八大以来，以习近平同志为核心的党中央高度重视平安中国建设，统筹发展和安全，把平安中国建设置于中国特色社会主义事业发展全局中谋划推进，平安中国建设体制机制逐步完善，创造了人民安居乐业、社会安定有序的良好局面，人民群众的获得感、幸福感、安全感更加充实，中国成为世界上最安全的国家之一，续写了社会长期稳定奇迹，为开启全面建设社会主义现代化国家新征程、实现中华民族伟大复兴的中国梦营造了安全稳定的社会环境。党的二十大报告在“推进国家安全体系和能力现代化，坚决维护国家安全和社会稳定”部分提出，建设更高水平的平安中国，以新安全格局保障新发展格局。平安中国建设涉及社会各个方面，涵盖社会所有领域。在平安中国建设中，全国各地涌现出了诸多结合本地实际的创新实践和做法。延安是中国革命的圣地，延安市委、市政府关于平安建设提出了独具特色的举措和方案，这些方案经过扎实推进，取得了实实在在的效果。《新时代“十个没有”：平安中国建设的延安实践》旨在通过对延安市新时代平安建设的深度描述，全方位展现延安的具体操作过程和形成的经验成果，揭示平安中国建设在延安取得的成效，深化平安中国建设的规律性认识，推动更高水平平安中国建设的实践。

一、平安中国建设的实证研究亟待加强

平安稳定是治国理政的一项重大任务，更高水平的平安中国建设，需

要强大的理论研究成果支撑。科研人员深入调研，把基层具有创新性的经验做法进行呈现和总结，就是“把论文写在祖国的大地上”。实证研究的可贵之处是面对真问题、解决真问题，使学术研究具有问题意识，服务于社会实际。

描述和呈现的过程不仅仅是简单的复述，还是研究人员学习、思考后的学术化表达。将学术研究和实务工作的提高、改善有机结合，是实证研究的显著特点。调查研究方法，就是将平安建设的实践作为观察、分析的对象，并运用理论方法，对其进行体系化、系统化的总结梳理，提出改进的意见和建议，进一步丰富实践成果，指导实践创造。

走出书房，融入实践，作为一个参与者研究平安建设，将平安建设作为全社会参与的行动，是“共建共治共享”治理格局的必然要求。平安建设研究扮演的不再是旁观者的角色，而是深入一线的实际参与者。研究者既是描述与呈现者，也是实践者、建设者，是平安建设的受益者，这样的研究是全新的视角，这样的方法研究所取得的成果，也是富有建设性的成果。

二、平安中国建设延安实践取得了诸多创新

“人民安居乐业，社会安定有序”是平安建设的目标。延安实践以延安精神为灵魂，以新时代“十个没有”为目标，以“两说一联”为载体，形成了独具特色的平安建设样本。延安实践强调思想文化引领、良法善治目标和调动多元主体积极性、主动性的工作机制，形成了上下协调、部门联动的治理机制。延安实践有效涵盖了纵横交错的治理主体，形成了社会治理的合力，取得了积极的治理成效。

延安实践体现了综合治理的要求。通过四级综治中心建设，全面覆盖了市、县、乡镇（街道）、村（社区）纵向到底的所有方面，形成了包括矛盾纠纷化解、服务导向的社会治理结构，体现了有效服务的现代治理理念和要求。

延安实践较好地解决了社区治理中的难点和堵点问题。重心下移、力量下沉，将城乡社区作为社会治理的基本单元，通过网格化治理，减小治理单元，适应治理现状，是实现治理有效的重要措施。通过平安建设机制，延安实践把治理的重心聚焦在社区治安、社区环境卫生、社区体育文化设施建设、社区医疗卫生等各个方面，发挥企业和社会组织的作用，全面加强了基层基础工作，提升了基层群众的安全感、获得感和幸福感。

三、实证研究方法有助于理论研究成果的转化

将学术理论研究和实践有机结合的研究方法，缩小了理论与实践的距离，研究工作本身在推动平安建设实践的改革和完善。实现理论研究成果和平安建设实践的无缝对接，是实证研究方法的特点。吸收实务部门的同志一道参与研究工作，将调查研究作为推动平安建设的有机组成部分，也同时改善了研究工作的质效。

新时代平安中国建设是建设更高水平的平安中国，需要面对和解决人民日益增长的美好生活需要和不平衡不充分的发展之间的矛盾。只有深入实际、扎实调研，才能把平安建设实践的经验和创新成果及时反映到研究成果之中；更高水平的研究成果，才能更好指导平安建设工作。延安实践作为一个典型案例，对平安中国建设的研究具有重要的启迪价值。

第一章
延安精神为灵魂，厚植平安建设的思想文化根基

延安精神是中国共产党在延安时期形成的革命价值观念体系，它是以中国共产党为核心的中华民族优秀分子，在抗日战争和解放战争时期，在为争取民族独立和人民解放事业的不懈奋斗中，在陕北延安极其艰苦的环境下，所形成的理想信念、精神风貌、思想品德、工作与生活作风的精华和结晶。延安精神是中国共产党在马克思列宁主义指导下，经过长期革命斗争形成的。它继承和发展了井冈山精神、长征精神等革命传统，集其大成，同时又继承和发展了中华民族的优良传统，使之升华到一个全新的境界。延安精神的主要内容包括：坚定正确的政治方向，解放思想、实事求是的思想路线，全心全意为人民服务的根本宗旨，自力更生、艰苦奋斗的创业精神。延安精神是中国共产党的性质、宗旨、优良传统和作风的集中体现，是中华民族的宝贵精神财富，对中国现当代历史发展产生了巨大而深远的影响。确立延安精神在平安延安建设中的灵魂地位，有助于厚植平安建设的思想源泉。

第一节　延安精神的形成历程与主要内容

延安精神形成于陕甘宁边区时期，在中国革命和建设中，发挥了极其

重要的作用，成为中国共产党和中国人民的宝贵精神财富。延安精神中诸多内容，至今具有现实的指导意义。在新时代平安建设中，延安精神历久弥新，具有强大的生命力。

一、延安精神的形成历程

毛泽东同志最早对延安精神的基本内容进行了概括。1942 年 12 月，毛泽东同志在中共中央西北局高级干部会议上所做的题为《经济问题与财政问题》的报告中说："延安县同志们的精神完全是布尔什维克的精神。他们的态度是积极的，在他们的思想中、行动中，没有丝毫的消极态度。他们完全不怕困难，他们像生龙活虎一般能够征服一切困难。"① "在这种精神下，延安同志们没有一件事不是实事求是的。他们对于他们所领导的延安全县人民群众的情绪、要求及各种具体情况是充分了解的，他们完全和群众打成一片，他们有很好的调查研究工作，因而他们就学会了马克思主义的领导群众的艺术，他们完全没有主观主义、宗派主义与党八股。"②"我们希望全边区的同志都有延安同志这样的精神，这样的工作态度，这样的和群众打成一片，这样的调查研究工作，因而也学会领导群众克服困难的马克思主义的艺术，使我们的工作无往而不胜利。"③ 毛泽东同志在这里首次提出了延安精神的基本概念，而且强调艰苦奋斗、不怕困难和实事求是构成了延安精神的基本内容，号召全边区学习和发扬这种精神④。

1949 年 10 月 26 日，中华人民共和国成立不久，毛泽东同志在致延安的复电中指出："延安和陕甘宁边区，从一九三六年到一九四八年，曾经是中共中央的所在地，曾经是中国人民解放斗争的总后方。延安和陕甘宁

---

① 毛泽东：《毛泽东文集》第二卷，人民出版社 1993 年版，第 458 页。
② 毛泽东：《毛泽东文集》第二卷，人民出版社 1993 年版，第 459 页。
③ 毛泽东：《毛泽东文集》第二卷，人民出版社 1993 年版，第 459 页。
④ 林有主编，中国延安精神研究会、延安精神研究课题组编著：《论延安精神》，高等教育出版社 2008 年版，第 2 页。

边区的人民对于全国人民是有伟大贡献的。”① 复电提出：“我并且希望，全国一切革命工作人员永远保持过去十余年间在延安和陕甘宁边区的工作人员中所具有的艰苦奋斗的作风。”② 这里，“全国一切革命工作人员永远保持过去十余年间在延安和陕甘宁边区的工作人员中所具有的艰苦奋斗的作风”无疑就是指延安精神、延安作风③。之后毛泽东同志再次强调了在延安时期形成的艰苦奋斗的优良作风，并希望在全党和全国人民中永远保持艰苦奋斗的作风。1957 年 3 月，毛泽东同志在济南党员干部会议上讲话强调：“共产党就是要奋斗，就是要全心全意为人民服务，不要半心半意或者三分之二的心三分之二的意为人民服务”，“我们要保持过去革命战争时期的那么一股劲，那么一股革命热情，那么一种拼命精神，把革命工作做到底。”④

1968 年 5 月 1 日陕西省革命委员会成立，5 月 3 日《人民日报》《解放军报》发表了“热烈欢呼陕西省革命委员会成立”的社论，其正标题就是“延安精神永放光芒”，最早提出延安精神的概念。社论指出：“毛主席在革命战争年代，曾经把‘延安还是西安’比作‘革命还是反革命’，以此来教育我们划清敌我界限。在抗日战争和解放战争时期，延安，是毛主席和党中央领导中国人民向帝国主义、国民党反动派进行胜利斗争的革命中心；西安，是国民党反动派反共、反人民的一个反革命重要基地。延安和西安的斗争，共产党和国民党的斗争，是关系着中国两条道路、两种命运、两个前途的斗争。在长期斗争中用毛泽东思想培育起来的延安精神，代表了马克思列宁主义的彻底革命精神，代表了无产阶级的艰苦奋斗精神。”⑤

1970 年 3 月，周恩来同志在召集延安地区来京代表的座谈会上指出，

---

① 毛泽东：《毛泽东文集》第六卷，人民出版社 1999 年版，第 17 页。
② 毛泽东：《毛泽东文集》第六卷，人民出版社 1999 年版，第 17 页。
③ 谭虎娃：《延安精神新论》，人民出版社 2015 年版，第 1 页。
④ 毛泽东：《毛泽东文集》第七卷，人民出版社 1999 年版，第 285 页。
⑤ 《延安精神永放光芒》，《人民日报》1968 年 5 月 3 日。

要恢复延安精神，自力更生，艰苦奋斗。1973年6月，周恩来同志在陪同越南领导人参观延安时又说："一定要发扬延安精神，自力更生，艰苦奋斗，大大加快延安地区的建设步伐。"

进入20世纪80年代，邓小平同志在领导全党进行改革开放和现代化建设的同时，也十分重视和强调发扬延安精神，建设社会主义精神文明。1980年1月，他强调："一定要努力恢复延安的光荣传统，努力学习周恩来等同志的榜样，在艰苦创业方面起模范作用。"① 1980年10月25日，邓小平同志在中共中央工作会议上讲话指出："要教育全党同志发扬大公无私、服从大局、艰苦奋斗、廉洁奉公的精神，坚持共产主义思想和共产主义道德。我们要建设的社会主义国家，不但要有高度的物质文明，而且要有高度的精神文明。所谓精神文明，不但是指教育、科学、文化（这是完全必要的），而且是指共产主义的思想、理想、信念、道德、纪律，革命的立场和原则，人与人的同志式关系，等等。学习和培养这些革命精神，并不需要多么好的物质条件，也不需要多么高的教育程度。我们不是靠马克思主义的科学理论和上述的革命精神参加革命到现在吗？从延安到新中国，除了靠正确的政治方向以外，不是靠这些宝贵的革命精神吸引了全国人民和国外友好人士吗？"② 他强调："我们一定要宣传、恢复和发扬延安精神，解放初期的精神，以及六十年代初期克服困难的精神。"③ 1981年11月，邓小平同志在同美国财政部长唐纳德·里甘谈话时表示："那时，我们是延安传统、延安精神。我们在延安时，什么都困难，什么东西都没有……就是按照毛主席提出的'自己动手，丰衣足食'的方针……结果所有的困难都克服了，过得很好。那种精神现在中国仍然需要。"④

1989年9月9日至12日，刚刚成为第三代中央领导集体核心的江泽

---

①《邓小平文选》第2卷，人民出版社1994年版，第260页。
②《邓小平文选》第2卷，人民出版社1994年版，第367页。
③《邓小平文选》第2卷，人民出版社1994年版，第369页。
④《邓小平年谱》（下），中央文献出版社2004年版，第185—186页。

民同志，出京考察的第一站选择了延安。在延安，江泽民同志强调：“自力更生、艰苦奋斗的延安精神没有过时，抗日战争、解放战争的艰苦岁月要发扬延安精神，社会主义初级阶段也离不开延安精神。否则，我们的社会主义是很难建成的。”1990 年 4 月 4 日，江泽民同志又为陕西省委《共产党人》杂志题词“延安精神永放光芒”。2002 年春江泽民同志在陕西考察工作时指出：“延安精神体现了我们党的马克思主义政党的性质，体现了我们党与时俱进的思想风范，体现了我们党与人民同呼吸、共命运的优良作风，体现了中国共产党人一往无前的奋斗精神——无论过去、现在和将来，延安精神都不能丢——全党同志，一定要结合新的实际，大力弘扬延安精神，使延安精神成为我们党在新世纪团结和带领人民不断开创有中国特色社会主义事业新局面的强大精神动力，使延安精神永放光芒。”①

21 世纪初期，以胡锦涛同志为总书记的党中央围绕构建社会主义和谐社会、实现全面建设小康社会的奋斗目标，大力加强党的建设，特别是党的作风建设，十分重视发扬延安精神。2004 年 4 月胡锦涛同志在陕西考察工作时指出：“延安精神是我们党的优良传统和宝贵财富，过去是、今天仍然是我们战胜困难、取得胜利的法宝。”2006 年 1 月 29 日，胡锦涛同志在延安考察工作结束时，明确指出：“延安在中国革命史上具有十分重要的地位。革命战争年代，毛泽东同志等老一辈革命家在这里工作生活了 13 年。宝塔山下，延河岸边，孕育了延安精神。延安精神是我们党的性质和宗旨的集中体现，是我们党的优良传统和作风的集中体现……革命战争年代需要大力弘扬延安精神，和平建设时期也需要大力弘扬延安精神。在全国建设小康社会的伟大进程中，我们要把延安精神作为凝聚人心、团结奋进的强大动力，作为战胜困难、夺取胜利的重要法宝，让延安精神放射出

---

① 《江泽民 2002 年 3 月在陕西考察工作时的讲话》，见《中央领导论延安精神》，共产党员网 https：//news. 12371. cn/2015/04/14/ARTI1428978539347589. shtml？ from = groupmessage。

新的时代光芒。”①

2009 年 1 月，习近平同志在延安考察时强调，要结合新的实际弘扬延安精神。他指出：“伟大的延安精神教育滋养了几代中国共产党人，始终是凝聚人心、战胜困难、开拓前进的强大精神力量。弘扬延安精神，要把坚定正确的政治方向放在第一位，牢记全心全意为人民服务宗旨，坚持解放思想、实事求是、与时俱进，始终牢记‘两个务必’，保持延安时期那么一种忘我精神、那么一股昂扬斗志、那么一种科学精神，为建设和发展中国特色社会主义不懈奋斗。”习近平同志特别强调：“要继续挖掘延安精神这个宝藏，教育各级领导干部始终保持和发展共产党人的先进性。”②

党的十八大以来，以习近平同志为核心的党中央提出实现中华民族伟大复兴的中国梦，并高度重视延安精神的时代价值。2015 年 2 月，习近平总书记在中国延安干部学院调研考察时，主持召开了陕甘宁革命老区脱贫致富座谈会，他指出：“革命老区是党和人民军队的根，我们永远不能忘记自己是从哪里走来的，永远都要从革命的历史中汲取智慧和力量……老区和老区人民为我们党领导的中国革命作出了重大牺牲和贡献，我们要永远珍惜、永远铭记。”③ 之后，习近平总书记在西安进行考察时强调：“我们党是一个具有长期奋斗历史和优良革命传统的党，也是一个紧跟时代步伐、善于与时俱进的党。老一辈革命家和老一代共产党人在延安时期留下的优良传统和作风，培育形成的延安精神，是我们党的宝贵精神财富。全面从严治党要继续从延安精神中汲取力量。要把抓理想信念贯穿始终，提高辩证思维、系统思维能力，保持党同人民群众的血肉联系，始终为党和人民事业艰苦奋斗、不懈奋斗。”④

---

① 《胡锦涛 2006 年 1 月 29 日在陕西延安考察工作结束时的讲话》，见《中央领导论延安精神》，共产党员网 https：//news. 12371. cn/2015/04/14/ARTI1428978539347589. shtml？ from = groupmessage。

② 《习近平在陕西调研时强调结合新的实际弘扬延安精神》，2009 年 11 月 16 日，新华网。

③ 《习近平总书记在陕西考察时的讲话》，2015 年 2 月 13 日，新华网。

④ 《习近平春节前夕赴陕西看望慰问广大干部群众》，2015 年 2 月 16 日，央视网。

2020 年 4 月，习近平总书记在陕西考察时指出：“延安精神培育了一代代中国共产党人，是我们党的宝贵精神财富。要坚持不懈用延安精神教育广大党员、干部，用以滋养初心、淬炼灵魂，从中汲取信仰的力量、查找党性的差距、校准前进的方向。要把政治建设摆在首位，严肃党内政治生活，严格落实中央八项规定及其实施细则精神，坚决破除形式主义、官僚主义，构建一体推进不敢腐、不能腐、不想腐的体制机制，为各项事业发展提供坚强保障。”①

2020 年 9 月 4 日，习近平总书记在致中国延安精神研究会第六次会员大会的贺信中指出：“延安是中国革命的圣地，老一辈革命家和老一代共产党人在延安时期培育形成的延安精神是我们党的宝贵精神财富。希望同志们在新的历史条件下，坚持正确政治方向，服务党和国家工作大局，深入研究、大力宣传、认真践行延安精神，努力为全面建成小康社会、乘势而上开启全面建设社会主义现代化国家新征程提供强大精神动力。”②

2022 年 10 月 27 日，习近平总书记到陕西延安考察，这是党的二十大后他的首次国内考察。在这次考察中，习近平总书记高扬精神之旗，强调“要弘扬伟大建党精神，弘扬延安精神，坚定历史自信，增强历史主动，发扬斗争精神，为实现党的二十大提出的目标任务而团结奋斗”，他特别指出：“这次和中央政治局常委同志一起来，就是要宣示新一届中央领导集体将继承和发扬延安时期党形成的优良革命传统和作风，弘扬延安精神”“在延安时期形成和发扬的光荣传统和优良作风，培育形成的以坚定正确的政治方向、解放思想实事求是的思想路线、全心全意为人民服务的根本宗旨、自力更生艰苦奋斗的创业精神为主要内容的延安精神，是党的

---

① 《习近平在陕西考察时强调：扎实做好“六稳”工作落实“六保”任务 奋力谱写陕西新时代追赶超越新篇章》，2020 年 4 月 23 日，中华人民共和国中央人民政府官网。

② 《习近平致中国延安精神研究会第六次会员大会的贺信》，新华社北京 2020 年 9 月 19 日电。

宝贵精神财富，要代代传承下去。”①

新中国成立后，党和国家领导人一再强调延安精神，足以证明延安精神是中国共产党人共同的精神家园，是道路之光、精神之源，是实现中华民族伟大复兴中国梦的原动力。

二、延安精神的主要内容

延安精神是实现中华民族伟大复兴的中国梦的动力源泉之一，它的基本内涵包括以下方面：

（一）坚定正确的政治方向

坚定正确的政治方向是延安精神的灵魂。抗日战争时期，毛泽东同志曾就人民群众对国共两党的不同态度做了对比，生动地论述了全国人民拥护中国共产党的原因。他说，第一，因为它不但有了政治方向，而且始终坚持了这个方向；第二，因为它有一种作风，一种奋斗的习惯。毛泽东同志在这里所说的政治方向，实际是指要坚定不移地代表中国人民的根本利益，正确地反映近现代中国历史发展的客观要求，带领和团结全国人民为实现共同的目标而奋斗。

坚定正确的政治方向来自对马克思主义和共产主义的坚定信仰。中国共产党从诞生之日起就以马克思主义为指导思想，以实现共产主义理想为奋斗目标。只有马克思主义才能救中国，“中国的民主革命，没有共产主义去指导是决不能成功的，更不必说革命的后一阶段了。”“现在的世界，依靠共产主义做救星；现在的中国，也正是这样。”“在现在，新民主主义，在将来，社会主义，这是有机构成的两部分，而为整个共产主义思想体系所指导的。”② 坚定正确的政治方向，还来自对中国近代历史发展客观规律的科学把握。毛泽东同志明确指出：“领导中国民主主义革命和中国

① 《习近平在瞻仰延安革命纪念地时强调 弘扬伟大建党精神和延安精神 为实现党的二十大提出的目标任务而团结奋斗》，《人民日报》2022 年 10 月 28 日第 1 版。

② 毛泽东：《毛泽东选集》第二卷，人民出版社 1991 年版，第 686 页。

社会主义革命这样两个伟大的革命到达彻底的完成，除了中国共产党之外，是没有任何一个别的政党（不论是资产阶级的政党或小资产阶级的政党）能够担负的。而中国共产党则从自己建党的那天起，就这样将两重任务放在自己的双肩之上了，并且已经为此而艰苦奋斗了整整十八年。”①

坚持正确的政治方向始终是共产党人的立身之本。坚持正确的政治方向，就要铭记“革命理想高于天”，只有信念坚定，始终坚持正确的政治方向，才能保持政治上的清醒与坚定，才能具有政治鉴别力。坚持正确的政治方向，就要把“坚定共产主义远大理想与践行中国特色社会主义共同理想统一起来”，只有牢固确立对党的信仰，才会牢记党的使命，践行党的宗旨，严守党的纪律，使爱党忠党成为自觉行动。坚持正确的政治方向，就要坚定不移地“用科学理论武装头脑，不断培植我们的精神家园”②。习近平同志指出：“领导干部学习不学习不仅仅是自己的事情，本领大小也不仅仅是自己的事情，而是关乎党和国家事业发展的大事情。”③用马克思主义特别是马克思主义中国化的最新成果武装头脑、指导实践、推动工作，是中国共产党的一贯主张，也是共产党人加强党性修养的基本遵循。坚持正确的政治方向，要始终不渝地“解决好世界观、人生观、价值观这个‘总开关’问题”。习近平同志说：“我们每一个人，包括我在内，都有一个不断解决好世界观、人生观、价值观的问题。活到老学到老，世界观改造永远没有完成时。”④

中国共产党正是始终坚持以马克思主义为指导思想，始终坚持共产主义的理想信念，科学地把握中国近代历史发展的客观规律，自觉地为中华民族和中国人民的根本利益而不懈奋斗，由此所构成的正确的政治方向能够保证中国共产党团结和率领全国各族人民共同奋斗。

---

① 毛泽东：《毛泽东选集》第二卷，人民出版社1991年版，第652页。

② 赵耀宏：《延安精神及其当代价值》，人民出版社2017年版，第424—429页。

③ 习近平：《习近平谈治国理政》，外文出版社2014年版，第414页。

④ 习近平：《在河北调研指导党的群众路线教育实践活动时的讲话》，人民出版社2013年版。

（二）解放思想、实事求是的思想路线

解放思想、实事求是的思想路线是延安精神的精髓。毛泽东同志用“实事求是”四个字，高度概括了中国共产党思想路线的丰富内涵，并且通过延安整风，在全党确立了解放思想、实事求是的思想路线，为中国革命的胜利奠定了重要的思想基础。解放思想、实事求是是延安精神的重要内容，是延安精神的理论基础和思想基础。

习近平同志指出：“我们党是靠实事求是起家和兴旺发展起来的。”他强调：“实事求是作为党的思想路线，它始终是马克思主义中国化理论成果的精髓和灵魂，是毛泽东思想的精髓和灵魂，是包括邓小平理论、‘三个代表’重要思想以及科学发展观在内的中国特色社会主义理论体系的精髓和灵魂，它始终是中国共产党人认识世界和改造世界的根本要求，是我们党的基本思想方法、工作方法和领导方法，是党带领人民推动中国革命、建设、改革事业不断取得胜利的重要法宝。”[①] 实践反复证明，坚持实事求是，就能兴党兴国，违背实事求是，就会误党误国。解放思想、实事求是、与时俱进，才有希望，才有生机，才有活力。坚持解放思想、实事求是，需要各级领导干部和广大党员切实树立求真意识、科学意识。

求真意识要求“实事求是、不尚空谈”。讲真话、追求真理、为人真诚。说实话、鼓实劲、办实事、求实效。2012 年 5 月 16 日，习近平同志在中央党校春季学期第二批入学学员开学典礼上的讲话中强调：“一些党员和干部在坚持实事求是的思想路线方面还存在一些必须引起注意的问题。比如，有的常年坐在办公室，很少下基层，很少接触群众，对下情若明若暗，接‘地气’不够，有的一切从本本出发，唯上、唯书、不唯实；有的故步自封、因循守旧，思想和工作落后于客观形势的要求；有的不按客观规律办事，急功近利，急于求成以至蛮干、瞎干；有的为了迎合或满足某种需要，说假话、大话、空话，甚至弄虚造假；有的怕担风险，明哲

① 习近平：《坚持实事求是的思想路线》，《学习时报》2012 年 5 月 28 日。

保身，明知是错的，却听之任之，不批评制止；有的不喜欢听真话、实话，不愿意修正错误、择善而从。凡此种种，都违背了实事求是的要求，其消极影响和后果不可低估。”① 作为一个共产党人，要把求真意识贯穿于党性修养的全过程。

坚持实事求是，就要崇尚科学，注重调查研究。习近平同志指出：“调查研究是谋事之基、成事之道。没有调查就没有发言权，更没有决策权。”树立科学意识，同时意味着要提高历史思维能力，以史为鉴、知古鉴今，善于运用历史眼光认识发展规律、把握前进方向、指导现实工作的能力。习近平同志指出：“历史、现实、未来是相通的。历史是过去的现实，现实是未来的历史。”“历史是最好的教科书”，“中国革命历史是最好的营养剂”，党史国史“这门课不仅必修，而且必须修好”。要在学习历史中，深刻总结历史经验、把握历史规律、认清历史趋势、坚定政治方向，更好地走向未来。树立科学意识，就要提高创新思维能力，习近平同志指出：“惟创新者进，惟创新者强，惟创新者胜”，“生活从不眷顾因循守旧、满足现状者，从不等待不思进取、坐享其成者，而是将更多机遇留给善于和勇于创新的人们。”

（三）全心全意为人民服务的根本宗旨

全心全意为人民服务是延安精神的主要内容。中国共产党自建党以来，就一直要求自己做一个以人民为核心的政党，坚持马克思主义基本原理，坚持唯物史观关于人民群众是社会的主体、是历史的创造者这一基本原理。全心全意为人民服务的根本宗旨和中国共产党是中国工人阶级的先锋队、是中国人民和中华民族的先锋队、是中国各族人民利益的忠实代表的性质高度吻合。在延安时期，“全心全意为人民服务”已经成为中国共产党的根本宗旨和共产党人言行的出发点和归宿。

“为人民服务”是适应时代要求而产生的一种新的道德思想。这句话

① 习近平：《坚持实事求是的思想路线》，《学习时报》2012 年 5 月 28 日。

原本出自毛泽东同志在中央警备团追悼张思德会上的演讲。张思德生前是中央警备团战士。1933 年参加革命，任劳任怨；1944 年 9 月 5 日，张思德在陕北山中烧炭，炭窑崩塌，因奋力将队友推出窑外，自己被埋而牺牲。毛泽东同志在演讲中说："我们的共产党和共产党所领导的八路军、新四军，是革命的队伍。我们这个队伍是完全为着解放人民的，是彻底地为人民的利益而工作的。"① 在《论联合政府》一文中，他再一次强调："紧紧地和中国人民站在一起，全心全意为中国人民服务，就是这个军队的唯一宗旨。""共产党人的一切言论行动，必须以合乎最广大人民群众的最大利益，为最广大人民群众所拥护为最高标准。"② 他要求共产党员特别是党的干部必须树立对人民群众高度负责的观点，不但要通过正确的路线、方针和政策，来体现和实现最广大人民群众的根本利益，而且要把这种群众观点化为自己的工作路线和工作方法，坚持从群众中来，到群众中去，先做群众的学生，再做群众的先生，从而保证党的领导的正确性。

牢记全心全意为人民服务的根本宗旨，需要保持密切联系群众的好作风。2013 年 1 月 22 日，习近平同志在第十八届中纪委第二次全体会议上的讲话中强调指出："如果不坚决纠正不良风气，任其发展下去，就会像一座无形的墙把我们党和人民群众隔开，我们党就会失去根基、失去血脉、失去力量。"③ 因此，全心全意为人民服务，要求全体党员时刻铭记我们手中的权力是人民赋予的，要避免形式主义，以实实在在的政绩取信于民；要克服官僚主义，始终与人民群众打成一片；要牢记党的宗旨，保证人民共享改革发展成果；要始终坚定不移地推进反腐倡廉建设，做到干部清正、政府清廉、政治清明④。牢记全心全意为人民服务的根本宗旨，就要着力提升做好群众工作的能力与本领，不断提高调查研究能力，善于把

① 毛泽东：《毛泽东选集》第三卷，人民出版社 1991 年版，第 1004 页。
② 毛泽东：《毛泽东选集》第三卷，人民出版社 1991 年版，第 1096 页。
③ 习近平：《习近平谈治国理政》，外文出版社 2014 年版，第 387 页。
④ 赵耀宏：《延安精神及其当代价值》，人民出版社 2017 年版，第 443—447 页。

党的大政方针与人民群众的伟大实践相结合；不断提高科学决策能力，善于把国家发展战略与民情、民力、民意相结合；不断提高动员群众、凝聚力量的能力，善于把宣传教育群众与组织引领群众相结合，始终坚持全心全意为人民服务。

（四）自力更生、艰苦奋斗的创业精神

自力更生、艰苦奋斗是延安精神的基本特征。自力更生、艰苦奋斗是中华民族生生不息的一种可贵的民族精神。毛泽东同志曾经用“愚公移山”的故事形象地概括这种精神，把它作为中国革命的巨大精神支柱和推动力量。自力更生、艰苦奋斗是共产党人应有的政治品格和精神风貌，体现了一个毫无私利、始终以人民的解放事业为己任的无产阶级政党的政治本色。为此，毛泽东同志在中国革命即将取得全面胜利的前夜，向全党提出：“中国的革命是伟大的，但革命以后的路程更长，工作更伟大，更艰苦。”“务必使同志们继续地保持谦虚、谨慎、不骄、不躁的作风，务必使同志们继续地保持艰苦奋斗的作风。”①

延安时期，陕甘宁边区异常艰苦的条件成为自力更生、艰苦奋斗精神的催化剂。中国共产党带领边区人民开展“自己动手，丰衣足食”的大生产运动，战胜了种种困难和艰险。毛泽东、周恩来、朱德、刘少奇等党政军领导人也率先垂范、身体力行，树立了与人民群众同甘共苦的道德风范，在党内普遍形成了艰苦奋斗的工作作风，密切了党群关系，因此，自力更生、艰苦奋斗是延安精神最核心的内容，是延安精神的最集中体现。

保持自力更生、艰苦奋斗的政治本色，就是要牢记中国的基本国情和中国共产党的庄严使命，树立为党和人民长期艰苦奋斗的思想，自觉以艰苦奋斗的精神做好各项工作；就是要树立勤俭节约的意识，与人民群众同甘共苦、共克时艰，以脚踏实地、奋发有为的工作作风应对前进道路上的困难和挑战；就是要把艰苦奋斗作为党性锻炼的主要内容，经受住各种风

---

① 毛泽东：《毛泽东选集》第四卷，人民出版社1991年版，第1438—1439页。

险的考验。党的十九大报告指出，我国社会主要矛盾已经转化为人民日益增长的美好生活需要和不平衡不充分的发展之间的矛盾。我国仍处于并将长期处于社会主义初级阶段，仍然是世界上最大的发展中国家。为了实现中华民族伟大复兴，必须将延安精神作为重要的精神支撑，永远保持谦虚、谨慎、不骄、不躁的作风，永远保持艰苦奋斗的作风。

历史造就了延安精神，时代需要延安精神。伟大的延安精神彰显了中国共产党人坚定的理想信念，昂扬向上的精神风貌，敢于斗争、不怕牺牲的革命精神以及自力更生、艰苦奋斗的优良传统和作风。新中国成立以来，延安精神已经深深地熔铸于社会主义建设的伟大事业中，沉淀于共产党人的价值追求和人民群众的精神追求中，为社会主义现代化建设注入了强大的精神动力。在新的时代条件下，进行伟大斗争、建设伟大工程、推进伟大事业、实现中华民族的伟大复兴中国梦，需要从延安精神中汲取智慧和力量，继往开来，不懈奋斗。

第二节　陕甘宁边区社会治理的主要做法及成效

2014 年 10 月 13 日，习近平同志在中共中央政治局第十八次集体学习时的讲话中指出："一个国家的治理体系和治理能力是与这个国家的历史传承和文化传统密切相关的。"正确对待党的历史，必须着眼于我们正在做的事情和未来发展，总结好、运用好党的历史经验。陕甘宁边区作为新民主主义革命时期的模范区，是新中国的摇篮，在新民主主义革命理论和延安精神的指导下所开展的轰轰烈烈的政治、社会改造和治理运动，使当时的党风、政风、社风焕然一新，其中所积累的宝贵经验，无疑为新时代的社会治理提供了重要的史鉴价值。

一、边区政府动员多元主体参与社会治理

将新时代话语体系下的"社会治理"一词放置于陕甘宁边区考察，因

不同的时代背景而“套用”这一现代概念似有不妥，然而详细考察陕甘宁边区的社会实践，不难发现这一时期虽没有社会治理用语，却有着社会治理的精髓或实质。陕甘宁边区的社会治理很大的一个特征便是充分发挥民主，这里的民主不仅仅是在政治上的民主、党的民主，也不仅仅是少数人的民主，而是绝大多数人民群众的民主。在社会治理领域，陕甘宁边区注重在党的领导、政府负责的体制下，调动民众和社会团体参与社会治理的积极性。

（一）中国共产党的坚强领导

党的领导是中国革命胜利的根本保障。中国共产党自成立以来，就十分注重对政治经济社会工作的领导，如古田会议开辟了思想建党的成功之路，形成了党的建设独特的政治优势，在军队体系中“将支部建在连上”更是成了革命胜利的重要环节。在陕甘宁边区的社会治理中，中国共产党尤为注重对社会治理方向的引领，这种引领突出体现在以下几个方面：

1. 社会治理的组织领导

为了加强党对社会治理的统一领导，陕甘宁边区不断健全组织机构和协调机制。1940 年 9 月，陕甘宁边区中央局成立，这是由中共中央政治局领导下的实现陕甘宁边区党的领导的专门机构，随后中共中央政治局在 1941 年 4 月对陕甘宁边区中央局的职能进行丰富，将西北工作委员融入陕甘宁边区中央局，成立了中共中央西北局，统一领导西北的政治建设和社会建设工作。1942 年 9 月 1 日，在整风运动的背景下，为坚决反对教条主义，加强实事求是的政治路线和工作作风，中共中央政治局及时通过了《关于统一抗日根据地党的领导及调整各组织间关系的决定》，其中明确指出：“党应该领导一切其他组织，如军队，政府与民众团体，根据地领导的统一与一元化，应当表现在每个根据地有一个统一的领导一切的党的委员会（中央局，分局，区党委，地委）。”① 使党在社会治理工作中起到全

① 《建国以来重要文献选编（1921—1949）》第 19 册，中央文献出版社 2011 年版，第 423 页。

面的方向引领作用。

2. 社会治理的路线领导

1938 年 10 月，中国共产党召开六届六中全会，立足抗战救国的高度赋予陕甘宁边区如下任务："进行切实的抗战动员，民主政治的建设，文化教育工作的普及，增进国防与民生的经济建设，肃清土匪汉奸、发扬艰苦朴素的工作作风，在全国起模范带头作用。"陕甘宁边区时期，在特殊的政治和军事环境下，加上边区广泛的社会动员团结一切可以团结的力量，使最广大的人民群众参与到革命中来，同时依靠全民的文化教育、边区安全维护、提高民主思想觉悟和民生保障激发群众积极性，实现革命胜利，成了党的最根本革命路线。比如，在文化运动上，边区的前进方向是："抗战以来中华民族的新文化运动服从于抗战建国的政治目的。"① "中华民族新文化的中心任务，是怎样更能使新文化为抗战、建国服务，怎样在抗战建国中建立中华民族的新文化。"② 党的政治领导在实践过程中，明确了边区的社会治理路线和方向。

3. 社会治理的思想领导

陕甘宁边区的思想领导主要是以广泛的文化和思想教育为途径展开的。在党内，通过各种形式的会议、文件以及干部学校来宣传党的纲领和理论，注重培育党员在政治、经济、社会治理中发挥模范作用。毛泽东同志指出："人家是否愿意跟着你来，是不能强迫的，而是靠着党的政策的正确和党员的模范，只要你的政策合乎群众的利益，群众就跟着来；你是这样讲，是否这样做，需要靠党员的实际行动的模范。党要领导群众，党的政策的正确与党员的模范二者不可缺一。"③ 在党外，则特别注重边区的

---

① 《延安民主模式研究》课题组：《延安民主模式研究资料选编》，西北大学出版社 2004 年版，第 6 页。

② 《延安民主模式研究》课题组：《延安民主模式研究资料选编》，西北大学出版社 2004 年版，第 7 页。

③ 《延安民主模式研究》课题组：《延安民主模式研究资料选编》，西北大学出版社 2004 年版，第 107 页。

学校建设，依靠大规模的学校建设使党的政治思想深入到边区各个阶层、各个方面。“每个根据地都要尽可能地开办大规模的干部学校，越大越多越好。”① 在全边区的思想建设工作当中，建立了针对不同年龄阶段的小学、初中、大学、农学、夜校、冬学甚至巡回学校。学校在基本的识字教育之外，大量内容都是围绕党的革命理论和思想的教育，注重提升民众的思想觉悟和推行党的政策。

（二）陕甘宁边区政府对社会治理的政策制定及事务执行

在陕甘宁边区的社会治理中，政府起着直接负责的作用。1937 年 9 月，在西北办事处的基础上成立了陕甘宁边区政府，作为陕甘宁边区最高的行政机关直接行使边区社会治理权力。《陕甘宁边区政府组织条例》对边区的社会治理权限给予了明确安排：陕甘宁边区政府下设秘书处、民政厅、财政厅、教育厅、建设厅、保安司令部、保安处和审计处等机关；并在该条例中赋予陕甘宁边区民政厅以土地分配、救济灾民、调解纠纷、禁烟禁毒、社会团体、婚姻家庭等事项，教育厅负责陕甘宁边区的教育事项。1938 年 10 月，中共中央六届六中全会赋予陕甘宁边区的任务是：“进行切实的抗战动员，民主政治的建设，文化教育工作的普及，增进国防与民生的经济建设，肃清土匪汉奸。”② 将陕甘宁边区政府的职能与社会安全稳定形势的改善紧紧联系起来。在发展经济建设方面，边区政府带领群众开展了轰轰烈烈的大生产运动，通过劳动模范评比、鼓励开荒保障边区经济发展和粮食安全；在保障安全、维护稳定方面，边区政府相继颁布了惩治汉奸、土匪、惩治贪腐、改造二流子的法律法规和职权部署，《陕甘宁边区各乡市政府组织条例》指出乡市政府为工作需要，设立优待救济委员会、文化促进委员会、经济建设委员会、锄奸委员会、卫生保育委员会和人民仲裁委员会等委员会，办理相关民政事务，使边区社会治理的各方面

---

① 毛泽东：《毛泽东选集》第二卷，人民出版社 1991 年版，第 769 页。

② 《建国以来重要文献选编（1921—1949）》第 15 册，中央文献出版社 2011 年版，第 677 页。

有序推进。

（三）社会团体作用的发挥

现代治理理论认为，社会团体与公共治理关系十分密切，并对公共治理活动产生重要影响。社会团体对公共事务和公共问题的积极和有效参与，是公共治理实施和实现不可或缺的结构性要素和重要推动力量。陕甘宁边区在马克思主义指导下，认为社会团体是组织群众、团结群众、群众自治的重要力量，因此边区社会团体得到了快速发展。

将人民群众广泛地组织起来，紧紧团结在党和政府的周围，是统一战线的组成部分，也是对陕甘宁边区社会治理的重要推动力量。尤其1937年全民抗战爆发后，边区进一步引导和支持边区社会团体的发展。以文化社团为例，“抗战开始后中华民族的新文化运动的开展表现在：抗日文化统一战线的成功及各种文化团体的建立（如上海市文化界救亡协会、中华全国文艺界抗敌协会及各地分会、中华全国戏剧界抗敌协会、陕甘宁边区文化界救亡协会、各种文化工作团、服务团等的蜂起）；……抗战社会团体建设从全面抗战爆发后边区社团组织发展较为迅速”①。据统计，边区社会团体在领域上涵盖了救亡、文化、反战、宗教、工、商、医、学等，还成立了专门进行学术讨论和研究的社团。在社团的组织和引导下，边区各行业各团体充分发挥自身优势，对边区社会进行动员和组织，最大程度地凝聚了边区投身抗战和社会建设的力量。1939年，林伯渠在政府工作报告中指出，陕甘宁边区农民实现了全员加入农会，妇女救国会吸纳了70%以上的女性，工人则有95%以上成了工会成员。此外，青年救国会、商会、儿童团也拥有众多会员，文艺、研究机构得到蓬勃发展。

社会团体是社会治理中的重要一员，在党的领导下做政策的宣传和组织工作，能够切实起到团结边区民众、维护社会安定、边区稳定的作用，陕甘宁边区的社会团体与党和政府密切配合，建立起了党和政府与人民群

① 《延安民主模式研究》课题组：《延安民主模式研究资料选编》，西北大学出版社2004年版，第6页。

众的联通渠道。通过社会组织的建设，陕甘宁边区的社会治理形成了党、社会、人民群众的有机结合。“各种民众都有他自己的组织，讨论并解决他自己的利与害问题。两口子吵唠、家婆虐待媳妇等属于妇女的，去找妇委会；唱歌、游戏、读书等属于青年儿童的，有青教会儿童团；工人的事有工会；农民的事有农会（其实乡代表会村民大会都是农民，许多地方也是农会长兼村长或副区长、保长——如陇东）。那些应兴应革的事，群众团体已讨论烂熟，而各群众熟，而各群众团体的领导者又直接参加各级政府委员会，把他们的意见随时反映到实际政治中来。”①

（四）人民群众的广泛参与

边区人民群众参与社会治理，集中于政治和生活上的民主。“国事是国家的公事，不是一党一派的私事。”② 陕甘宁边区民众参与社会治理的重要途径着重体现在选举权上，“首先是边区、县、乡三级人民代表机关，是人民直接与自由选举的，它是各级政府最高权力机关，有选举罢免政府人员及决定一切重要问题的权力”③。在选举制度上，边区实现了区、县、乡的普选和直选，这种选举方式之下真正实现了人民当家作主，人民群众的意见和呼声直接反映在选票上，甚至在候选人的确定上对于人民群众不满意的人员，可以直接提议取消候选人名额，对于真正为人民办实事被群众拥护的人员，可以直接提名。在选举程序上，在人民群众选举时，各级政府都要在人民群众面前进行政府工作报告，这种报告不是走过场而是真正接受群众的评判，乡政府工作报告要求乡政府深入村内进行，由于陕甘宁边区地广人稀交通不便，为了从边区实际出发，要求区、县的报告在选举时报告外，还要在报纸上刊登报告内容，以最大程度被群众知晓，并由群众确定今后政府进一步的工作方向。另外，在选举之前，政府培训专门

---

① 《延安民主模式研究》课题组：《延安民主模式研究资料选编》，西北大学出版社 2004 年版，第 44 页。

② 毛泽东：《毛泽东选集》第三卷，人民出版社 1991 年版，第 809 页。

③ 《延安民主模式研究》课题组：《延安民主模式研究资料选编》，西北大学出版社 2004 年版，第 33 页。

人员，以动员群众参与选举，保障各行业人民群众的呼声。这样一来，边区通过选举打通了人民群众参与社会治理的渠道，选举不仅仅是人员上的推选，更为重要的是对政府工作的审议，直接影响政府的大政方针，使群众诉求在政府工作中直接得到反映，人民群众也成为社会治理的主体。

二、边区政府聚焦当时的主要社会问题集中根治

1935 年，中央红军和毛主席经过二万五千里长征到达陕北，陕北成为各路红军长征的落脚点。1937 年 9 月国共两党谈判达成协议，成立了陕甘宁边区政府，归属中共中央直接领导，延安暨陕甘宁边区政府成了党领导全国人民抗战的中心。同期，陕甘宁边区政府在党中央的领导下，积极开展了社会治理创新，实行了一系列大刀阔斧的改革和专项治理，重拳打击了吸毒、贩毒、二流子、盗贼等侵害公共利益的少数分子，积极倡导开展体育锻炼，开办各类学校，开展新生活运动，摒弃了旧社会封建主义的各种毒瘤，社会治安显著好转，基本做到了夜不闭户、路不拾遗，成为全国进步青年和仁人志士向往的红色圣地。陕甘宁边区的社会治理实践主要包括：

（一）完善土地政策

实行符合实际、代表进步的土地政策是社会治理的首要环节和中心环节。对此，毛泽东同志提出："边区有政治、军事、经济、财政、锄奸、文化各项重大工作，就现时状态即不发生大的突变来说，经济建设一项乃是其他各项的中心，有了穿吃住用，什么都活跃了。"① 因此，边区首要解决的是完善土地政策、发展经济、保障民生。

抗战以来，民族矛盾成为主要矛盾，为了最大程度地团结进步力量、争取中间力量、化反动势力为积极势力，党适时地调整了土地政策，废除"土地归农"，分给已经被没收土地的地主土地，鼓励地主依靠积极劳动、

① 毛泽东：《毛泽东文集》第二卷，人民出版社 1999 年版，第 370 页。

自我生产自我收益、服务抗战。对于其他地主，则保持原有土地结构，减租减息。1942 年边区政府颁布的《关于抗日根据地土地政策的决定》《陕甘宁边区土地租佃条例草案》对以上土地政策进行了法律上的规定，为减租减息提供了法律保障。部分农民依靠减租减息政策的红利，实现了由饥寒交迫向温饱的转变。抗战胜利后，打土豪分田地政策继续执行，毛泽东同志指出：“日本投降以后，农民迫切地要求土地，我们就及时地作出决定，改变土地政策，由减租减息改为没收地主阶级的土地分配给农民。”① 到 1946 年 9 月，边区原未从地主手中夺回的土地已有 50% 回到了边区民众手中。在土地政策的调整下，边区逐步将土地真正还给了农民。

（二）救济贫、难民

碍于自然条件的恶劣，陕甘宁边区的生产力极为低下，外加蒋介石集团的封锁，导致边区物资极为紧缺。从张闻天致王明的电文可以看出当时形势的紧迫：“我们同北方局已通电。款子问题到底如何解决，请催促一下，这里已困难到极点。”可见，边区的生活保障是极度窘迫的。在此形势下，1939 年毛泽东发出自力更生的号召，要求边区保安系统、军事系统、中央直属单位、学校等单位发展生产，开荒种田。以南泥湾为例，至 1942 年间保持每年开荒近一万亩的势头，实现了粮食的丰收，使边区政府得以提出“丰衣足食”的更大目标，1944 年林伯渠在《边区政府一年工作总结》中说道：各机关粮食已经实现了自给，就连保育员这种保障性机构，都超额八倍地完成了生产计划。

物质的丰富，为边区对贫、难民的保护提供了坚实基础。如 1940 年边区政府在对习仲勋的指示中说：查贫苦农民，虽愿自动交纳，仍以不收为宜。边区对延川县长常德义的指示中更进一步说道：群众中如发现不能交纳公粮的贫穷者，虽然已经交了，亦应设法发还。另外，黄土高原地区沟壑纵横、雨季洪水横流，导致每年受灾人数大量存在，据 1940 年数据显

---

① 毛泽东：《毛泽东选集》第四卷，人民出版社 1966 年版，第 1146—1148 页。

示，边区 27 个县当中 11 个县遭遇寒灾，人数占到三分之一；而 17 个县又遭遇洪水灾害。当年总受灾人数达 603988 人，死亡和失踪达 21 人。基于此，边区政府 1940 年、1941 年先后颁布了《陕甘宁边区政府优待外来难民和贫民之决定》和《陕甘宁边区政府颁布优待难民办法的布告》，并最终在政府批示中形成了边区的救济贫、难民的政策，边区利用分配土地、减免救国公粮、发放农具、以工代赈鼓励生产等办法切实帮助群众的生活，保障民生，有效地化解了边区生活无依的现象。

（三）严惩贪腐，整治匪患

1. 严惩贪腐

陕甘宁边区特别重视风清正气的培育，在公务人员的廉政方面进行了大量的制度建设和作风教育，对于贪污腐败现象一经查处，便给予严厉的处罚。1939 年陕甘宁边区政府连续颁布了《惩治贪污暂行条例》和《惩治贪污条例草案》，其中对公务人员的基本操守进行了制度上的规定。为了工作人员理解上的便宜，对贪污的情形进行了列举：对应发给或应交纳之物进行克扣，买卖中的投机取巧、擅自转移公款进行盈利、贩运违禁品、敲诈勒索、收受贿赂等都按照贪污论处。在贪污的处罚上严重者处以极刑，其中规定：贪污数目 1000 元以上，处死刑；贪污数目 500 元以上，处 5 年以上有期徒刑或死刑；贪污数目 300 元以上 500 元以下，处 3 年以上 5 年以下有期徒刑。此外，《陕甘宁边区施政纲领》对廉洁自律、贪污腐败进行了规定，如：厉行廉洁政治，严惩公务人员之贪污行为，禁止任何公务人员假公济私之行为，共产党员有犯法者从重治罪。定律以丸绳，制度是将全力放在笼子里的保障，没有切实的制度保障，社会难以实现良法善治。陕甘宁边区注重依靠法律制度加强廉政建设，可以说是坚持了法律思维，为新中国的廉政建设提供了重要借鉴。

除依靠法律保障之外，陕甘宁边区在廉政建设上同样注重道德和觉悟的教育，坚持了法治与德治相结合。边区公务人员大多都是在贫困中不堪压迫、揭竿而起参加革命的，他们中的很大一部分都有崇高的理想和革命追求，因此，在工作中往往能坚持出新，抵制诱惑，从人民立场出发。但也存在一些官僚主义、自私自利、贪污受贿、中饱私囊、以权谋私的反面人物。对于这种情况，毛泽东等领导人有着充分的认识，并以身作则，起到了潜移默化的表率作用。“整风运动”的开展，洗涤了共产党人的心灵，使实事求是、廉洁自律的作风在边区产生了深入影响。另外，边区还利用《红色中华》《新中华报》《解放日报》等报纸经常性地宣传党性、提倡廉洁、反对贪污，甚至刊载具体事例：1935 年 12 月 26 日《红色中华》第 4 版报道了延川县西区运输队长马有功的贪污事件，马有功利用公务之便侵吞公款 4 元，被判游行，并在游行时向群众公开承认错误。从而引领了社会风气，达到教育多数的目的。

2. 整治匪患

当时荡平匪患、维护社会安定是社会治理的基本前提，也是社会治理的主要内容。陕甘宁边区地处西北，历史上大多数时候皆匪患猖獗，在边区建立初期土匪盗贼仍然时常出没，侵害边区的稳定。如：佳县联保处四处收款、打骂乡邻，谢生隆民团派兵四处收款，规模庞大的哥老会组织，此外还有悍匪赵老五、张玉明、陈老大等四十余股组织四处活动，“……数月以来，各县人民纷纷报告，请求制止，日必数起，应接不暇”①。严重扰乱了边区的平安社会秩序。

自 1938 年开始，在毛泽东同志的亲自领导下，边区开始了对匪患的系统整治。首先，边区政府以原则性的规定宣示了对匪患的政策，即一切没有边区认可的组织或个人“不论其活动事务属于何项，一律禁止”，希望以此劝诫匪患，并进一步讲明“凡在边区境内从事阴谋破坏，或肆意捣乱，或勾引煽惑，或暗探军情之分子，准许人民告发。证据确实者准许就地逮捕。一经讯实，一律严惩不贷”②。其次，将匪患治理工作纳入法治轨道。先后颁布了《关于处理边界纠纷和保护抗日救国团体，防止汉奸托匪

① 《陕甘宁边区政府文件选编》（第一辑），档案出版社 1986 年版，第 61 页。
② 毛泽东：《毛泽东选集》第二卷，人民出版社 1966 年版，第 371 页。

阴谋活动的决定》《陕甘宁边区抗战时期惩治盗匪条例（草案）》《陕甘宁边区抗战时期惩治汉奸条例》《陕甘宁边区抗战时期戒严条例》等，使边区走上了依法治理匪患的道路。再次，边区还发动群众建立了保安队、自卫军等大量民团组织，参与匪患治理。最后，加强出入境管理，颁布《陕甘宁边区检查行旅办法》，加强对境内外人员的盘查。

（四）改造社会不良风气

1. 禁止鸦片烟

历史上西北地区鸦片种植猖獗，20 世纪初期陕西北部鸦片种植规模庞大，男女老少多数皆吸食鸦片。1931 年 1 月的《陕灾月刊》曾对关中一带的鸦片种植进行过描述，在关中西部的眉县，水田肥地皆种烟苗，农民大多吸食鸦片。甚至在 1937 年发起的一项烟民登记运动上，榆林等县的吸食人数甚至在 3000 人以上，当时有民谣曰“延安府，柳根水，十有九个洋烟鬼”。中国共产党一向重视禁烟禁毒工作，依靠建立法律法规和政策宣传的形式对烟毒进行惩治。1937 年 5 月 27 日，中华苏维埃政府西北办事处就颁布了《关于禁止鸦片的布告》；1938 年 6 月，《群众》指出：禁烟，是和抗战一样，我们要把它看作一种民族解放的斗争；1942 年边区政府第四次政务会议颁布了《关于成立陕甘宁边区禁烟督察处命令》，重申了有烟毒的流弊并设立专门的禁烟部门“陕甘宁边区禁烟督察处”，专门负责烟毒案件的查处。此外，陕甘宁边区连续颁布了《陕甘宁边区禁烟毒条例（草案）》《陕甘宁边区查获鸦片毒品暂行办法》，从鸦片种植到鸦片买卖、鸦片贩运、鸦片吸食各个环节制定了严厉的处罚措施，对于罪行严重的最高处死刑。

陕甘宁边区在短短几年内连续颁布了十余部禁烟单行条例和政策文件，这些法律法规针对性强，具有适合边区实际的可操作性，从鸦片种植、制作、贩运、买卖、吸食的各流程上进行管控，并特别注意对发国难财人员的打击，为边区禁烟提供了系统的法律依据，杜绝了鸦片对边区的危害。

2. 严禁赌博

陕甘宁边区对赌博的治理是与二流子改造结合在一起的，由于陕甘宁边区存在大量不事生产、以赌博盗窃为生及染有其他不良习气的群众，边区在对这一类人的治理上按照上述三个因素划分为二流子、半二流子、非二流子，认定标准为“完全无正当职业而靠不良行为（如偷盗、嫁汉、招赌博、贩卖违禁品、拐骗、做巫神、当师婆，胡挖乱抓，只要能作为生活手段，汉奸特务也干……）维持生活者为二流子”。凡“有正当职业，又兼作不良行为为生活手段者为半二流子”。“至于完全靠正当职业为生活手段，但染有不良嗜好或不良习气者（如本人有不良嗜好，但不靠卖违禁品生活，要赌博但不靠招赌生活，积极生产但又大吃大喝等），不算作二流子，而应算作有不良嗜好或有二流子习气的公民。”① 由此可以看出，对此以赌博为业的人为二流子，有赌博嗜好但从事生产、不以赌博为业的人员不算二流子，而是有不良嗜好的公民，被认定为二流子的人员和有不良嗜好的公民不再以赌博进行专门治理。

对于二流子边区政府采取政府批评教育与群众监督帮助相结合、正面引导与强制处罚相结合，并在生产中改造二流子，使其成为自食其力的劳动者是边区在改造二流子运动中摸索出来的一个好方法。边区政府首先是从思想上对二流子进行引导教育，使其认识到好逸恶劳的可耻；其次是督促二流子进行生产，在生产中进一步解放思想，培养劳动技能与习惯；最后发动人民群众加强对二流子的监督，从而改造了大批赌博二流子。

（五）倡导男女平等，保障妇女权益

男女不平等是几千年来传统社会遗留下来的糟粕，传统女性完全沦为社会的附庸，男尊女卑，女性的人权几乎被完全剥夺，社会地位低下。中国共产党的革命任务就是实现人人平等和女性解放。“我们打日本，没有女性参加，就打不成；生产运动，没有女子参加，也不成。无论什么事

① 陕甘宁边区财政经济史编写组、陕西省档案馆：《抗日战争时期陕甘宁边区财政经济史料摘编》（第二编），陕西人民出版社 1981 年版，第 693 页。

情，没有女子，都决不能成功。”①

首先，保障妇女的劳动权，实现经济上的平等。陕甘宁边区鼓励女性参加纺织运动、发展家庭副业或直接参加生产劳动，在生产中女性获得了与男性同样的权利，在边区生产运动中300多名妇女获得了劳动英雄的称号，部分代表还受到了毛泽东同志的亲切接见。

其次，宣传男女地位的平等。边区政府采取诸多措施，开展妇女教育，以识字教育为基础，领导妇女在农闲之余开展识字教育，提升妇女的文化水平；以思想教育为核心，几千年来男女的不平等归根结底是妇女思想受到压抑，陕甘宁边区积极向妇女传播平等、人权思想，鼓励妇女积极投身革命事业，勇于担当社会责任。

最后，倡导平等的婚姻关系。家庭婚姻的平等是妇女获得解放的重要标志，陕甘宁边区建立之后相继颁布了《陕甘宁边区抗战时期施政纲领》《陕甘宁边区婚姻条例》《陕甘宁边区施政纲领》《陕甘宁边区抗属离婚办法》以及《修正陕甘宁边区婚姻暂行条例》，全面建立了具有现代文明的婚姻精神和婚姻原则。这些具有现代文明精神的法律确立的“平等自由，离婚以感情不和为标准，一夫一妻”等原则给边区存在的蓄婢纳妾、婚姻买卖、指腹为婚、代娶、一夫多妻、童养媳等落后习俗造成了强烈冲击。同时，促使妇女们掀起婚姻解放高潮。在陕甘宁边区1938—1945年的离婚案件中，95%以上的案件都是妇女主动提出，显示了妇女地位的空前提高。

三、取得“十个没有”为标志的社会治理突出成效

历史是最好的教科书，延安这块中国革命圣地正是在陕甘宁边区培育形成的，它以非凡的革命实践领导全国革命走向胜利，它离不开陕甘宁边区社会治理的成功，这里的红色血脉凝结着无穷智慧。在中国共产党的领导下，陕甘宁边区瞄准亟须解决的社会问题，破解阻碍革命进程和人民安

① 毛泽东：《毛泽东文集》第二卷，人民出版社1993年版，第166页。

定的现实因素，充分运用政策、法律、道德、风俗等手段，以教育宣传为基础，以法治建设为保障，创造了社会治理的模范样板，经过三年的综合治理，取得了突出成效。1940 年 2 月 1 日，毛泽东主席在延安民众讨汪（精卫）大会的演讲中颇为自豪地说：“这里（延安）一没有贪官污吏，二没有土豪劣绅，三没有赌博，四没有娼妓，五没有小老婆，六没有叫化子，七没有结党营私之徒，八没有萎靡不振之气，九没有人吃摩擦饭，十没有人发国难财。”① 1940 年 5 月，毛泽东主席会晤陈嘉庚时重申了这“十个没有”。“十个没有”反映出陕甘宁边区政治清明、社会进步、人民安居乐业的良好风气，是党领导社会治理成效和经验的集中体现，也是延安精神在社会治理领域的生动实践。2020 年 4 月，习近平总书记在陕西考察时提出：“毛主席当年概括了延安的‘十个没有’。‘延安作风’和‘西安作风’的巨大反差让许多民主人士感叹：‘中国的希望在延安’。”② 在局部执政的十三年里，中国共产党和陕甘宁边区政府以维护社会稳定、增进人民福祉为目标，在社会风气、法律制度、文化教育、民生保障上进行了大规模的社会改造，实现了边区政治上的廉洁，振奋了民众的奋斗热情，净化了社会风气，改善了民众的生活，培育了社会的新民主主义革命理想，治理成效得到了全世界关注的主要原因包括坚持党的领导、重视宣传教育、重视发挥群众的首创精神、重视情理法结合等方面。

（一）坚持党的领导是社会治理取得成效的根本保障

纵观党的百年历史，党的领导是伟大事业在各种风浪面前始终取得成功的根本保障，中国共产党自成立以来就以其全新的宗旨与任务引领群众在正确道路上不断破浪。中国共产党以马克思主义为指导，志在反帝反封建建立人民民主专政的新政权，建立人民当家作主的新中国，这一理想决定了共产党有着打破和推翻既有社会关系并建立全新社会体系的革命属性，革命性则意味着党必须与传统社会关系决裂，斩断套在无产阶级身上

① 毛泽东：《毛泽东选集》第二卷，人民出版社 1991 年版，第 718 页。

② 习近平：《论中国共产党历史》，中央文献出版社 2021 年版，第 40 页。

的枷锁，并从马克思主义科学理论出发构建符合新民主主义革命需要的、新型的社会基础。

社会治理是涵盖经济基础与上层建筑的重要场域，且党的实践性和人民性，意味着党必然要通过组织化来推行党的治理理念，使陕甘宁边区的社会满足适应抗战、适合抗战、支持抗战、汇聚抗战要素的实践需要。组织化作为传递与贯彻党的革命主张，确保党的群众基础，是党与群众上下联动的重要链条，需要政府、社会组织、群众等主体的积极承接，打破社会主体、阶层之间的壁垒，使党的理念得以有效推行。因此，陕甘宁边区社会治理的首要任务便是党领导的组织化，依靠党内法规与政策条例健全各级党组织的治理作用，明确政府的治理职责、规范社会组织行为，并依靠宣传教育和党员等基层新型权威调动群众的治理力量。面对生产力低下、教育落后、风气传统的社会现状，推动土地政策改革、号召开展大生产运动，解决边区的经济问题，在此基础上对贫难民进行救济、整治匪患、改革风气，修订法令、援用“情理法”，创造审判与调解相结合的马锡五审判方式，用法治手段使社会治理制度化，从而为社会治理指明了发展方向。历史已经无数次证明，越是风云变幻越是要坚持党的领导，新时代实现社会治理现代化必须使党的领导全面贯彻在社会治理的各环节各方面，既要发挥党的理论指导作用又要坚持赋予基层党组织和党员引领和联系群众、化解纠纷的能力，扩大治理权限，为人民群众的美好生活保驾护航。

（二）重视教育宣传为社会治理提供不竭的源头活水

陕甘宁边区坚持制度化治理，为此形成了一套科学、灵活的治理制度，满足了“良法善治”的良法需要，而徒法不足以自行，这就需要加大新民主主义革命理念和党中央的政策方针的宣传力度，从而得到人民群众的充分理解。党从教育这一治理源头出发，培育群众的抗战思想和良好的社会风尚，使边区群众团结在党的周围，成为坚定的支援抗战的力量。除识字课之外大力开展思政教育，还通过坚定信念教育，坚定抗战信心和是非意识，如邓颖超同志给高级班讲中国党史，中共六届四中全会“调和”路线①。此外，对科学、卫生、民主、婚姻自由、男女平等、人民当家做主等思想进行广泛普及，教育群众“懂得马克思列宁主义，有政治远见，有工作能力，富于牺牲精神，能独立解决问题，在困难中不动摇，忠心耿耿地为民族、为阶级、为党工作”②。随着陕甘宁边区教育政策的推行，兴建了大批具有新民主主义革命信仰的学校，成功教育了广大边区群众，“1937 年边区的小学生数量大约为 5600 人，到 1939 年下半年猛增到 22000 人”③。

宣传教育是陕甘宁边区治理成果的又一重要经验。“共产党的任务是要组织和集中这阶级斗争的势力，使那攻打资本主义的势力日渐雄厚。这一定要向工人、农民、士兵、水手和学生宣传。”④ 为此，刊物成为传播先进思想的阵地，“抗日战争时期，报纸、刊物、书籍是党的宣传鼓动工作最锐利的武器”⑤。1939 年 5 月 17 日，《中共中央关于宣传教育工作的指示》明确指出：“党委与宣传部均应编辑、出版、发行地方报纸为自己的中心任务。”⑥ 在这一政策指引下，陕甘宁边区掀起了办刊的热潮，至 1940 年党在全国直接领导的报纸达 83 种，引导边区群众形成平等的婚姻观和正确的革命形势认识，激发群众努力生产支援抗战、杜绝烟毒、团结奋斗的热情，如在《解放日报》上专门开辟“科学园地”板块，讲解自然现象和卫生常识，帮助边区群众摆脱愚昧，并广泛利用标语口号鼓舞群众服务抗

---

① 盖青：《1921—1949：中国共产党创建和领导的高等教育研究》（上），广东教育出版社 2012 年版，第 130 页。

② 盖青：《1921—1949：中国共产党创建和领导的高等教育研究》（上），广东教育出版社 2012 年版，第 142 页。

③ 〔美〕马克塞尔登：《革命中的中国：延安道路》，魏晓明、冯崇义译，社会科学文献出版社 2002 年版，第 255 页。

④ 中国社会科学院现代史研究室：《“一大”前后——中国共产党第一次代表大会前后资料选编》（一），人民出版社 1985 年版，第 3 页。

⑤ 中国社会科学院新闻研究所编：《中国共产党新闻工作文件汇编》（上），新华出版社 1980 年版，第 110 页

⑥ 中国社会科学院新闻研究所编：《中国共产党新闻工作文件汇编》（上），新华出版社 1980 年版，第 90 页。

战。陕甘宁边区在革命的不同时期提出了不同的革命口号，先后提出："自力更生、丰衣足食""停止内战，一致对外""打过长江去"等指引革命进程的时代巨响。"除有计划地在敌人经过的路旁多写切合其部队现实的标语之外，还要将传单存放于沿路党组织及群众手中"[①]，以文艺熏陶群众思想。陕甘宁边区十分重视文艺建设，仅针对口号的宣传，就建立了宣传队、钻花队、粉笔队、贴花队、木工组及"鲁艺"等艺术学校，创作适合革命需要的话剧、戏曲等，组建演出队，深入群众开展宣传。党依靠期刊、口号、文艺等群众喜闻乐见的娱乐形式，将党的政策和革命信仰融入其中，传递了党的革命政策，实现了党与基层的深入沟通和矛盾纠纷的源头化解。

（三）尊重人民的首创精神发挥人民的主人翁作用

毛泽东同志在《论持久战》中指出："日本敢于欺负我们，这主要原因在于中国群众的无组织状态。克服了这一缺点，就把日本侵略者置于我们数万万站起来了的人民之前。"[②] 一盘散沙的无组织状态是近代以来遭受屈辱的内在要素，而变革的生命力则是始终和群众站在一起，通过政府、社会组织延伸组织触角，使党的意志以政府、社会组织为纽带，联系群众、组织群众、发动群众。"如果只有广大群众的积极性，而无有力的领导骨干去恰当地组织群众的积极性，则群众积极性既不可能长久，也不可能走向正确的方向和提到高级的程度。"[③] 为此，党在社会治理中提出"各种民众都有他自己的组织，讨论并解决他自己的利与害问题"[④]，并强调对社会组织的领导，使社会组织成为服务社会的重要单元，为抗战需要开展工作。在大生产运动中陕甘宁边区相继成立了变工队、义务耕田队、互济会等群众组织，最大程度提高了土地生产效率。仅 1940 年边区互济会就在

① 毛泽东：《毛泽东文集》第一卷，人民出版社 1993 年版，第 101 页。

② 毛泽东：《毛泽东文集》第一卷，人民出版社 1993 年版，第 511—512 页。

③ 毛泽东：《毛泽东文集》第一卷，人民出版社 1993 年版，第 898 页。

④《延安民主模式研究》课题组：《延安民主模式研究资料选编》，西北大学出版社 2004 年版，第 44 页。

各地募捐细粮 1783 石，国币 3600 元。陕甘宁边区政府还成立了 260 个合作社帮助生产，成立妇女联合会保障权益，到 1943 年合作社已吸纳社员 81128 个。另外，延安文艺座谈会的召开指明服务工农兵需要的文艺工作方向，使党的理论飞入寻常百姓家，使群众密切团结在党的周围。

（四）重视情理法结合为社会治理提供有效路径

在陕甘宁边区与社会转型变革相伴而生的是传统社会结构的撕裂，在这一过程中必然带来社会关系断裂与重建的阵痛。比如在土地政策调整和分配土地过程中，围绕地权在地主与农民、农民与农民之间产生了诸多矛盾纠纷，这主要表现在地主土地被没收重新分配之后，地主向农民索要或变相索要，及相邻地之间因为边界而导致的农民之间的纠纷。同理在婚姻领域也面临着因婚姻自由的现代婚姻原则对传统婚姻理念的冲击，女性主动提起离婚案件日益增多，一方面在女性实现婚姻自由的同时，也造成社会不稳定因素。从现存的 381 卷陕甘宁边区高等法院民事诉讼档案案卷分类来看，其中 85 卷涉及土地纠纷案卷，婚姻纠纷类案卷为 145 卷，而刑事案卷材料中也有相当数量的妨害婚姻案和因土地争端造成的杀人案，可见此类矛盾之多。陕甘宁边区为了降低和化解新旧观念的激烈冲突，注重依靠教育宣传从源头化解，但系统的治理模型必然不可避免地需要定分止争层面的调处和审断。“毛泽东曾说，陕甘宁边区在法律制度上有两个创造：民间调解和改造犯人。”① 审判与调解相结合的马锡五审判方式，援用“情理法”发挥民间调解力量的矛盾纠纷化解方式，是陕甘宁边区社会治理的宝贵财富。

一方面，审判调解相结合。习近平总书记指出，我们党历来重视法治建设，创造了“马锡五审判方式”。② 马锡五审判方式基于社会治理语境下

---

① 汪世荣：《新中国司法制度的基石——陕甘宁边区高等法院（1937—1949）》，商务印书馆 2011 年版，第 5 页。

② 习近平：《坚定不移走中国特色社会主义法治道路，为全面建设社会主义现代化国家提供有力法治保障》，载《求是》2021 年第 5 期。

的创造性贡献在于它突破了传统社会民间调解的局限性，将党的权威属性与法治精神融入矛盾纠纷的柔性化解过程之中，通过审判与调解的结合，既赋予调解法治效能又解决司法审判对矛盾不能真正调和的弊端。这种巡回审判还注重在群众中宣传党的先进理念与革命主张，其打破传统社会“坐堂问案”式的纠纷化解模式，马锡五同志自己“每年总要往各县巡视工作数次，在巡视过程中，必严密监视监狱，查问犯人……因此，他是真正的‘民间’的，而不是‘衙门’的”①。由马克思主义践行者、新型乡绅等组成的“新型乡村权威”，积极主动融入乡村社会生活，融入乡村纠纷，强化党与人民的直接联系，形成党与人民群众沟通的纽带，构建了革命主张联系群众的有效路径，有力推动了社会稳定，有效获得了群众支持，毛泽东亲笔为其题词“一刻也不离开群众”，无疑对马锡五审判方式的社会治理效能给予了充分肯定。

另一方面，情理法相结合。陕甘宁边区审判与调解相结合的解纷模式，依靠法律、党纪、道德、风俗、情理实现多元化解边区矛盾纠纷，甚至在审判案件中直接援用情理，陕甘宁边区在司法实践中大量吸收、甄别了边区传统相继的风俗习惯。1942 年 5 月，边区高等法院发起了民事习惯的调查：“风俗习惯是什么；风俗习惯与法律运用的关系；你县有什么风俗习惯（不管哪方面，摘录主要的，越具体越好，并说明哪些是资产阶级法律，运用时做参考）；风俗习惯与习惯法有什么区别；截至 1944 年 9 月在八个县的范围内共调查出 69 条习惯。”② 以此作为断案依据。谢觉哉强调：“富于感情是好的。冷酷无感情是不好的。”要求“司法的人，要懂情理”，“要懂得不近情之理和不合理之情”，只有讲道理，会讲道理，明确区分不近人情和不合理的审判员才是合格的审判员。陕甘宁边区综合运用法律、党规、情理等制度性规则和公共道德、公序良俗等非制度性规则化解矛盾纠纷，在实践中起到了很好的治理效果：“大事化小，小事化无；

① 张希坡：《马锡五与马锡五审判方式》，法律出版社 2013 年版，第 224 页。

② 边区高等法院档案：《边区各县有关风俗习惯的调查材料》，全宗号 15，案卷号 57。

可使小事不闹成大事、无事不闹成有事。增加农村和睦、节省劳力以从事生产”① 的治理效果。

中国共产党在陕甘宁边区的治理实践，取得了巨大的成就，形成了宝贵的治理经验，这些经验闪烁着跨越时代的智慧力量。从历史中汲取营养，推动陕甘宁边区社会治理经验的创造性转化、创新性发展，对今天社会治理体系与治理能力现代化有着重要的参考价值和借鉴意义。延安精神不仅指导了当时的社会建设，其所包含的思想哲理，还成为延安平安建设的重要历史文化资源。

第三节 延安精神对平安延安建设的指导意义

延安作为一座城市，记录着艰苦卓绝、不屈不挠的奋斗历程，承载着无数先烈和志士仁人的光荣和梦想；延安精神作为一种精神，成为共产党人的压舱石，蕴含着执政党的根本宗旨。风云变幻，激荡百年，在革命历程中延安精神历久弥坚；滋养初心，淬炼灵魂，在新时代的奋斗征程中延安精神依然焕发着勃勃生机。在平安延安建设中，坚持延安精神的灵魂地位，发挥其指导作用，对于建设高水平平安延安具有深远的理论和现实意义。

一、延安精神与平安延安建设理念完全契合

国泰民安是人民群众最基本、最普遍的愿望。推动创新发展、协调发展、绿色发展、开放发展、共享发展，前提都是国家安全、社会稳定。因此，实现中华民族伟大复兴的中国梦，保证人民安居乐业，平安建设是头等大事。党的十九届四中全会指出，必须加强和创新社会治理，完善党委

① 谢觉哉：《谢觉哉文集》，人民出版社 1989 年版，第 593 页。

领导、政府负责、民主协商、社会协同、公众参与、法治保障、科技支撑的社会治理体系，建设人人有责、人人尽责、人人享有的社会治理共同体，确保人民安居乐业、社会安定有序，建设更高水平的平安中国[①]。这就意味着，提升社会治理现代化水平，建设平安中国，必须坚守为民初心，以人民利益为出发点，以汇聚民智民力为着力点，以赢得民心民意为落脚点，打造共建、共治、共享的社会治理格局，让人民群众满怀欣喜地迈入全面小康社会。

人民安居乐业、社会安定有序是社会治理和平安建设的根本要求。依靠人民群众解决社会问题，是社会治理与平安建设的显著优势。习近平总书记强调，“平安是人民幸福安康的基本要求，是改革发展的基本前提”，“要继续加强和创新社会治理，完善中国特色社会主义社会治理体系，努力建设更高水平的平安中国，进一步增强人民群众安全感”[②]。建设更高水平的平安中国，必须切实贯彻好党的群众路线，把党的优良传统和新形势、新技术、新手段结合起来，创新组织群众、发动群众的机制，让人民群众成为推进社会治理现代化的动力源泉。这生动反映了以人民为中心的发展思想，反映了实事求是的治理态度。

平安延安建设是平安中国建设的重要组成部分。在政治立场方面，延安市始终坚持党对平安建设的坚强领导。着力把党的政治优势和我国社会主义制度优势转化为社会治理效能，充分发挥党委总揽全局、协调各方的领导作用，确保平安延安建设及社会治理现代化始终沿着正确的方向前进。在服务群众方面，延安市坚持以人民为中心。努力做到为了群众、依靠群众、引领群众，最大限度调动群众参与社会治理的能动性、创造性，

① 《中共中央关于坚持和完善中国特色社会主义制度推进国家治理体系和治理能力现代化若干重大问题的决定（2019年10月31日中国共产党第十九届中央委员会第四次全体会议通过）》，新华社北京11月5日电，载新华网 http://www.xinhuanet.com/politics/2019-11/05/c_1125195786.htm，访问日期：2020年10月1日。

② 《习近平就加强和创新社会治理作出重要指示强调 完善中国特色社会主义社会治理体系 努力建设更高水平的平安中国》，新华社南昌10月12日电，载新华网 http://www.xinhuanet.com/politics/2016-10/12/c_1119704461.htm，访问日期：2021年12月5日。

着力解决好事关群众切身利益的公共安全、权益保障、公平正义问题，努力让人民群众的获得感成色更足、幸福感更可持续、安全感更有保障。在发展理念方面，延安市坚持新发展理念。坚持立足新发展阶段、贯彻新发展理念、构建新发展格局，把新发展理念贯穿社会治理全过程和各领域，推动延安努力实现更高质量、更有效率、更加公平、更可持续、更为安全的发展。在建设思路方面，第一，延安市坚持系统观念。将社会治理和平安建设放到市域经济社会发展全局中谋划，增强社会治理与平安建设的整体性和协同性，形成权责明晰、高效联动、上下贯通、运转灵活的社会治理模式。第二，坚持依法治理。把习近平法治思想贯彻落实到社会治理各方面和全过程，运用法治思维和法治方式破解延安市域社会治理难题。第三，坚持延安特色。遵循治理规律，把握时代特征，以延安精神为灵魂，以新时代“十个没有”为目标，以“两说一联”为载体，持续提升治理效能。凡此种种，均说明平安延安建设与延安精神一脉相承，完整反映了延安精神中坚持正确的政治方向，解放思想、实事求是的思想路线，全心全意为人民服务的根本宗旨，自力更生、艰苦奋斗的创业精神。

因此，弘扬延安精神，创新社会治理，推进平安建设，其根本目的都是为了人民、依靠人民、造福人民，其过程也必然是以人民为中心，团结干部群众，激发群众活力，尊重人民群众的积极性、自主性和原创性，让群众收获更多的获得感、幸福感、安全感。如今，延安社会治安大局持续平安稳定，人民群众对平安建设的满意度达到96%①。事实雄辩地说明，延安市在平安建设中用延安精神滋养初心、淬炼灵魂，增强政治自觉和法治自觉，奋发有为、敢于担当，生动诠释了延安精神始终是激励社会治理和平安建设事业持续取得新成就、新突破的不竭动力。

---

① 郑剑峰、孙立昊洋：《传承延安精神把红色基因融入血液》，载于《法制日报》2021年3月16日第1版。

二、延安精神指导下新时代平安延安建设全面深化

在延安精神的指引下，新时代“十个没有”平安延安建设不断深入。近年来，延安市坚持以习近平新时代中国特色社会主义思想为指导，全面贯彻落实党中央关于推进社会治理现代化决策部署和省委工作要求，围绕平安中国、法治中国建设工作实际，坚持新发展理念，持续推进以延安精神为灵魂，以新时代“十个没有”为目标，以“两说一联”为载体的社会治理创新，不断完善系统治理、依法治理、综合治理、源头治理体制机制，筑牢基层基础，营造了平安稳定的社会环境，人民群众获得感、幸福感、安全感明显增强。主要体现在：

党委对社会治理的领导水平不断提升，政府管理服务社会的主体责任持续落实，社会治理体制机制深入推进，市级统筹主导、县级组织实施、乡镇（街道）抓好落实、村（社区）源头治理的工作架构基本形成；维护国家政治安全坚强有力，“延安无小事”底线思维牢固树立，“筑墙工程”“净土工程”“攻心工程”“反制工程”深入开展，红色教育基地建设和重大安保维稳工作扎实推进，农村乱建滥建民间信仰活动场所得到有效治理；新时代“十个没有”平安建设全面推开，社会治理水平持续提高，多元主体参与社会治理的能力不断增强，城乡社区社会组织数量增多、活力提升，参与社会治理各领域工作的平台与渠道得到拓展和延伸；社会治理基层基础不断夯实，“两说一联”工作机制得到深入推广，常态化建立了“说事说法包联”工作机构和制度，服务群众精细化、专业化水平稳步提升；社会稳定风险化解能力有效加强，建成了市—县（市、区）—乡镇（街道）—村（社区）四级综治中心，社会多数矛盾在基层得到防范和化解，和谐稳定局面有效维护；狠抓“雪亮工程”建设，社会治安防控体系不断完善；扫黑除恶专项斗争取得重要战果，涉黑涉恶腐败和“保护伞”问题得到有力惩治，基层党组织建设不断加强；文明城市创建持续深化，城乡居民诚信意识、法治意识、道德意识得到强化。

正是由于“十三五”期间，延安精神指引下的平安延安建设成效显著，新时代“十个没有”平安建设、“两说一联”工作机制等社会治理经验在全省甚至全国得到肯定和推广。平安延安建设的具体做法包括①：

（一）加强统筹谋划，新时代平安建设方向明确富有活力

坚持把加强党的领导贯穿“十个没有”平安建设全过程，把推进“十个没有”平安建设过程变成不断夯实党执政根基的过程，发挥各级党组织的领导作用，全面开展“深化平安建设，实现十个没有”系列创建活动。围绕市域社会治理现代化目标，以延安精神铸魂、延安作风塑形，谋划“十个没有”治理思路、设定“十个没有”治理任务、规划“十个没有”治理路径，提升市域社会治理效能。突出问题导向，以痛点为起点、变难点为亮点，切实把风险防住、把漏洞堵严、把短板补齐。到 2019 年年底，全市共成立调解组织 2186 个，专兼职调解员 7424 名；整顿软弱涣散村级党组织 154 个，清理不合格、不胜任村“两委”干部 149 人。

坚持一切为了群众、一切依靠群众，从人民群众最恨、最怨、最烦的事情抓起，着力解决群众最关切的公共安全、权益保障、公平正义问题，过程让群众参与、成效让群众评判、成果让群众共享。实行目标化推进、专项化管理、责任化考核，一步一个脚印把新时代“十个没有”平安建设的美好愿景变为人民群众看得见、感受得到的现实。到 2019 年年底，组建专职视频巡逻队伍 14 支 500 余人，配备城乡社区专职巡防队 102 支，620 名民警实行“网格化”巡逻，治安志愿者、红袖章巡防队伍 2770 支 26926 人，安装视频监控摄像头 54266 台，实现城区、乡镇所在地视频监控无缝隙、全覆盖。

（二）坚持发动和依靠群众，新时代平安建设聚焦问题有的放矢

选取与群众生活密切相关、矛盾纠纷多发易发、治安问题相对较多的学校、医院、市场、交通、景区、酒店、网吧、社区、村组等行业领域，

---

① 文中数据参见陕西省委政法委、陕西省委平安办、西北政法大学编：《平安陕西建设创新案例选编》（上），陕西人民出版社 2021 年版，第 91—99 页。

开展“十个没有”平安创建活动，将关系公共安全、基层治理、安居乐业的各个行业纳入创建范围，让平安创建工作通达“神经末梢”，激活基层“平安细胞”，积“小安”为“大安”。到2019年年底，累计排查矛盾纠纷17220件，调处成功16592件，调解成功率96.4%。

坚持实事求是，一地一策，各行业各领域分别制定具体的创建内容和推进措施，全方位加强创建单位群防群治工作，着力化解矛盾纠纷，着力堵塞管理漏洞，着力革除陈规陋习，让人民群众在新时代“十个没有”平安建设中有更多的获得感、幸福感、安全感。到2019年年底，各创建单位自查整改治安隐患2549处，监控补盲3716处，专项整治消防安全、食品药品安全、交通安全隐患1942个（处）。1784个行政村全部成立了道德评议会、禁毒禁赌会、红白理事会、村民议事会，有效破除了农村炫富攀比、大操大办、薄养厚葬、封建迷信等陈规陋习和不良风气。

坚持与新时代文明实践中心建设相结合，与文明城市创建相结合，与扫黑除恶专项斗争相结合，因时而进、因时而新，针对每个行业的实际情况，列出“十个没有”问题清单，着力解决群众反映强烈的突出问题，赋予“十个没有”新的内涵，使平安建设契合时代新特征、体现延安新特色、满足群众新需求。到2019年年底，全市新时代文明实践中心共实名注册志愿者125465名，累计参与活动志愿者达10万多人。摧毁黑社会性质犯罪组织4个，打掉恶势力犯罪集团38个，查办恶势力犯罪团伙60个，刑拘犯罪嫌疑人1129人，查封、扣押、冻结涉案资产（折款）3.09亿余元。

（三）创新推进机制，新时代平安建设一体推动力求实效

坚持刀刃向内，勇于自我革命，抓实抓细平安建设各个环节。抓承诺公示，每年年初，由牵头单位负责，就“谁来管、谁来干、怎么干”做出承诺，挂牌公示，接受群众监督。抓集中整治，针对“十个没有”涉及的治安问题、消防隐患、管理漏洞、监管盲区、矛盾纠纷等，进一步完善网格化管理制度，由创建单位与公安、消防、市场监管等部门联动发力，将整改责任落实到人到岗，定期开展“大扫除”，集中打好“歼灭战”。

抓述职评议，每年年终将创建活动开展情况向服务对象和辖区群众进行公开述职，让群众对创建成效进行公开测评评议，听取群众的意见建议，对满意度达到90%以上的予以挂牌命名。注重典型培育，在各个创建领域都选取一定的示范点，重点培育，加大宣传，变一个个“盆景”为一道道亮丽的“风景”，提高群众知晓率和参与率，提升整体创建水平。到2019年年底，全市评选出“十星级文明户”16753户、“好婆婆”3483人、“好媳妇”3738人、“中国好人”46人、“陕西好人”89人、“延安模范”272人。

抓长效机制，推进自治、法治、德治的有机融合，按照动态管理、动态考核、对标授星的办法，每年都创建一批“十星级”平安创建示范单位，对于创建不达标、出现滑坡的创建单位，采取降星、摘牌、问责等措施，环环相扣形成长效机制，巩固提升创建成果，实现了社会治安满意率、平安创建知晓率、政法队伍形象满意度“三提升”和刑事案件、治安案件、信访案件“三下降”。到2019年年底，全市累计创建“十星级”平安家庭5万余户、平安网格1735个、平安村组（社区）1306个、平安校园317个、平安交通（交通站点）59个、平安医疗机构196个、平安井场336个、平安网吧96个、平安景区49个、平安商场市场109个、平安酒店149个、平安小区（楼院）262个，形成了富县“两说一联”、宝塔区“平安建设一条街”、甘泉“九平式调解”、黄龙“无黑无恶县”等一批社会治理特色品牌。

总之，历史传统的得天独厚，时代潮流的磅礴浩荡，构成了延安市推动社会治理体系与能力现代化坚实有力的历史背景和现实背景。新时代“十个没有”平安建设的提出与实践，恰恰反映了延安市以延安精神和延安作风铸魂塑形的优良传统，也反映出新时代的延安儿女以更加主动、认真、务实的态度响应党中央号召，打造共建、共治、共享的社会治理新格局，全力推进市域社会治理现代化的积极姿态。实践表明新时代“十个没有”平安建设，符合延安政治、经济、历史、文化和社会实际，对如何将革命文化特别是延安精神融入社会治理、如何带动西部地区和革命老区社会治理的发展、如何丰富新时代“枫桥经验”的科学内涵、如何创新和完善具有中国特色的新时代社会治理制度体系等积累了宝贵经验，形成了新时代社会治理的“延安样本”。

第二章

新时代“十个没有”为目标：规划平安建设的行动方案

只有高举中国特色社会主义伟大旗帜，坚持以习近平新时代中国特色社会主义思想为指导，进一步坚定政治性、体现时代性、突出实践性，才能确保基层社会治理始终沿着正确的方向前进。新时代“十个没有”平安建设坚持把党的领导落实到基层，把基层社会治理做细做实，做到发现问题在一线、攻坚克难在一线、达标树模在一线，切实增强基层治理和服务群众工作的精准性和高效性，搭建起党委主导、行业主管、部门主责、基层主抓、群众主体的社会和谐稳定新局面。只有坚持人民的主体地位，始终围绕群众关注的重点领域和突出问题，始终以群众高兴不高兴、满意不满意、答应不答应为出发点和落脚点，才能调动群众参与的积极性、主动性。新时代“十个没有”平安建设坚持发动和依靠群众，围绕“小事不出户、大事不出村（社区）、矛盾不激化、问题不上交”要求，解决群众最关切的公共安全、权益保障、公平正义等问题，把平安建设美好愿景变为人民群众看得见、摸得着、感受得到的现实，使人民群众有更多的获得感、幸福感、安全感。只有坚持问题导向、目标导向、结果导向，结合实际制定“十个没有”平安创建的具体内容和推进措施，才能有效防范各类安全风险，全面破除陈规陋习，形成健康文明的社会风尚。新时代“十个没有”平安建设坚持底线思维，通过列负面清单，突出系统治理、依法治理、源头治理，自治、法治、德治融合，问题在哪里，治理力量就流向哪里，推动矛盾排查化解、基层治理应急处置、综合执法联合查处等，打通基层社会治理“最后一公里”。只有发挥制度的治本作用，才能形成环环相扣、持续运行的长效机制。新时代“十个没有”平安建设坚持守正创新，紧扣社会发展的新形势、新情况，紧扣矛盾纠纷新趋势、违法犯罪新形式、经济社会组织新业态，建立“平安联创、治安联防、矛盾联调、信息联通、问题联治、违法联究”的制度体系，坚持和发展“两说一联”“九平式调解”等创新经验，提升了基层社会治理效能，让平安建设不断焕发出新的生机活力。

第一节　新时代“十个没有”的基本内涵

平安延安建设坚持以习近平新时代中国特色社会主义思想为指导，学习贯彻习近平法治思想，全面贯彻落实习近平总书记来陕考察重要讲话精神，坚持新发展理念，坚持以人民为中心的发展思想，坚持稳中求进工作总基调，紧扣追赶超越总纲，贯通落实“五项要求”“五个扎实”，围绕推动高质量发展、创造高品质生活、实现高效能治理，统筹发展与安全，在健全体制、激活机制、创新制度、狠抓落实、注重实效上下功夫，探索具有时代特征、延安特点的社会治理新模式，完善党委领导、政府负责、民主协商、社会协同、公众参与、法治保障、科技支撑的社会治理体系，努力建设人人有责、人人尽责、人人享有的社会治理共同体，实现高质量发展和高水平安全的良性互动，不断增强人民群众的获得感、幸福感、安全感，让延安人民生活得更美好、更幸福。

一、平安中国建设的思想指引

党的十八大以来，以习近平同志为核心的党中央高度重视平安建设工作，多次强调平安建设的重要性和方式方法，并把平安建设作为政法工作的核心任务和社会治理的重要目标加以强调，科学回答了事关社会治理和长远发展的一系列重大问题，为新时代平安建设指明了方向，提供了根本遵循。

2013 年 5 月 31 日，深化平安中国建设工作会议在江苏苏州召开，习近平总书记就建设平安中国做出重要指示，强调：“平安是人民幸福安康的基本要求，是改革发展的基本前提。多年来，政法综治战线深入推进平安建设，为保障人民安居乐业、维护社会稳定、服务经济社会发展作出了重要贡献。”“要把平安中国建设置于中国特色社会主义事业发展全局中来谋划，紧紧围绕‘两个一百年’奋斗目标，把人民群众对平安中国建设的要求作为努力方向，坚持源头治理、系统治理、综合治理、依法治理，努力解决深层次问题，着力建设平安中国，确保人民安居乐业、社会安定有序、国家长治久安。”①

2014 年 1 月 7 日至 8 日，中央政法工作会议在北京召开，习近平总书记出席会议并发表重要讲话，强调：“维护社会大局稳定是政法工作的基本任务。要处理好维稳和维权的关系，要把群众合理合法的利益诉求解决好，完善对维护群众切身利益具有重大作用的制度，强化法律在化解矛盾中的权威地位，使群众由衷感到权益受到了公平对待、利益得到了有效维护。要处理好活力和秩序的关系，坚持系统治理、依法治理、综合治理、源头治理，发动全社会一起来做好维护社会稳定工作。”“保障人民安居乐业是政法工作的根本目标。政法机关和广大干警要把人民群众的事当作自己的事，把人民群众的小事当作自己的大事，从让人民群众满意的事情做起，从人民群众不满意的问题改起，为人民群众安居乐业提供有力法律保障。要深入推进社会治安综合治理，坚决遏制严重刑事犯罪高发态势，保

① 《习近平就建设平安中国作出重要指示强调 把人民群众对平安中国建设的要求作为努力方向确保人民安居乐业社会安定有序国家长治久安》，载《人民日报》2013 年 6 月 1 日第 1 版。

障人民生命财产安全。”①

2015 年 1 月 20 日，中央政法工作会议在北京召开，习近平总书记就政法工作做出重要指示，强调：“政法战线认真贯彻党中央决策部署，深入推进平安中国、法治中国、过硬队伍建设，各项工作特别是改革工作取得新成效。”“新形势下，政法机关任务更重，人民群众要求更高。希望全国政法机关主动适应新形势，增强工作前瞻性，有效防控各类风险，履行好维护国家安全和社会安定的重大责任。”②

2016 年 10 月 10 日至 11 日，全国社会治安综合治理创新工作会议在江西南昌召开，习近平总书记就加强和创新社会治理做出重要指示，强调：“要继续加强和创新社会治理，完善中国特色社会主义社会治理体系，努力建设更高水平的平安中国，进一步增强人民群众安全感。”他特别指出：“近年来，政法综治战线认真贯彻党中央决策部署，一手抓突出问题整治、一手抓社会治理创新，平安建设取得新成效。要更加注重联动融合、开放共治，更加注重民主法治、科技创新，提高社会治理社会化、法治化、智能化、专业化水平，提高预测预警预防各类风险能力。要坚持问题导向，把专项治理和系统治理、综合治理、依法治理、源头治理结合起来。要完善社会治安综合治理体制机制，加快建设立体化、信息化社会治安防控体系。各级党委和政府要高度重视社会治理工作，落实社会治安综合治理领导责任制，切实肩负起促一方发展、保一方平安的政治责任。”③

2017 年 1 月 12 日，中央政法工作会议在北京召开，习近平总书记就政法工作做出重要指示，强调：“近年来，政法战线认真贯彻党中央决策部署，一手抓当前、一手谋长远，深入推进平安中国、法治中国、过硬队

---

① 《习近平在中央政法工作会议上强调 坚持严格执法公正司法深化改革促进社会公平正义保障人民安居乐业》，载《人民日报》2014 年 1 月 9 日第 1 版。

② 《习近平就政法工作作出重要指示强调 把政法工作摆到经济社会发展全局中谋划履行好维护国家安全和社会安定重大责任》，载《人民日报》2015 年 1 月 21 日第 1 版。

③ 《习近平就加强和创新社会治理作出重要指示强调 完善中国特色社会主义社会治理体系努力建设更高水平的平安中国》，载《人民日报》2016 年 10 月 13 日第 1 版。

伍建设，为维护国家安全和社会稳定、服务经济社会发展作出了重要贡献。”“要强化忧患意识，提高政治警觉，增强工作预见性，不断创新理念思路、体制机制、方法手段，全面提升防范应对各类风险挑战的水平，确保国家长治久安、人民安居乐业。”①

2018 年 1 月 22 日，中央政法工作会议在北京召开，习近平总书记就政法工作做出重要指示，强调：“坚持党对政法工作的绝对领导，坚持以人民为中心的发展思想，增强工作预见性、主动性，深化司法体制改革，推进平安中国、法治中国建设，加强过硬队伍建设，深化智能化建设，严格执法、公正司法，履行好维护国家政治安全、确保社会大局稳定、促进社会公平正义、保障人民安居乐业的主要任务，努力创造安全的政治环境、稳定的社会环境、公正的法治环境、优质的服务环境，增强人民群众获得感、幸福感、安全感。”②

2019 年 1 月 15 日至 16 日，中央政法工作会议在北京召开，习近平总书记出席会议并发表重要讲话。他强调：“要善于把党的领导和我国社会主义制度优势转化为社会治理效能，完善党委领导、政府负责、社会协同、公众参与、法治保障的社会治理体制，打造共建共治共享的社会治理格局。要创新完善平安建设工作协调机制，统筹好政法系统和相关部门的资源力量，形成问题联治、工作联动、平安联创的良好局面。各地区各部门主要负责同志要落实好平安建设领导责任制，履行好维护一方稳定、守护一方平安的政治责任。要深入推进社区治理创新，构建富有活力和效率的新型基层社会治理体系。”③

2020 年 1 月 17 日，中央政法工作会议在北京召开，习近平总书记就

---

① 《习近平对政法工作作出重要指示强调 全面提升防范应对各类风险挑战的水平确保国家长治久安人民安居乐业》，载《人民日报》2017 年 1 月 23 日第 1 版。

② 《习近平对政法工作作出重要指示强调 坚持以人民为中心的发展思想履行好维护国家政治安全确保社会大局稳定促进社会公平正义保障人民安居乐业的主要任务》，载《人民日报》2018 年 1 月 23 日第 1 版。

③ 《习近平在中央政法工作会议上强调 全面深入做好新时代政法各项工作促进社会公平正义保障人民安居乐业》，载《人民日报》2019 年 1 月 17 日第 1 版。

政法工作做出重要指示，强调：“要把维护国家政治安全放在第一位，继续推进扫黑除恶专项斗争，着力推进市域社会治理现代化试点，努力建设更高水平的平安中国、法治中国。”①

2020 年 1 月 9 日，中央政法工作会议在北京召开，习近平总书记就政法工作做出重要指示，强调：“以实际行动践行对党忠诚、服务人民、执法公正、纪律严明，努力建设更高水平的平安中国、法治中国，为保障人民幸福、国家安全、社会稳定作出新的更大贡献，以优异成绩庆祝建党 100 周年。”

2021 年 11 月，习近平总书记对平安中国建设做出重要指示，他指出：“近年来，各地区各有关部门贯彻党中央决策部署，扎实开展平安中国建设，为推动经济发展、维护社会稳定、保障人民安全作出了重要贡献。”“建设更高水平的平安中国意义重大。各地区各有关部门要认真贯彻党的十九届五中全会精神，落实总体国家安全观，坚持共建共治共享方向，聚焦影响国家安全、社会安定、人民安宁的突出问题，深入推进市域社会治理现代化，深化平安创建活动，加强基层组织、基础工作、基本能力建设，全面提升平安中国建设科学化、社会化、法治化、智能化水平，不断增强人民群众获得感、幸福感、安全感。各级党委和政府要加强对平安建设的组织领导，研究解决体制性、机制性、政策性问题，切实肩负起促一方发展、保一方平安的政治责任。”②

2022 年 10 月，习近平总书记在党的二十大报告中强调：“我们要坚持以人民安全为宗旨、以政治安全为根本、以经济安全为基础、以军事科技文化社会安全为保障、以促进国际安全为依托，统筹外部安全和内部安全、国土安全和国民安全、传统安全和非传统安全、自身安全和共同安

① 《习近平对政法工作作出重要指示强调 着力提高政法工作现代化水平 建设更高水平的平安中国法治中国》，载《人民日报》2020 年 1 月 18 日第 1 版。

② 《习近平对平安中国建设作出重要指示强调 全面提升平安中国建设水平不断增强人民群众获得感幸福感安全感》，载《人民日报》2020 年 11 月 12 日第 1 版。

全，统筹维护和塑造国家安全，夯实国家安全和社会稳定基层基础，完善参与全球安全治理机制，建设更高水平的平安中国，以新安全格局保障新发展格局。”①

平安稳定是改革发展的基本前提，平安建设是关乎人民群众安居乐业和国家长治久安的基础性事业。新时代“十个没有”平安建设，正是在习近平新时代中国特色社会主义思想和习近平总书记关于平安建设重要论述的指引下推进的，是立足于新时代的历史方位，结合延安社会治理和平安建设实际所进行的贯彻落实党的思想、路线、方针的有力举措和实际行动。

二、新时代“十个没有”平安建设的形成经过

进入新时代，面对推进国家治理体系和治理能力现代化的新形势，如何继承和发扬延安精神以及延安时期优良传统，适应社会主要矛盾变化带来的新任务，成为创新社会治理的重大课题。2016 年，宝塔区委、区政府贯彻延安市委进一步深化平安建设的要求，决定在全区开展以“弘扬延安革命传统，创建圣地十个没有”为主题，以深化平安宝塔创建为载体的“深化‘十大平安’创建，实现‘十个没有’目标”活动。随后，延安市在宝塔区先行先试、取得经验的基础上，确立了“努力重现延安时期‘十个没有’良好社会风气”的目标任务，以各领域、各行业实现“十个没有”为目标，全面开展“深化平安建设，实现‘十个没有’”系列创建活动，将习近平总书记强调的“把红色资源利用好、把红色传统发扬好、把红色基因传承好”切实融入社会治理创新的进程中。

值得注意的是，延安市新时代“十个没有”平安建设并不是作为一项局限于社会安全稳定领域的专项任务而开展的，而是与坚持和完善共建、共治、共享的社会治理制度结合起来。

---

① 《高举中国特色社会主义伟大旗帜 为全面建设社会主义现代化国家而团结奋斗——在中国共产党第二十次全国代表大会上的报告（2022 年 10 月 16 日）》，《人民日报》2022 年 10 月 26 日第 1 版。

党的十九大报告提出：“建设平安中国，加强和创新社会治理，维护社会和谐稳定，确保国家长治久安、人民安居乐业。”要“打造共建共治共享的社会治理格局。加强社会治理制度建设，完善党委领导、政府负责、社会协同、公众参与、法治保障的社会治理体制，提高社会治理社会化、法治化、智能化、专业化水平。加强预防和化解社会矛盾机制建设，正确处理人民内部矛盾。树立安全发展理念，弘扬生命至上、安全第一的思想，健全公共安全体系，完善安全生产责任制，坚决遏制重特大安全事故，提升防灾减灾救灾能力。加快社会治安防控体系建设，依法打击和惩治黄赌毒黑拐骗等违法犯罪活动，保护人民人身权、财产权、人格权。加强社会心理服务体系建设，培育自尊自信、理性平和、积极向上的社会心态。加强社区治理体系建设，推动社会治理重心向基层下移，发挥社会组织作用，实现政府治理和社会调节、居民自治良性互动。”①

党的十九届四中全会《决定》进一步完善了社会治理制度建设的相关论述，不仅提出了“必须坚持以马克思列宁主义、毛泽东思想、邓小平理论、‘三个代表’重要思想、科学发展观、习近平新时代中国特色社会主义思想为指导，增强‘四个意识’，坚定‘四个自信’，做到‘两个维护’，坚持党的领导、人民当家作主、依法治国有机统一，坚持解放思想、实事求是，坚持改革创新，突出坚持和完善支撑中国特色社会主义制度的根本制度、基本制度、重要制度，着力固根基、扬优势、补短板、强弱项，构建系统完备、科学规范、运行有效的制度体系，加强系统治理、依法治理、综合治理、源头治理，把我国制度优势更好转化为国家治理效能，为实现‘两个一百年’奋斗目标、实现中华民族伟大复兴的中国梦提供有力保证”的总体要求，而且将“坚持和完善共建共治共享的社会治理

① 习近平：《决胜全面建成小康社会夺取新时代中国特色社会主义伟大胜利——在中国共产党第十九次全国代表大会上的报告（2017年10月18日）》，新华社北京10月27日电，载新华网 http：//www. xinhuanet. com//politics/19cpcnc/2017 - 10/27/c_1121867529. htm，访问日期：2020年10月1日。

制度，保持社会稳定、维护国家安全”列为“坚持和完善中国特色社会主义制度、推进国家治理体系和治理能力现代化”第九项重大问题，提出：“社会治理是国家治理的重要方面。必须加强和创新社会治理，完善党委领导、政府负责、民主协商、社会协同、公众参与、法治保障、科技支撑的社会治理体系，建设人人有责、人人尽责、人人享有的社会治理共同体，确保人民安居乐业、社会安定有序，建设更高水平的平安中国。”①

与此同时，《决定》将“构建基层社会治理新格局”作为坚持和完善共建共治共享的社会治理制度的基本任务，提出：“完善群众参与基层社会治理的制度化渠道。健全党组织领导的自治、法治、德治相结合的城乡基层治理体系，健全社区管理和服务机制，推行网格化管理和服务，发挥群团组织、社会组织作用，发挥行业协会商会自律功能，实现政府治理和社会调节、居民自治良性互动，夯实基层社会治理基础。加快推进市域社会治理现代化。推动社会治理和服务重心向基层下移，把更多资源下沉到基层，更好提供精准化、精细化服务。注重发挥家庭家教家风在基层社会治理中的重要作用。”②

坚持和完善共建共治共享的社会治理制度的提出，标志着党对社会治理规律认识的提升，也对新时代的社会治理提出新的更高要求。尤其是“加强系统治理、依法治理、综合治理、源头治理，把我国制度优势更好转化为国家治理效能”明确了社会治理的工作重点；“党委领导、政府负责、民主协商、社会协同、公众参与、法治保障、科技支撑的社会治理体系”，打破了以往党政直接管理的单一模式，突出了各方力量共同发挥聪

① 《中共中央关于坚持和完善中国特色社会主义制度推进国家治理体系和治理能力现代化若干重大问题的决定（2019年10月31日中国共产党第十九届中央委员会第四次全体会议通过）》，新华社北京11月5日电，载新华网 http：//www.xinhuanet.com/politics/2019-11/05/c_1125195786.htm，访问日期：2020年10月1日。

② 《中共中央关于坚持和完善中国特色社会主义制度推进国家治理体系和治理能力现代化若干重大问题的决定（2019年10月31日中国共产党第十九届中央委员会第四次全体会议通过）》，新华社北京11月5日电，载新华网 http：//www.xinhuanet.com/politics/2019-11/05/c_1125195786.htm，访问日期：2020年10月1日。

明才智的多元参与的治理格局；“建设人人有责、人人尽责、人人享有的社会治理共同体”更加彰显了以人民为中心的发展思想和人民主体地位，也充分说明了无论是以集体形式存在的社会治理的各方主体，还是每一个构成社会最基本细胞的民众，在新的治理共同体中都是风雨同舟、荣辱与共、命运相连。

三、新时代“十个没有”平安建设的发展完善

新时代“十个没有”平安建设自2016年启动，经过不断深化，其总体目标和具体任务也随着治理形势的变化而日渐调整，总体而言，新时代“十个没有”平安建设可划分为以下几个阶段：

（一）2016年至2017年：重点行业和领域创建阶段

2016年7月8日，延安市社会治安综合治理委员会印发《深化平安建设实现“十个没有”活动实施方案》，在全市部署开展“十个没有”平安创建活动。本次活动以党的十八大以及十八届三中、四中、五中全会精神为指导，深入贯彻落实习近平总书记系列重要讲话精神，继承发扬党在延安时期开展社会治理实践的优良传统，以深化平安系列创建活动为载体，以实现“十个没有”为目标，以“防控风险、服务发展，破解难题、补齐短板”为重点，希望通过“十个没有”平安创建，有力提升全市社会治理体系和治理能力现代化水平。

“深化平安建设，实现‘十个没有’”活动的总体目标是：通过深化行业性、区域性系列平安创建活动，逐步扩大平安创建活动的覆盖面，逐步在各行业、各领域实现“十个没有”目标，以各个行业、区域的“十个没有”推动全市社会治理水平整体提升，以细胞平安促进全局平安，为全面建成小康社会创造和谐稳定的社会环境。

具体创建任务见下表：

重点领域	创建主体	建设标准	牵头单位及责任人	配合单位	示范点
平安校园	全市各中小学校	一没有迟到早退；二没有乱扔垃圾；三没有随地吐痰；四没有损坏公物；五没有吸烟酗酒；六没有铺张浪费；七没有打架斗殴；八没有侵害师生案件；九没有安全隐患；十没有安全事故	市教育局及负责人	市公安局、市公安局交警支队、市消防支队、市食药监局	延安中学、延安实验中学、延安实验小学，宝塔区杜甫川小学，安塞县初级中学
平安交通	公交车、出租车、城际客运车等	一客运车上没有绺窃；二客运车辆没有拒载；三客运车没有超载；四没有安全隐患；五没有违禁品上车；六没有客运车超期服役；七没有客运车逾期未安检；八没有客运车超时运营；九没有客运车无证运营；十没有客运车不文明服务	市交通局及负责人	市公安局、市技术监督局、市公安局交警支队、市安监局	市公共交通总公司、市神州（集团）汽车出租公司、延安汽车运输（集团）有限公司（汽车南站）、洛川县汽车站、志丹县汽车站
平安医疗机构	各级医院、乡镇卫生所、社区卫生服务中心	一没有非法执业；二没有推诿病人；三没有违规收费；四没有商业推销；五没有红包回扣；六没有歧视患者；七没有不合格药物器械；八没有安全隐患；九没有医疗责任事故；十没有绺窃盗窃	卫生局及负责人	市公安局、市物价局、市消防支队、市食药监局	市人民医院、宝塔区枣园社会卫生服务中心、宝塔区李渠中心卫生院、子长县人民医院、志丹县人民医院
平安井场	油气井场	一没有盗窃原油；二没有偷电盗气；三没有破坏设施；四没有安全隐患；五没有安全事故；六没有阻挠生产；七没有企地矛盾；八没有未批先建；九没有黄赌毒；十没有环境污染	市公安局石油安全保卫支队及负责人	市环保局、市安监局、市公安局延河分局、永坪分局、宝塔分局、经开分局	南泥湾采油厂采油六大队松697井场、青化砭采油厂河-2-4-5-6井、青化砭采油厂第一大队河26井、川口采油厂川15井

续表

重点领域	创建主体	建设标准	牵头单位及责任人	配合单位	示范点
平安网吧	网吧	一没有无证经营；二没有欺诈消费；三没有安全隐患；四没有传播违法信息；五没有绺窃盗窃；六没有寻衅滋事；七没有未成年人上网；八没有不实名登记；九没有超时经营；十没有监控盲区	市文广局及负责人	市公安局、市消防支队、市委网信办、市工商局、市电信局、市移动公司、市联通公司	吴起县五环网络有限责任公司、子长县默默网咖、暴雪网络科技有限责任公司（暴雪网咖）、亮点网吧（十里铺）、艾曼网吧（百米大道）
平安景区	全市各景区	一没有强买强卖；二没有重大投诉；三没有欺诈消费；四没有安全隐患；五没有安全事故；六没有绺窃盗窃；七没有打架斗殴；八没有不文明服务；九没有脏乱差；十没有乱刻乱画	（革命纪念景区）延安革命纪念地管理局及负责人，（自然景区）市旅游局及负责人	市公安局、市消防支队、市工商局、市物价局	枣园旧址管理处、西北局旧址管理处、洛川会议旧址、黄帝陵管理局
平安市场	全市各市场、商城	一没有假冒伪劣；二没有缺斤少两；三没有欺行霸市；四没有欺诈消费；五没有绺窃盗窃；六没有打架斗殴；七没有激化矛盾；八没有安全隐患；九没有占道经营；十没有乱搭乱建	市工商局及负责人	市公安局、市司法局、市消防支队	东盛农贸市场、市供销农贸市场、河庄坪农贸市场、子长县盛利昌建材市场、雷县洛滨路综合批发市场
平安家庭	家庭	一没有家庭暴力；二没有吸贩毒品；三没有参与邪教；四没有违法乱纪；五没有奢侈浪费；六没有虐待老幼；七没有参与赌博；八没有邻里矛盾；九没有封建迷信；十没有污染环境	市妇联及负责人	市公安局、市610办、市司法局	安塞县城北社区、甘泉县美水街道办北关社区、宝塔区东苑社区、慧泽社区、长庆河庄坪社区（每个社区选择10户家庭）

续表

重点领域	创建主体	建设标准	牵头单位及责任人	配合单位	示范点
平安网格	城市社区网格	一没有入室盗窃；二没有矛盾激化；三没有聚众赌博；四没有卖淫嫖娼；五没有吸贩毒品；六没有乱搭乱建；七没有卫生死角；八没有安全隐患；九没有脱管漏管；十没有非法活动	县（区）综治办，综治办主任	县（区）相关单位及负责人	
平安村		一没有家族势力；二没有吸贩毒品；三没有聚众赌博；四没有封建迷信；五没有邪教传播；六没有乱砍（开）乱挖；七没有矛盾激化；八没有非正常上访；九没有村干部违法违纪；十没有刑事案件	县（区）综治办，综治办主任	县（区）相关单位及负责人	

为了确保“十个没有”平安建设活动组织有力、扎实推进、深入人心、取得实效，《方案》还明确了阶段性的任务清单和完成时限。详见下图：

阶段性任务	完成时限
制订实施方案	2016 年 7 月 10 日—7 月 20 日
召开动员会议	2016 年 7 月 21 日—7 月 31 日
举行公开承诺	2016 年 8 月 1 日—8 月 10 日
进行承诺公示	2016 年 8 月 11 日—8 月 20 日
开展集中宣传	2016 年 7 月 21 日—8 月 20 日
培育示范典型	2016 年 8 月 21 日—11 月 30 日
开展述职评议	2016 年 12 月 1 日—12 月 10 日
进行考核评比	2016 年 12 月 11 日—12 月 20 日
公示评比结果	2016 年 12 月 21 日—12 月 31 日

2017 年，“十个没有”平安建设扩展到 15 个重点行业和领域，平安建设的内容进一步丰富，创建范围不断扩大。

（二）2018 年至今，各行业、各领域全面推进阶段

2018 年，延安市社会治安综合治理委员会印发《关于进一步深化“十个没有”平安创建活动的通知》，提出深入学习贯彻党的十九大和十九届二中、三中全会精神，全面落实中央、省委政法工作会议部署要求，切实巩固提升基层平安创建活动成效，进一步提高平安延安建设水平，为全市追赶超越发展营造更加和谐稳定的社会环境。在此背景下，根据“一年打牢基础，二年稳步拓展，三年全域覆盖”的“三步走”思路，在 2016 年 10 个行业领域开展创建活动、2017 年 15 个行业领域开展创建活动的基础上，将“十个没有”平安创建活动在全市各行业、各领域全面推开。

《通知》要求，各县区综治委要对“十个没有”平安创建活动做出全面部署，在校园、医院、车站、道路、市场、商场、文化娱乐场所、宾馆酒店、油区（井场）、金融网点、建筑工地、旅游景区、机关单位、企业等所有行业系统和乡镇、社区、村组、网格、小区楼院、家庭等各个基层单元全方位开展“十个没有”平安创建活动，明确每项创建活动的牵头部门和配合单位，做到全域覆盖，不留死角、不留盲区。各牵头部门要制订本行业、本系统创建方案，确保管理的所有基层单位全部参与到创建活动中来。

2018 年 7 月 4 日，陕西省新时代“十个没有”平安建设现场会在延安召开①，会议充分表达了对延安市新时代“十个没有”平安建设活动及成效的认可和支持，提出新时代“十个没有”平安建设对提高社会治理水平具有重要意义。一是推进新时代“十个没有”平安建设是贯彻习近平新时代中国特色社会主义思想的重要举措；二是推进新时代“十个没有”平安建设是传承和弘扬延安精神的时代要求；三是推进新时代“十个没有”平安建设是新时代满足人民群众对美好生活向往的客观需要；四是推进新时代“十个没有”平安建设是新时代深化平安陕西建设的必然要求。

---

① 《全省新时代“十个没有”平安建设现场会在延安召开》，见陕西省人民政府官网，http：//www. shaanxi. gov. cn/xw/sxyw/201807/t20180705_ 1565100. html。

会议对深入推进新时代“十个没有”平安建设提出五项重点任务。第一，从群众最恨的事情抓起，着力解决黑恶势力问题（在乡镇、街道、村、社区、市场、景区等集中开展）。第二，从群众最盼的事情抓起，着力解决安居乐业问题（在乡镇、街道、村、社区、学校、市场、景区、车站等集中开展）。第三，从群众最急的事情抓起，着力解决矛盾纠纷问题（在乡镇、街道、村、社区等集中开展）。第四，从群众最需的事情抓起，着力解决移风易俗问题（在村、社区、行业等集中开展）。第五，从群众最烦的事情抓起，着力解决为民服务问题（在交通运输单位、医疗机构、贸易市场、网吧等集中开展）。

为了贯彻落实陕西省新时代“十个没有”平安建设现场会精神，2018年8月25日，延安市综治委、市委政法委决定在全市范围内开展新时代“十个没有”平安建设“比学赶超”巡回观摩活动。

巡回观摩的对象即新时代“十个没有”平安建设活动的各个主体。主要分为两组：县区组和行业组。根据时间安排，对县区组，在2018年第三季度，巡回观摩吴起县、志丹县、安塞区新时代“十个没有”平安建设工作；在2018年第四季度，巡回观摩子长县、延川县、延长县新时代“十个没有”平安建设工作；2019年第一季度巡回观摩黄龙县、宜川县、黄陵县、洛川县新时代“十个没有”平安建设工作；2019年第二季度巡回观摩宝塔区、富县、甘泉县新时代“十个没有”平安建设工作。对行业组，2018年下半年对市教育局、市交通局、市卫计局、市工商局、市旅发委、延安革命纪念地管理局、市妇联、市文广新局等部门牵头的“十个没有”平安校园、平安车站、平安医疗场所、平安市场、平安景区、平安家庭、平安文化娱乐场所创建活动开展情况进行巡回观摩；2019年上半年对市工信委、市公安局、市邮政管理局、市住建局、人行延安分行、市直机关工委、西延铁路公安处等部门牵头的“十个没有”平安企业、平安酒店、平安油区、平安寄递物流、平安工地、平安金融网点、平安单位、平安铁路创建活动开展情况进行巡回观摩。由此可见，自2018年起，“十个没有”

平安建设的覆盖范围大幅增加，推进力度持续增强。

为了继续贯彻落实全省新时代“十个没有”平安建设现场会和省综治委、省委政法委《关于在全省开展新时代“十个没有”平安建设的意见》精神，巩固提升“十个没有”平安创建活动成效，建设更高水平的平安延安。2018年9月19日，延安市综治委、市委政法委出台《关于全面深化新时代“十个没有”平安建设的意见》（以下简称《意见》），提出以习近平新时代中国特色社会主义思想为指导，深入贯彻党的十九大和十九届二中、三中全会精神，贯彻落实中央、省委、市委政法工作会议部署要求，牢记初心使命，传承红色基因，推进共建共治共享，把社会治理的重心落实到城乡社区和基层单位，补齐社会安全“短板”，加固社会稳定“底板”，强化社会治理“长板”，提高社会治理系统化、科学化、智能化、法治化水平，打造平安延安建设“升级版”，努力重现延安时期“十个没有”良好社会风气，为延安市社会经济发展营造平安和谐的良好社会环境。

《意见》完善了全市新时代“十个没有”平安建设的总体目标，即紧扣“标准化、全覆盖、有特色、见实效”的“十二字要求”，在全市全面推进新时代“十个没有”平安建设，进一步提升全市社会治理能力水平，实现“发案减少、事故下降、秩序良好、社会稳定、群众满意”目标，到2020年，让广大人民群众带着满满的安全感、获得感、幸福感进入全面小康社会。

《意见》将具体目标创建任务扩充至17个方面，具体如下：

序号	重点领域	创建主体	责任单位	重点任务
1	平安校园	全市各幼儿园、中小学校、大中专院校	幼儿园、中小学校由市教育局牵头负责，延安大学、延安职业技术学院分别由本校负责	解决校园及周边安全问题
2	平安交通	全市营运车辆	由市交通局牵头负责	解决车辆、交通安全隐患
3	平安车站	各汽车站	由市交通局牵头负责	解决各类治安问题和安全隐患

续表

序号	重点领域	创建主体	责任单位	重点任务
4	平安文化娱乐场所	各影剧院、网吧、歌舞娱乐场所、营业性演出等文化市场	由市文广新局牵头负责	解决各类治安问题、安全隐患和违规经营问题
5	平安市场	各类市场、商场、超市	平安市场创建由市工商局牵头负责，平安商场、超市创建由市商务局牵头	解决治安秩序和诚信经营问题
6	平安医疗场所	各级各类医院、乡镇卫生院、社区卫生服务中心	由市卫计局牵头负责	解决医患矛盾纠纷和相关治安问题
7	平安景区	全市各景区	革命旧址由延安革命纪念地管理局牵头负责，A级自然景区由市旅发委牵头负责，其他自然景区由景区主管部门牵头负责	解决公共安全、社会治安、市场秩序等问题
8	平安企业	全市规模以上工业企业	市属监管企业由市工信委牵头负责，县区所属企业由县区委政法委确定牵头单位	解决劳资矛盾纠纷、流动人口管理、公共安全等问题
9	平安酒店（宾馆）	全市各宾馆、酒店	由市公安局牵头负责	解决各类治安问题、安全隐患和违规经营问题
10	平安家庭	家庭	由市妇联牵头负责	推动普法宣传，文化科学、道德教育、安全知识进家庭，增强群众懂法守法、安全防范、健康文明、和睦相处意识
11	平安寄递企业	各寄递公司	由市邮政管理局牵头负责	核查打击违禁物品的流通问题

续表

序号	重点领域	创建主体	责任单位	重点任务
12	平安工地	市县两级在建重点项目工地	房屋建筑工程和市政基础设施工程等建设领域项目工地由市住建局牵头负责，公路水运工程由市交通局牵头负责	解决安全事故预防、农民工欠薪、流动人口管理等问题
13	平安金融网点	银行和金融网点	由人行延安分行牵头负责	提高治安防范能力和金融犯罪防范能力
14	平安油区	油区各井场	由市公安局牵头负责	解决盗贩原油、干扰生产、污染环境、安全隐患等问题
15	平安单位创建活动	党政机关事业单位	市直部门由市直机关工委牵头负责，县直部门由县区委政法委（综治办）确定牵头单位	改进干部职工工作作风、提高单位治安防范能力、预防违法违纪
16	平安铁路创建活动	铁路线和各火车站	火车站由铁路公安部门牵头负责，铁路沿线由护路联防部门牵头负责	化解涉路矛盾纠纷、消除涉路安全隐患，提高铁路沿线治安防范水平
17	平安乡镇（街道）、平安村（社区）、平安网格等区域性平安创建活动	全市各镇街、社区、村、网格	镇街由县区委政法委（综治办）牵头负责，村（社区）和网格由镇街牵头负责	预防化解矛盾纠纷，解决突出治安问题，维护基层社会稳定
注：牵头单位在创建中遇到的治安、消防等各类问题，由涉及问题的公安、消防等业务主管单位配合解决。				

2020 年 6 月 5 日，延安市将扫黑除恶专项斗争与新时代“十个没有”平安建设深度融合，中共延安市委平安建设领导小组办公室、延安市扫黑除恶专项斗争领导小组联合出台了《关于深化“无黑无恶”创建活动深入推进新时代“十个没有”平安建设的意见》，提出以习近平新时代中国特色社会主义思想为指导，深入学习贯彻习近平总书记关于扫黑除恶专项斗争和建设更高水平平安中国的重要指示精神，以推进深挖整治、建立长效常治为着力点，以增强人民群众获得感、幸福感、安全感为落脚点，推动

扫黑除恶工作法治化、制度化、常态化，营造“黑不生、恶不出、乱不起”的长治久安环境，助推新时代“十个没有”平安建设再上新台阶，为延安市实现追赶超越发展创造安全稳定社会环境。

该意见明确了四个领域的创建标准，详见下表：

序号	主要领域	具体标准
1	“无黑无恶无乱村（社区）”	基层党组织坚强有力，战斗堡垒作用发挥良好，软弱涣散党组织全面整顿，辖区内无农村宗族派系争斗干扰基层建设、黑恶势力把持基层政权等问题，村（社区）“两委”成员无违法犯罪和“村霸”等涉黑涉恶问题
		治安防控到位，乱象整治到位，重点人员服务管理到位，辖区内无刑事案件和重大治安案件发生，无涉“黄赌毒”、滥开滥采、乱修乱建等乱点乱象
		矛盾纠纷排查化解到位，辖区内无非正常信访案件发生；新时代“十个没有”平安创建全覆盖
		辖区内人民群众对平安建设及扫黑除恶的满意率、知晓率均达到95%以上
2	“无黑无恶无乱乡镇（街办）”	社会治安防控措施到位，辖区内治安及刑事案件发案率同比下降，无存量涉黑涉恶案件
		乱象治理到位，辖区内无涉“黄赌毒”等社会治安乱点乱象，无越级上访、非正常访等信访乱象，无滥开盖采、乱修乱建等行业乱象
		基层组织建设到位，严格执行村（社区）“两委”成员资格联审机制，辖区内无农村宗族派系争斗干扰基层建设、黑恶势力把持基层政权等问题，村（社区）“两委”成员无违法犯罪和“村霸”等涉黑涉恶问题
		新时代“十个没有”平安创建全覆盖
		辖区内95%的村（社区）达到“无黑无恶无乱村（社区）”创建标准
		辖区内人民群众对平安建设及扫黑除恶的满意率、知晓率不低于全市平均水平
3	“无黑无恶县（市、区）”	扫黑除恶专项斗争成效显著，涉黑涉恶违法犯罪防范打击长效机制健全完善
		辖区内治安及刑事案件发案率降低、破案率上升，无存量涉黑涉恶案件
		行业领域专项治理成效显著，常态化监管机制健全；新时代“十个没有”平安创建全覆盖

续表

序号	主要领域	具体标准
3	“无黑无恶县（市、区）”	辖区内95%的乡镇（街办）和行业系统达到“无黑无恶无乱”创建标准
		辖区内人民群众对平安建设及扫黑除恶的满意率、知晓率不低于全省、全市平均水平
4	“无黑无恶无乱行业系统”	行业领域内无存量涉黑涉恶案件，无突出乱象乱点
		行业领域监管措施有效落实，常态化监管机制健全完善
		政法机关“三书一函”反馈问题整治到位
		新时代“十个没有”平安创建全覆盖
		行业乱象治理满意度达到95%以上

综上所述，新时代“十个没有”平安建设经历了一个从红色治理资源向新时代治理模式创造性转化和创新性发展的过程，也经历了一个由点及面、由局部实践到全面覆盖、由集中开展到系统治理与专项治理相结合的循序渐进的发展历程。在新时代“十个没有”平安建设中，“十个没有”并不局限于一个单纯的概念，也不完全复制延安时期的治理经验，而是针对新时代社会治理领域中存在的重点问题，由党委政府牵头，充分调动广大干部群众的积极性和主动性，所进行的实事求是的探索。

新时代“十个没有”的内容生动反映了人民群众最关切的公共安全、权益保障、公平正义等核心问题，也反映出人民群众在社会主要矛盾由人民日益增长的物质文化需要同落后的社会生产之间的矛盾转变为人民日益增长的美好生活需要和不平衡不充分的发展之间的矛盾的新形势下，对平安建设和社会治理的美好愿景。可以说，新时代“十个没有”既是各行各业平安建设的目标和标准，更是检验和衡量社会治理成效的一把量尺。

延安各地与时俱进的改进和完善措施也表明，新时代“十个没有”平安建设把制度机制创新贯穿基层社会治理始终，通过发挥制度的治本作用，努力形成环环相扣、持续运行的长效机制。新时代“十个没有”平安建设坚持守正创新，紧扣社会发展的新形势、新情况，紧扣矛盾纠纷新趋势、违法犯罪新形式、经济社会组织新业态，建立了“平安联创、治安联防、矛盾联调、信息联通、问题联治、违法联打”的制度体系，坚持和发展“两说一联”“九平式调解”等创新经验，在提升基层社会治理效能的同时，让平安延安建设不断焕发出新的生机活力。

第二节 新时代“十个没有”是平安建设标准化推动的实践和创新

标准化是党中央治国理政的新理念，也是社会治理现代化的重要因素。新时代“十个没有”平安建设与社会治理的标准化密切相关，尤其是延安市在传承党在延安时期“十个没有”经验、努力提升新时代社会治理水平的过程中，在标准化方面进行了卓有成效的探索，极大丰富了社会治理的内涵，也为平安建设提供了具有标准化特色的延安样本。

一、标准化及其在平安建设中的作用

《标准化工作指南第 1 部分：标准化和相关活动的通用词汇》（GB/T20000. 1 - 2002）对“标准化”的定义是：“为了在一定范围内获得最佳秩序，对现实问题或潜在问题制定共同使用和重复使用的条款的活动。”同时在定义后注明：（1）上述活动主要包括编制、发布和实施标准的过程；（2）标准化的主要作用在于为了其预期目的改造产品、过程或服务的适用性，防止贸易壁垒，并促进技术合作。① 作为一种类型化的思维方法，对重复性工作制定标准、实施标准与改进标准的过程，标准化实质上就是坚持问题、需求和目标导向，推动治理主体各负其责、共同推进、实现共

① 《标准化工作指南第 1 部分：标准化和相关活动的通用词汇》（GB/T20000. 1 - 2002），中国标准出版社，第 227 页。

治的过程[1]。其具体包括国家标准、地方标准、行业标准、团体标准、企业标准等。

党的十八大以来，以习近平同志为核心的党中央高度重视标准化工作。2016年9月12日，习近平总书记在致第39届国际标准化组织大会的贺信中指出：“标准是人类文明进步的成果。从中国古代的‘车同轨、书同文’，到现代工业规模化生产，都是标准化的生动实践。伴随着经济全球化深入发展，标准化在便利经贸往来、支撑产业发展、促进科技进步、规范社会治理中的作用日益凸显。标准已成为世界‘通用语言’。世界需要标准协同发展，标准促进世界互联互通。中国将积极实施标准化战略，以标准助力创新发展、协调发展、绿色发展、开放发展、共享发展。”[2] 根据《中国标准化年度报告（2019）》，仅2019年，我国在社会治理方面，落实国务院简化行政审批、优化政务服务和推动政务公开等工作部署，发布《投资项目建设审批代办服务规范》等国家标准，推动开展全国基层政务公开标准化规范化试点，17部委编制《重点领域基层政务公开标准指引》；中央网信办修订《个人信息安全规范》国家标准；发展改革委、财政部在社会信用体系建设中推进应用《组织机构统一社会信用代码编制规则》系列国家标准；公安部推进爆炸物和爆炸装置国家标准制定；司法部推动组建律师服务等标准化技术组织；应急部推动出台安全生产、消防、危险化学品等领域40项国家标准；国管局等下达第二批20家机关事务标准化试点项目。

2019年9月11日，国务院新闻办公室就中国标准化改革发展成效有关情况举行发布会，国家标准化管理委员会负责人进一步介绍道：“在社会治理方面，标准化工作坚持试点先行，对促进基本公共服务均等化、优

---

① 褚宸舸：《基层社会治理标准化研究——以“枫桥经验”为例》，载《法学杂志》2019年第1期。

② 习近平：《致第39届国际标准化组织大会的贺信》，新华社北京9月12日电，载新华网 http：//www. xinhuanet. com/politics/2016－09/12/c_1119554153. htm，访问日期：2020年10月1日。

化营商环境、提升政府行政效能等方面发挥重要的作用。发布实施了《社会管理公共服务标准化工作的“十二五”行动纲要》《社会管理和公共服务标准化的发展规划》，开展了国家级的标准化试点500多个，制定实施1100多项标准，初步形成了覆盖广泛、重点突出的社会管理和公共服务标准体系。尤其是在推动行政许可审批事项的标准化试点工作和组织开展‘美丽乡村’标准化试点等方面，我们都进行了良好的标准化实践。”①

除了上述“促进基本公共服务均等化、优化营商环境、提升政府行政效能等”，标准化对社会治理的积极作用还在于：

其一，有助于增加治理方案的推进力度。党的十八大以来，基层社会治理在尊重实践经验和发展规律的基础上，越来越重视顶层设计，党的十九大和十九届四中全会以及习近平总书记的一系列重要讲话，都提出了具有中国特色、反映时代智慧和现实需求的治理方案，如习近平总书记在基层代表座谈会上强调：“要加强基层党组织和基层政权建设。基础不牢，地动山摇。只有把基层党组织建设强、把基层政权巩固好，中国特色社会主义的根基才能稳固。‘十四五’时期，要在加强基层基础工作、提高基层治理能力上下更大功夫。要加强和改进党对农村基层工作的全面领导，提高农村基层组织建设质量，为乡村全面振兴提供坚强政治和组织保证。要加强和创新基层社会治理，坚持和完善新时代‘枫桥经验’，加强城乡社区建设，强化网格化管理和服务，完善社会矛盾纠纷多元预防调处化解综合机制，切实把矛盾化解在基层，维护好社会稳定。”② 社会治理的重心在基层，国家发展的基石在基层，尽管基层社会的治理水平千差万别，面对的问题特别是矛盾纠纷各种各样，但并不能否认广大基层社会治理环节存在大量的具有普遍意义的因素，标准化恰好发挥的是为基层社会治理提

---

① 《新闻办就中国标准化改革发展成效有关情况举行发布会》，载国务院官网 http://www.gov.cn/xinwen/2019-09/11/content_5429188.htm，访问日期：2020年10月1日。

② 习近平：《在基层代表座谈会上的讲话（2020年9月17日）》，新华社长沙9月19日电，载新华网 http://www.xinhuanet.com/2020-09/19/c_1126514697.htm，访问日期：2020年10月6日。

供一种科学性、技术性的解决思路。有了适用于广大基层的治理标准，国家有关基层社会治理的顶层设计才能落地生根。正如 2017 年 6 月 12 日，中共中央、国务院《关于加强和完善城乡社区治理的意见》提出的要求所言：加快建立城乡社区治理标准体系，研究制定城乡社区组织、社区服务、社区信息化建设等方面基础通用标准、管理服务标准和设施设备配置标准。

其二，有助于强化治理主体的责任意识。牢固树立责任意识将极大地裨益于各方治理主体激发担当精神，致力于治理能力和水平的提升。《中国共产党问责条例》明确规定，党员干部履行管理、监督职责不力，职责范围内发生重特大生产安全事故、群体性事件、公共安全事件，或者发生其他严重事故、事件，造成重大损失或者恶劣影响的；在教育医疗、生态环境保护、食品药品安全、扶贫脱贫、社会保障等涉及人民群众最关心最直接最现实的利益问题上不作为、乱作为、慢作为、假作为，损害和侵占群众利益问题得不到整治，以言代法、以权压法、徇私枉法问题突出，群众身边腐败和作风问题严重，造成恶劣影响的，均属于“应当予以问责”的具体情形。我国的社会治理制度既强调“共建共治共享”，也强调“人人有责，人人尽责，人人享有”，这是坚持以人民为中心的发展思想的必然要求，也是我们党全心全意为人民服务的宗旨在社会治理层面的集中体现。社会治理的标准化进程，也是不断明确治理要求、治理目标、治理任务、治理责任的持续发展的过程，上述两则由《中国共产党问责条例》所规范的问责事项，正是对社会治理领域与人民群众切身利益息息相关的问题所做的回应。而社会治理的标准化建设，将促进社会规范对治理主体责任的明确和对其行为的约束，做到权责相应，促使干部群众在参与治理时专注公共事业，坚守为民初心。

其三，有助于推广社会治理的先进经验。“枫桥经验”之所以具备可推广、可复制的普遍性价值，不仅在于其依靠群众就地化解矛盾纠纷的智慧，也在于形成了一整套社会治理的标准化体系，为全国各地的社会治理现代化提供了“标准化+社会治理”的蓝本。自2014年启动，至2017年验收，“枫桥经验”的发源地浙江省诸暨市共完成22个标准，具体包括矛盾化解标准（包含基层社会矛盾纠纷大调解体系建设规范、信访事项办理工作规范、基层网格员管理规范等）、公共安全标准（包含乡镇社会治安防控体系建设规范、乡镇网络舆情处置规范、乡镇防汛防台应急预案规范、枫桥镇突发事件应急预案、枫桥镇应急联动管理规范、乡镇安全生产监管规范、食品安全管理规范等）、违法监管标准（包含社会治理“一张网”建设与管理规范、特殊人群管理规范、乡镇违法监督规范等）、公共服务标准（乡镇行政服务中心管理与服务规范、村级或社区便民服务中心管理与服务规范、乡镇环境卫生管理规范、乡镇优抚管理服务规范、乡镇养老保险管理服务规范、乡镇医疗保险管理服务规范等）、民主自治标准（包含民主治村规范、村规民约制定修订规范，社区社会组织管理与服务规范等）①。这些标准的实施和完善，提升了诸暨市干部群众参与治理的能力，赋予了“枫桥经验”以新的时代特色，是“枫桥经验”领先于全国其他地方社会治理模式的显著标志。

2021年10月，中共中央、国务院印发《国家标准化发展纲要》，指出标准是经济活动和社会发展的技术支撑，是国家基础性制度的重要方面。标准化在推进国家治理体系和治理能力现代化中发挥着基础性、引领性作用。新时代推动高质量发展、全面建设社会主义现代化国家，迫切需要进一步加强标准化工作。《国家标准化发展纲要》特别指出，要“推动行政管理和社会治理标准化建设。探索开展行政管理标准建设和应用试点，重点推进行政审批、政务服务、政务公开、财政支出、智慧监管、法庭科学、审判执行、法律服务、公共资源交易等标准制定与推广，加快数字社会、数字政府、营商环境标准化建设，完善市场要素交易标准，促进高标准市场体系建设。强化信用信息采集与使用、数据安全和个人信息保护、

---

① 汪世荣、褚宸舸：《“枫桥经验”：基层社会治理体系和能力现代化实证研究》，法律出版社2018年版，第430—431页。

网络安全保障体系和能力建设等领域标准的制定实施。围绕乡村治理、综治中心、网格化管理，开展社会治理标准化行动，推动社会治理标准化创新”，“营造标准化良好社会环境。充分利用世界标准日等主题活动，宣传标准化作用，普及标准化理念、知识和方法，提升全社会标准化意识，推动标准化成为政府管理、社会治理、法人治理的重要工具。充分发挥标准化社会团体的桥梁和纽带作用，全方位、多渠道开展标准化宣传，讲好标准化故事，大力培育发展标准化文化”①。

二、新时代“十个没有”创建了平安建设的标准化体系

新时代“十个没有”名为平安建设的主要目标，实质上也是社会治理中各个单位、行业检视、提升治理能力和治理水平的重要标准。延安市“十个没有”平安建设在社会治理标准化方面有两大特点。

（一）体现问题导向，坚持重心下移，突出基层治理特色

党的十八大以来，各级党委和政府以及基层自治组织均重视通过自治、法治、德治相结合，创新基层社会治理路径，尤其在社会规范的制定方面取得了斐然成就。据《中国人权法治化保障的新进展》白皮书介绍，截至 2016 年，全国 98% 的村制定了村规民约或村民自治章程，城市社区普遍制定了居民公约或居民自治章程，村规民约、社区公约等在社会治理中的作用得到发挥。② 2017 年，中共中央、国务院下发《关于加强和完善城乡社区治理的意见》，进一步提出：“充分发挥自治章程、村规民约、居民公约在城乡社区治理中的积极作用，弘扬公序良俗，促进法治、德治、自治有机融合。”③ 以自治章程、村规民约、居民公约等为代表的社会规范

① 《中共中央国务院印发〈国家标准化发展纲要〉》，见新华网 http://www.news.cn/politics/zywj/2021-10/10/c_1127943309.htm。

② 《白皮书：全国 98% 的村制定了村规民约或村民自治章程》，载国务院官网 http://www.gov.cn/xinwen/2017-12/15/content_5247494.htm，访问日期：2020 年 10 月 8 日。

③ 《中共中央国务院关于加强和完善城乡社区治理的意见》，载国务院官网 http://www.gov.cn/gongbao/content/2017/content_5204888.htm，访问日期：2020 年 10 月 8 日。

在社会治理中发挥了重要作用，全国各地广泛制定此类规范无疑将加速社会治理的规范化、制度化和法治化进程。然而，各类村规民约、社区公约的内容因针对事项、参考文本以及当地历史文化、经济状况的不同而存在明显差异，有的村规民约和社区公约仅仅停留在“制度上墙”层面，不仅未能发挥作用，而且也从未深入人心。与此同时，各行各业的自治章程也存在此类问题，零散多样、瑕瑜互见、难以落实等现象非常普遍。

新时代“十个没有”的提出，在促进以自治章程、村规民约、居民公约等为代表的社会规范的实践应用，推动社会规范制度供给的完善中发挥了积极作用。首先，新时代“十个没有”直面广大基层社会存在的扰民问题，将人民群众最恨、最怨、最烦的事情列为首要对象；其次，新时代“十个没有”将基层社会治理的目标具体化、简明化，便于干部群众了解和熟悉。如平安村组、社区、小区的创建标准紧紧围绕延安当地严重影响民生安康的种种乱象而展开。详见下表①。

重点领域	创建主体	创建标准	备注
平安村组	各行政村	一、没有家族势力；二、没有吸贩毒品；三、没有聚众赌博；四、没有封建迷信；五、没有邪教传播；六、没有乱砍（开）乱挖；七、没有矛盾激化；八、没有非正常上访；九、没有村干部违法违纪；十、没有刑事案件	其中，后三条标准结合活动开展情况有所改进，修正为：八、没有越级上访；九、没有刑事案件；十、没有破坏环境。 此外，这一标准在实践中因各地情况不同也有所调整，如某村“十个没有”标准调整为：一、没有环境脏乱；二、没有不敬不孝；三、没有涉毒涉赌；四、没有三防缺位；五、没有封建迷信；六、没有非法上访；七、没有安全隐患；八、没有邻里纠纷；九、没有乱砍滥伐；十、没有违法经营

① 本表材料源于延安政法委市级文件。

续表

<table>
<tr><th>重点领域</th><th>创建主体</th><th>创建标准</th><th>备注</th></tr>
<tr><td>平安社区</td><td>各社区</td><td>一、没有群体事件；二、没有消防隐患；三、没有刑事案件；四、没有三防缺位；五、没有邻里纠纷；六、没有“黄赌毒”；七、没有乱搭乱建；八、没有环境脏乱；九、没有越级上访；十、没有乱停乱放</td><td rowspan="3">三防，即人防、物防和技防，是安全防范的三个范畴和三种手段。
与“平安村组”“平安网格”不同，“平安社区”和“平安小区”的标准均为2016年“十个没有”平安建设活动开展之后逐步确立的，从村组到社区、小区、网格的完整延伸，也反映出“十个没有”对基层社会的全覆盖</td></tr>
<tr><td>平安小区</td><td>各小区</td><td>一、没有偷盗事件；二、没有赌博斗殴；三、没有邻里纠纷；四、没有歪风邪气；五、没有乱停乱放；六、没有脏乱现象；七、没有安全隐患；八、没有封建迷信；九、没有消防隐患；十、没有上门兜售</td></tr>
<tr><td>平安网格</td><td>各楼栋</td><td>一、没有入室盗窃；二、没有矛盾激化；三、没有聚众赌博；四、没有卖淫嫖娼；五、没有吸贩毒品；六、没有乱搭乱建；七、没有卫生死角；八、没有安全隐患；九、没有脱管漏管；十、没有非法活动</td></tr>
</table>

上述标准，都一一对应群众生活中最迫切需要解决的问题，与人民群众的幸福感、获得感、安全感息息相关。在坚持标准化治理、追求“十个没有”目标实现的过程中，旨在维护社会稳定、改善人际关系、促进民生发展、传承历史文化的村规民约、社区公约等社会规范，也必然会在化解各类矛盾纠纷时发挥一定的作用，不仅成为社会治理的有效依据，也成为新时代“十个没有”平安建设的重要内容。这就形成新时代“十个没有”标准与村规民约、社区公约良性互动、互为补充的关系，将制度在社会治理标准的实现和群众矛盾纠纷的化解中从“挂在墙上”转变为“深入人心”。

与此同时，新时代“十个没有”平安建设在基层的开展中，也不断产生新的标准，为社会规范补充新的内容。如“平安网格”中，延安对各级网格工作人员明定责任，形成了网格化管理的行为规范。详见下表①。

---

① 本表材料来源于延安市宝塔区枣园街道办某小区。

新时代“十个没有”平安建设四级人员职责	
责任主体	具体职责
社区片长	1. 社区片长由社区工作人员担任，对社区划分的网格区域进行全面管理，负责管理网格内的网格长等工作人员。 2. 社区片长要“一岗多责”，全面熟悉社区工作职责及业务知识，全面负责网格内党建服务、民政服务、文化体育教育服务、医疗卫生服务、环境卫生服务、劳动保障服务工作，与辖区网格长共同做好网格管理。每周组织网格工作人员召开会议，听取汇报，分析解决网格内的问题，并及时向社区党组织反馈。 3. 社区片长要合理筛选、整合网格内群众资源力量，强化群防群治体系建设，提高网格社会面稳控能力。社区片长要每周召集社区代表，分析研判辖区稳定问题、民生问题，体察民意，倾听民生，协调解决各类矛盾。 4. 社区片长要充分利用各类群众资源，建立完善信息反馈网络体系，做到对出租房屋流动人口、群体性事件等社会不稳定因素，以及网格内的环境卫生、综合治理、消防安全、计划生育存在的问题，第一时间发现，第一时间到现场，协同网格长第一时间处置。 5. 社区片长要对网格内工作人员、社会力量等混合编组，并及时调整变更，全面落实维护稳定、服务群众工作机制要求。对于居民反映的问题现场能够解决的，在可控范围内把问题解决在网格内；现场不能解决的，带回社区移交专项工作人员进行处理，并将处理结果及时反馈给居民；社区无法解决的问题和突发性事件，立即上报相关部门，争取“小事不出网格，大事不出社区”
网格长	服从社区片长领导，做好八大员： 1. 沟通联络员。网格长是网格化管理的具体实施者，承担着上达社区、办事处，下联社区居民群众的工作任务，在遇到超出处置能力范围的事件时，要及时上报。 2. 采集信息员。网格长要熟悉和掌握所辖网格区域内的户籍人口、常住人口、流动人口、商业网点等基本信息的基本概况。经常性、及时地将网格内的基本信息报社区工作站操作员，确保数据信息库基本信息真实、准确。要按照真实性、准确性、全面性、时效性的原则，对所辖区域的部件、事件数据信息进行采集汇总，全面掌握所辖区域的部件分部和现状情况，做到底数清、情况明。 3. 便民服务员。网格长在接到群众问询电话后，要将各项服务工作的流程、需要准备的材料一次性告知居民，并及时受理居民群众所需的计生服务、低保申请、困难救助、廉租房申请、民政优抚、残疾人服务、下岗就业、安全生产、隐患排查、社会治安综合治理、园林绿化、环境整治、卫生防疫、户籍服务、流动人口等各项工作业务。 4. 安全监管员。网格长要始终绷紧安全这根弦，将所辖区域内的机关、企业、单位、商业门的安全生产工作抓在手上，配合相关部门排查、掌握安全隐患，并协调做好督促整改工作。要积极协助社区民警做好辖区秩序的维护工作，发现危害社会稳定的行为要在及时上报社区和派出所的同时，做好劝

续表

责任主体	具体职责
网格长	告、引导教育工作。 5. 卫生监督员。网格长要对所辖区域的环境卫生做好督导，经常性地督促辖区单位和机关商业店铺，按照“门前四包”的要求做好督促检查，同时要对网格内的“牛皮癣”、小广告及时督促清理。 6. 维稳接待员。网格长要掌握所辖区域内的社情民意，记好民情日记，做好信访和社会矛盾稳定工作，并要及时向社区、办事处反馈区域内的重大社情民意。 7. 文明传播员。网格长要将文明创建工作当作经常性的工作任务，引导社区居民开展移风易俗，提倡积极健康的生活方式，把创建文明社区、文明楼栋、五好家庭活动作为自觉行动，弘扬新风。 8. 政策宣传员。网格长要及时把中央、省、地、市的路线、方针、政策等重大决策，宣传到所辖居民群众中，引导居民把上级的决策、决定变为居民的自觉行动，架起区委、政府、办事处、社区联系居民的连心桥
网格员	1. 全面走访社区居民，及时采集网格内人口、房屋、单位等基础信息。做到底数清、情况明、信息准。 2. 及时了解居民服务需求和诉求事项，积极提供帮助，实行直接办理或代办服务，最大限度满足居民的需求。 3. 及时排查、化解网格内发生的矛盾纠纷和不稳定因素，本人无法化解的上报社区予以化解。 4. 及时排查网格内治安、安全隐患，加强治安巡查，发现治安问题及时解决或上报社区予以解决。 5. 积极向社区居民宣传社会管理和法律知识，提高居民对社区服务管理的知晓率和参与率。 6. 在本网格内综合履行社会治安、社会保障、劳动就业、计划生育、城市管理、安全生产、食品药品安全等服务管理。 7. 积极配合社区组织居民开展积极健康的文体娱乐活动和社区公益行动
楼栋长	1. 负责对本楼栋居民群众宣传和学习党和国家的方针政策、法律、法规；带头执行小区业主委员会的决议和决定；配合搞好小区居民的公益事业和文体活动等，做到上情下达、下情上报、信息畅通。 2. 及时了解和掌握本楼居民的基本情况，尤其是常住户、租房户人员结构和变更情况，掌握离退休、下岗失业人员、困难户、新婚及新生儿、流动人口情况。 3. 负责维护楼栋治安，全力配合小区搞好防火防盗、治安消防、卫生巡查，及时发现本楼各类安全隐患，做好抢险救灾应急和环境卫生的督导，全面提升小区治安防范水平。遇到紧急情况和突发事件，及时向网格员、网格长及网格片长汇报。

续表

责任主体	具体职责
楼栋长	4. 对楼栋环境卫生进行定期检查，督促居民保持楼道干净整洁，无堆放杂物、无涂写乱画、无张贴小广告，发现有不文明现象要及时制止。 5. 带头遵守执行小区的管理规定，协调好家庭、邻里之间发生的纠纷，主动化解各类矛盾，倡导建立文明和谐的邻里关系，促进邻里团结，共同创建和谐小区。 6. 积极完成网格片长、网格长、网格员交办的各项临时工作

由此可以看出，新时代“十个没有”的深入推进，打破了各种社会规范长期存于纸面却无法有效实施的困境，而且以简明扼要的形式让群众感受到安全、稳定、法治的重要性，并不断以新的内容为社会规范增添血液。换言之，新时代“十个没有”的提出和发展，是对社会治理制度供给体系的丰富和充实。

（二）重视拓展延伸，覆盖各行各业，丰富平安建设的内涵

延安市在提出指导性的新时代“十个没有”标准之后，鼓励各区县、各行业结合本地、本行业的实际情况，对新时代“十个没有”不断改进和调整，以期释放治理效能，实现平安建设的目标。

以延安市志丹县在新时代“十个没有”平安建设中的标准构建为例，志丹县在活动开展前，针对当地治理实际，专门召开新时代“十个没有”平安建设标准座谈会，确定了一系列具有当地特色的具体标准，并按照典型带动、整体推进的工作思路，梯次推进，逐步完成了对各行业、各领域的全面覆盖。其主要标准体系如下①：

① 本表资料源于2018年中共志丹县委、志丹县人民政府编：《共铸平安——志丹县“十个没有”平安创建纪实》。

延安市志丹县新时代“十个没有”标准体系			
基础标准		延伸标准	
平安油区	一没有原油物资被盗； 二没有非法炼油场点； 三没有生产设施破坏； 四没有阻挠干扰生产； 五没有未批先建； 六没有环境污染； 七没有“三防”缺位； 八没有重大安全事故； 九没有涉黄涉赌涉毒； 十没有职工违法违纪	平安镇办	一没有治安刑事案件； 二没有黑恶势力； 三没有群体性事件； 四没有安全事故； 五没有干部违纪违法； 六没有普法盲区； 七没有环境污染； 八没有非法上访； 九没有邪教活动； 十没有侵害群众利益
平安校园	一没有食品安全问题； 二没有消防安全隐患； 三没有师生伤害行为； 四没有打架斗殴行为； 五没有学法普法盲点； 六没有监控视频缺位； 七没有无关人员出入； 八没有非法经营门店； 九没有流动商贩摊点； 十没有环境脏乱现象	平安单位	一没有治安刑事案件； 二没有安全事故； 三没有“黄赌毒”； 四没有群众投诉； 五没有侵害群众利益； 六没有“三防”缺位； 七没有邪教活动； 八没有干部违纪违法； 九没有非法上访； 十没有安全隐患
平安交通	一没有绺窃盗窃； 二没有甩客拒载； 三没有超载超速； 四没有安全隐患； 五没有违禁品上车； 六没有逾期未安检； 七没有视频监控缺位； 八没有无证、超期运营； 九没有酒驾醉驾毒驾； 十没有不文明行为	平安企业	一没有治安刑事案件； 二没有非法用工； 三没有安全事故； 四没有“三防”缺位； 五没有劳资纠纷； 六没有企地矛盾； 七没有环境污染； 八没有安全隐患； 九没有非法上访； 十没有邪教活动
平安商场	一没有假冒伪劣； 二没有欺诈消费； 三没有无证经营； 四没有消费投诉； 五没有绺窃盗窃； 六没有打架斗殴； 七没有激化矛盾； 八没有安全隐患； 九没有店外经营； 十没有乱搭乱建	平安工地	一没有治安刑事案件； 二没有“三防”缺位； 三没有安全事故； 四没有环境污染； 五没有劳资纠纷； 六没有无证上岗作业； 七没有安全隐患； 八没有非法用工； 九没有劣质材料； 十没有非法上访

续表

基础标准		延伸标准	
平安医院	一没有药品安全问题； 二没有消防隐患； 三没有绺窃盗窃； 四没有医疗事故； 五没有过度医疗； 六没有环境污染； 七没有医药推销； 八没有问题药械； 九没有歧视患者； 十没有红包回扣	平安井场	一没有盗窃原油； 二没有偷电盗气； 三没有破坏设施； 四没有安全隐患； 五没有安全事故； 六没有阻挠生产； 七没有企地矛盾； 八没有未批先建； 九没有“黄赌毒”； 十没有环境污染
平安酒店	一没有安全隐患； 二没有食品安全问题； 三没有盗窃案件； 四没有涉赌涉毒； 五没有打架斗殴； 六没有“三防”缺位； 七没有招嫖拉客； 八没有欺客宰客； 九没有违规登记； 十没有环境脏乱	平安楼院	一没有治安刑事案件； 二没有“黄赌毒”； 三没有“三防”缺位； 四没有高空抛物； 五没有非法传销营销； 六没有环境脏乱； 七没有邻里纠纷； 八没有邪教活动； 九没有安全隐患； 十没有非法饲养宠物
平安社区	一没有群体事件； 二没有消防隐患； 三没有刑事案件； 四没有“三防”缺位； 五没有邻里纠纷； 六没有干警缺位； 七没有乱搭乱建； 八没有环境脏乱； 九没有非法邪教； 十没有乱停乱放	平安林场	一没有治安刑事案件； 二没有安全事故； 三没有消防安全隐患； 四没有“三防”缺位； 五没有违法放牧； 六没有偷盗狩猎； 七没有毁林开垦开采； 八没有环境污染； 九没有乱砍滥伐； 十没有职工违纪违法
平安村	一没有村匪村霸； 二没有违法乱纪； 三没有不孝不敬； 四没有非法上访； 五没有家庭暴力； 六没有破坏环境； 七没有涉毒涉赌； 八没有安全事故； 九没有封建迷信； 十没有邪教传播	平安娱乐场所	一没有治安刑事案件； 二没有“三防”缺位； 三没有禁播曲目屏显； 四没有环境污染； 五没有食品安全问题； 六没有无证违规经营； 七没有超时营业现象； 八没有接纳未成年人； 九没有安全隐患； 十没有邪教活动

续表

基础标准		延伸标准	
平安小区	一没有治安刑事案件； 二没有“黄赌毒”； 三没有“三防”缺位； 四没有邻里纠纷； 五没有环境污染； 六没有安全隐患； 七没有高空抛物； 八没有非法传销营销； 九没有邪教活动； 十没有物业管理缺失	平安景区	一没有“三防”缺位； 二没有安全隐患； 三没有矛盾纠纷； 四没有欺诈消费； 五没有强买强卖； 六没有乱刻乱画； 七没有脏乱差； 八没有不文明行为； 九没有消费投诉； 十没有治安刑事案件
平安家庭	一没有吸食毒品； 二没有参与邪教； 三没有违法乱纪； 四没有家庭暴力； 五没有奢侈浪费； 六没有虐待老幼； 七没有参与赌博； 八没有邻里矛盾； 九没有封建迷信； 十没有环境脏乱	平安网吧	一没有消防安全隐患； 二没有治安刑事案件； 三没有监控视频盲区； 四没有吸烟噪声污染； 五没有无证违规经营； 六没有食品安全问题； 七没有传播违法信息； 八没有未成年人上网； 九没有不按规定登记； 十没有超时经营现象
		平安网格	一没有入室盗窃； 二没有矛盾激化； 三没有聚众赌博； 四没有卖淫嫖娼； 五没有吸贩毒品； 六没有乱搭乱建； 七没有卫生死角； 八没有安全隐患； 九没有脱管漏管； 十没有非法活动
		平安广场	一没有破坏公共设施； 二没有寻衅滋事斗殴； 三没有聚众赌博； 四没有邪教迷信活动； 五没有流动商贩摊点； 六没有公共安全隐患； 七没有非法集会游行； 八没有“三防”缺位； 九没有环境污染； 十没有乱停乱放

志丹县新时代“十个没有”标准的确定与延伸，与延安市深入推进新时代“十个没有”平安建设的部署同步。

通过分析可以发现，延安市级新时代“十个没有”的指导性标准与各区县、各行业因地制宜制定的具体标准一致，呈现出以市、县区、乡镇（街道）、村（社区）为主体的纵向标准化体系和以各行业、各部门、各领域为主体的横向标准化体系共同发展的趋势，虽然其中有些环节尚不完善，但目前的众多标准融为一体，初步构成了纵横交错、内外相维的有机联系的整体，即具有延安特色的市域社会治理的标准化体系。这一标准体系彰显出鲜明的以平安建设为指引和以源头治理、系统治理、依法治理为原则的标准样态，既是对纵横交错的以国家标准、地方标准、行业标准以及国际标准等为核心的标准化体系的丰富和补充，也是延安市在推进市域社会治理现代化中对社会治理标准体系的原创性贡献。

三、新时代“十个没有”形成了平安建设的机制保障

为了保证新时代“十个没有”平安建设有效开展，延安市制定了一系列配套政策，采取了大量切实可行的举措，为社会治理的标准化建设提供了坚定的机制保障。

（一）调查研究与精准施策相结合，优化新时代“十个没有”的顶层设计

延安市在部署新时代“十个没有”平安建设时，坚持问题导向，围绕平安建设和社会治理的重点领域，以深入扎实的调查研究为基础，详细开列问题清单，因地制宜、因时制宜，把人民群众最急切、最关心、最期盼解决的各类问题纳入新时代“十个没有”中，特别是与人民群众生产生活密切相关的学校、医疗机构、市场、交通、车站、景区、乡村、社区、物流等重点领域、重点行业、重点单位等均是“十个没有”目标聚焦的重点。经过认真调研和分析，延安市采取精准施策的办法，有的放矢，及时调整、修正和完善新时代“十个没有”的内容，不断优化社会治理标准化

建设的顶层设计，由此形成了特色鲜明的新时代“十个没有”目标体系。

其中，平安校园建设的主体是全市各幼儿园、中小学校、大中专院校，重点是解决校园及周边安全问题；平安医疗机构建设的主体是各级各类医院、乡镇卫生所、社区卫生服务中心，重点是解决医患矛盾纠纷和相关治安问题；平安市场建设的主体是各类市场、商城、超市，重点是解决诚信经营及治安秩序问题；平安交通建设的主体是营运车辆管理单位，建设主体是各火车站、汽车站，重点是消除各类安全隐患；平安景区建设的主体是全市各景区，重点是解决市场秩序、公共安全、社会治安等问题；平安寄递物流建设的主体是各寄递物流公司，重点是核查打击违禁物品的流通问题；平安镇（街道）建设的主体是全市各镇（街道），重点是解决地域性、群体性矛盾纠纷等问题；平安村（社区）建设的主体是全市各村（社区），重点是消除各类丑恶现象，营造良好的社会风尚。

（二）组织领导与宣传动员相结合，提升干部群众的参与热情

新时代“十个没有”平安建设是一项牵扯面广、覆盖范围全的系统工程，也是一项关乎社会长治久安以及人民群众安居乐业的民生工程，需要广大干部群众广泛参与。自 2016 年启动起，延安各级党政机关就强化了对新时代“十个没有”平安建设的组织领导。《深化平安建设实现“十个没有”活动实施方案》要求各级各部门充分认识开展“深化平安建设，实现‘十个没有’”创建活动的重要性，深刻理解新时代“十个没有”平安建设是继承发扬延安时期社会治理优良传统、提升延安市社会治理水平的有效抓手，是实现“争创全国综治优秀市，勇夺长安杯”目标的有效途径，是经济发展新常态下防风险、解难题、补短板的有效举措，是各级党政领导切实履行好保一方平安、促一方发展的政治责任和工作责任。根据该《实施方案》，创建活动要按照条块结合的办法统筹推进，行业性平安创建活动由市、县区两级牵头部门负总责，区域性平安创建活动由县区综治办负总责，各县区、各部门要切实加强组织领导，落实工作力量和责任，协调开展好本辖区、本系统、本部门、本行业的平安创建活动。

2018 年，《关于进一步深化“十个没有”平安创建活动的通知》进一步要求各级党委、政府切实加强对新时代“十个没有”平安建设工作的领导，把新时代“十个没有”平安建设列入重要议事日程，经常研究部署。各县区党委政法委要对本县区新时代“十个没有”平安建设工作进行再安排、再部署，切实做好新时代“十个没有”平安建设的统筹部署、协调指导、督促检查、考评考核工作。各级平安建设成员单位要发挥职能作用，平安校园、平安医疗场所、平安景区等已经开展的新时代“十个没有”平安创建活动牵头单位要全面梳理总结创建工作，深入调研创建中遇到的普遍性、代表性问题，制订新时代“十个没有”平安建设工作方案，对当前和今后一个时期创建工作再安排、再部署；平安工地、平安寄递物流、平安单位等新开展创建活动的牵头单位要结合行业特点深入查找创建单位存在的突出问题隐患，列出新时代“十个没有”目标，确定包抓领导和配合单位，形成整体创建方案，对创建工作进行全面安排部署。

除此之外，延安市在新时代“十个没有”平安建设工程中，非常重视对干部群众的宣传动员，各牵头部门、各县区按照部署召开平安创建动员会，将开展创建活动的目标任务和工作要求层层传达到基层单位和干部，要求各参与创建单位举行公开面向服务对象和基层群众的公开承诺大会，每个责任领导都要围绕新时代“十个没有”内容向群众做出公开承诺，请群众监督；同时，广泛利用各种媒介，采取多种方式，集中时间，对创建活动进行大张旗鼓地宣传，在开展创建活动区域内做到家喻户晓、人人皆知。

（三）统筹推进与突出重点相结合，夯实标准化建设的内生动力

延安市在推进和深化新时代“十个没有”平安建设的过程中，既重视旨在增强各级党政干部责任感、使命感、荣誉感的“比学赶超”的巡回观摩活动，也注重新时代“十个没有”平安建设与其他重点工作密切结合，发挥社会治理的综合效能，并通过工作的持续改进，为社会治理标准化提供源源不竭的动力。

2018 年，延安市专门开展了全市新时代“十个没有”平安建设“比学赶超”巡回观摩活动，包括四个方面：一是“比”，即开展比赛活动。把巡回观摩活动当作“擂台赛”，观摩点就是比赛场，通过观摩活动比做法、比作风、比成效，比出压力，比出干劲，比出危机感、紧迫感和责任感。二是“学”，即学习先进经验。通过巡回观摩，学思路、学做法、学经验，理清工作思路，明确工作目标，不断提升推动新时代“十个没有”平安建设的能力水平。三是“赶”，即补齐工作短板。通过巡回观摩，对标先进典型，查找自身在社会治安防范、社会矛盾化解等方面存在的问题和差距，找准短板和弱项，有的放矢，精准施策，通过“十个没有”平安创建，解决好群众最恨最盼最急最需最烦的事情，补齐社会治安短板，加固社会稳定底板。四是“超”，即奋力追赶超越。通过巡回观摩，每个行业部门和县区都确定自己追赶超越的目标，定标定位，做到比有对象、学有榜样、赶有目标、超有方向，推动新时代“十个没有”平安建设干在实处、走在前列。

在具体领域，自活动开展以来，新时代“十个没有”平安建设实现了五个方面的有机结合：一是与扫黑除恶相结合。在镇村，重点依法严厉打击利用家族、宗族势力横行乡里、称霸一方、欺压百姓的“村霸”和宗族恶势力；在市场、景区、油区、矿区，重点依法严厉打击欺行霸市、强买强卖、敲诈勒索、破坏正常经营秩序的“行霸”“市霸”等黑恶势力。二是与社会治安防控体系建设相结合。在各创建单位消除技防监控盲点，建立健全人防队伍，加强易肇事肇祸精神病人、病残吸毒人员、“三失”人员等重点人群管理，专项整治“两抢一盗”、黄赌毒等突出治安问题，补齐治安管理“短板”。三是与矛盾纠纷化解相结合。把矛盾纠纷排查化解作为新时代“十个没有”平安建设的基础性工作，大力发扬“枫桥经验”，健全完善矛盾纠纷多元化解机制，在乡村、社区巩固提高“两说一联”工作成效，促进城乡社会依法治理；在县区依托行业主管部门建立健全劳动争议、医患纠纷、交通事故、婚姻家庭、消费维权等行业性、专业性调解组织，加强特定领域矛盾纠纷预防化解，筑牢维护稳定第一道防线。四是与精神文明建设相结合。将平安建设作为助力乡村振兴和文明创建的有力抓手，充分发挥自治章程、村规民约、行业公约的积极作用，破除封建迷信和陈规陋习，铲除邪教滋生的土壤，树立健康文明的社会风尚。五是与创建单位业务工作相结合。在基层，依托各级综治维稳中心，加强综治信息化和雪亮工程建设，推进城乡社区网格化管理，提高社会治理信息化、多元化、精细化水平；在行业创建单位，与职业道德教育、干部管理、业务工作、部门文化建设深度融合，助推创建单位提高工作水平。

（四）环节联通与经验提升相结合，巩固标准化建设的制度根基

延安市在推进新时代“十个没有”平安建设的过程中，善于通过系统思维认识、分析相关问题，形成了事前重组织领导、事中重督导落实、事后重考核评比的环环相扣、严密完整的工作机制，并在实践中不断总结改进，切实巩固标准化建设的制度根基。2016 年下发的《深化平安建设实现“十个没有”活动实施方案》明确提出平安建设必须重视“制订实施方案”“召开动员会议”“举行公开承诺”“进行承诺公示”“开展集中宣传”“培育示范典型”“开展述职评议”“进行考核评比”“公示评比结果”等关键环节。

经过近两年的探索，2018 年，延安市在此前方案的基础上下发《关于进一步深化“十个没有”平安创建活动的通知》，提出新时代“十个没有”平安建设要形成长效机制，并细化为三个方面：一是健全常规创建机制。要求各县区在 3 月份分系统、分领域制订创建方案，召开会议进行专题安排部署；4 月份将深化新时代“十个没有”创建活动在全行业、全领域全面推开，问题查摆、责任落实、承诺公示等工作要全部到位，隐患整改、矛盾化解、问题整治等工作要全面展开；7 月份之前在每个创建的行业领域培养不少于 5 个示范点；年底之前完成所有创建活动的评比命名等工作。同时，将新时代“十个没有”平安创建作为常规工作，一年为一个创建周期，年初部署开展创建活动，年底评比授星，实现新时代“十个没有”平

安创建活动规范化、制度化、常态化。二是健全责任分工机制。要求各县区明确创建责任分工，县区平安办要负责做好统筹部署、督导检查、组织协调、亮点培育、整体推进等工作；平安校园、平安医院、平安市场等行业性创建活动由各行业主管单位负责，平安村组、平安社区、平安网格等区域性创建活动由所在乡镇（街道）负责，做好安排部署、督导检查、评比命名等工作；各责任单位充分发挥工作职能，帮助创建单位解决工作中的短板和薄弱环节。三是健全督导考核机制。要求各县区综治办定期对创建活动进行常规督导和进度通报，每年年底会同相关部门进行常规考核和评比命名。市委平安办将新时代“十个没有”平安创建活动纳入综治暨平安建设工作考核范畴，适时进行专项督查，并将工作情况通报全市，每年年底会同相关成员单位命名表彰一批创建示范单位，并对创建不力的县区和基层单位予以问责。

在时隔半年之后出台的《关于全面深化新时代“十个没有”平安建设的意见》中，延安市根据新时代“十个没有”平安建设的深入开展情况，对制度建设提出新的更为科学系统的要求和标准，将制度改进服务于新时代“十个没有”平安建设制度化、规范化、常态化、科学化水平的提升，使社会治理的标准化制度保障持续完善。优化确立的工作机制如下：

序号	制度建设	基本要求
一	建立动态管理制度	以“十个没有”创建目标为核心，结合工作实际，细化考核细则，建立相应的考核办法
		每半年开展一次工作检查，督促进度，发现不足，整改薄弱环节
		每年年底前进行一次全面考核，按照考核结果，兑现奖惩
		市综治委、市委政法委根据县区推荐申报情况，表彰一批市级新时代“十个没有”平安建设先进集体（单位）
二	建立承诺践诺制度	新时代“十个没有”平安建设实行承诺、践诺、评诺“三个一”清单制度
		每个创建单位都要结合实际列出一个“十个没有”清单，向群众进行公示承诺

续表

序号	制度建设	基本要求
二	建立承诺践诺制度	制定一个责任分工清单，明确创建目标、责任领导、责任单位、责任人员、完成时限，把问题整改责任落实到人到岗
		每年年底汇总一个任务完成清单，召开述职评议会议，将创建活动开展情况向辖区群众和服务对象报告，邀请群众代表测评评议
三	建立典型培树制度	各县区、各行业主管部门及时发现基层创建主体的好做法、好经验，总结提炼出符合实际、可以推广、便于操作的工作模式，通过典型带动，推进工作全面提升
四	建立巡回观摩制度	市委政法委、市委平安办从2018年第三季度开始，在各县区、各行业系统开展新时代“十个没有”平安建设“比学赶超”巡回观摩活动，激励各创建单位争先进位、追赶超越
五	建立目标考核制度	市上将开展新时代“十个没有”平安建设纳入了对各县区、市直各部门考核内容，市直各牵头单位、各县区也要将基层开展新时代“十个没有”平安建设工作纳入年度目标责任考核之中，夯实创建责任
		市委政法委、市委平安办加强平安建设安排部署、协调督导、亮点培育、经验推广、考核奖惩等工作，对思想不重视、工作不落实、措施不到位的单位，严格按照市委、市政府《健全落实社会治安综合治理领导责任制规定》予以问责

以上可见，随着新时代“十个没有”平安建设的日渐深入，相应的制度建设也日益完善。社会治理的标准化与新时代“十个没有”平安建设一样，既是一项顺应时代发展潮流、呼应经济社会运行规律的系统工程，也是国家治理体系与治理能力现代化中必须长期重视和坚持的重点任务。尽管延安市域社会治理标准化的进程刚刚起步，其无论是内涵还是深度及广度都不可避免地存在大量短板，但在制度供给日趋稳定和完善的新形势下，社会治理标准化建设仍将大有可为，也必将大有收获。

第三节　新时代“十个没有”《延安市平安建设指导性标准体系》的主要内容

延安市委政法委与西北政法大学课题组在深入调研的基础上，于2021

年12月通过了《延安市平安建设指导性标准体系》（以下简称《指导性标准体系》），提出了延安市平安建设的2.0版。《指导性标准体系》的主要内容包括指导思想、工作目标、主要内容等方面，是延安市平安建设的最新实践成果。其指导思想明确要求，坚持以习近平新时代中国特色社会主义思想为指导，深入学习贯彻习近平法治思想，全面贯彻落实习近平总书记来陕考察重要讲话精神，认真落实省委平安陕西建设领导小组《关于加快推进社会治理现代化建设更高水平平安陕西的实施意见》等部署要求，以总体国家安全观为统领，以共建共治共享为导向，以防范化解市域社会治理重大风险为着力点，以基层社会治理创新、平安创建活动为抓手，不断完善党委领导、政府负责、民主协商、社会协同、公众参与、法治保障、科技支撑的社会治理体系。全面提升平安延安建设科学化、社会化、法治化、智能化水平，不断增强圣地百姓获得感、幸福感、安全感。努力构建良好社会风气，为全市经济高质量发展和追赶超越创造安全稳定的社会环境。

一、《指导性标准体系》的工作目标

（一）总体目标

以标准指导平安创建活动，推动平安延安建设系统化、制度化。将弘扬延安精神、传承红色基因与社会治理创新结合起来，强化系统治理、依法治理、综合治理和源头治理，针对群众生产生活中的各种治理盲点和治理真空，提供指导性标准，把与群众生产生活密切相关的各行业、各领域、各单位都纳入治理范围，将平安创建活动与行业管理、基层治理、乡村振兴深度融合，推动基层扬长补短、创新创优，为发展具有深厚历史底蕴与鲜明时代特色、彰显人民群众创造力的中国特色社会主义治理制度注入新的智慧和内容。

（二）具体目标

第一，政治安全更加牢固。维护国家政治安全工作体系不断健全、能力不断提升，维护国家政治安全更加有力，意识形态持续安全，执政基础更加巩固。

第二，风险防范更加有力。防范化解重大风险体制机制不断健全，应急处置重大突发案（事）件能力显著增强，风险预测预警预防能力进一步提高，保障和改善民生力度进一步加强，社会矛盾从源头上得到预防和减少。

第三，社会秩序更加良好。社会治安防控体系健全完善，预防和打击违法犯罪能力明显增强，重大刑事案件、群体性事件等不断减少，突出治安问题得到有效整治。

第四，公共安全更加稳固。公共安全风险检测预警体系健全完善，突发事件应急处置机制建立健全，公共安全隐患及时排查整治，重特大事故有效遏制。

第五，人民生活更加温馨。社会心理服务、公共法律服务、基本公共服务等保障体系健全，矛盾及时有效化解，社会安定有序，人民群众的获得感、幸福感、安全感不断提升。

二、《指导性标准体系》的主要内容

《指导性标准体系》由两部分构成，第一部分明确各级政府、基层自治组织、家庭以及单位（部门）等新时代“十个没有”平安建设的指导性指标，第二部分明确校园、商场、医院、交通等重点领域和重点行业新时代“十个没有”平安建设的指导性指标。其中，第一部分包括7个方面，第二部分包括12个方面，建立了19个覆盖全域的治理范围。

（一）重点区域新时代“十个没有”创建标准

1. 新时代“十个没有”平安市创建标准

一是没有重大群体性事件；

二是没有重大邪教事件；

三是没有重大宗教极端活动、民族分裂活动；

四是没有暴力恐怖活动；

五是没有重大金融安全事件；

六是没有重大生态安全事件；

七是没有重大文化安全事件；

八是没有重大网络安全案件；

九是没有重大公共安全事故；

十是没有严重黑恶势力犯罪。

2. 新时代“十个没有”平安县（市、区）创建标准

一是没有危害国家安全犯罪；

二是没有邪教和非法宗教活动；

三是没有重大生态环境事件；

四是没有黑恶势力犯罪案件；

五是没有重大恶性刑事案件；

六是没有重大舆情处置不当；

七是没有影响恶劣的个人极端案件；

八是没有重大公共安全责任事故；

九是没有突发事件应急管理缺陷；

十是没有境外非政府组织非法活动。

3. 新时代“十个没有”平安乡镇（街道）创建标准

一是没有黑恶势力犯罪；

二是没有封建迷信活动；

三是没有“黄赌毒”；

四是没有非正常群体性上访；

五是没有环境污染事件；

六是没有舆情处置不当；

七是没有安全生产事故；

八是没有社会安全事件；

九是没有重大刑事案件；

十是没有重大群体性事件。

4. 新时代“十个没有”平安村组创建标准

一是没有宗族恶势力；

二是没有环境脏乱；

三是没有封建迷信；

四是没有“黄赌毒”；

五是没有刑事案件；

六是没有非法上访；

七是没有民主自治不到位；

八是没有人防物防技防缺位；

九是没有重点人员管理缺位；

十是没有公共安全责任事故。

5. 新时代“十个没有”平安社区创建标准

一是没有黑恶势力；

二是没有环境脏乱；

三是没有封建迷信；

四是没有“黄赌毒”；

五是没有刑事案件；

六是没有非法上访；

七是没有民主自治不到位；

八是没有人防物防技防缺位；

九是没有重点人员管理缺位；

十是没有公共安全责任事故。

6. 新时代“十个没有”平安家庭创建标准

一没有家庭暴力；

二没有吸食毒品；

三没有参与邪教；

四没有封建迷信；

五没有奢侈浪费；

六没有虐待老幼；

七没有参与赌博；

八没有环境脏乱；

九没有邻里矛盾激化；

十没有不良征信记录。

7. 新时代“十个没有”平安单位（部门）创建标准

一是没有吃拿卡要；

二是没有铺张浪费；

三是没有冷漠横推；

四是没有萎靡不振；

五是没有治安案件；

六是没有违规经商；

七是没有越级上访；

八是没有“三防”缺位；

九是没有干部违法；

十是没有失密泄密。

（二）重点行业（领域）新时代“十个没有”创建标准

1. 新时代“十个没有”平安校园创建标准

一没有校园欺凌行为；

二没有食品安全问题；

三没有安全责任事件；

四没有宗教传播行为；

五没有巡逻监控盲区；

六没有消防安全隐患；

七没有门禁管理缺失；

八没有非法经营商店；

九没有环境脏乱现象；

十没有师德失范行为。

2. 新时代“十个没有”平安商场创建标准

一没有绺窃盗窃行为；

二没有消防安全隐患；

三没有监控视频缺位；

四没有虚假广告宣传；

五没有欺行霸市现象；

六没有不当竞争行为；

七没有强买强卖行为；

八没有价格欺诈行为；

九没有假冒伪劣商品；

十没有安全责任事故。

3. 新时代“十个没有”平安娱乐场所创建标准

一没有无证经营；

二没有“黄赌毒”；

三没有绺窃盗窃；

四没有“三防”缺位；

五没有违规经营；

六没有管理失范；

七没有噪声污染；

八没有邪教活动；

九没有有害信息传播；

十没有安全责任事故。

4. 新时代“十个没有”平安医院创建标准

一没有医药安全问题；

二没有消防安全隐患；

三没有医药推销行为；

四没有非法行医行为；

五没有医疗责任事故；

六没有过度医疗行为；

七没有传染病源扩散；

八没有红包回扣乱象；

九没有医患纠纷激化；

十没有虚假医疗广告。

5. 新时代“十个没有”平安酒店创建标准

一没有食品安全问题；

二没有消防安全隐患；

三没有绺窃盗窃案件；

四没有“三防”缺位现象；

五没有涉黄涉赌涉毒；

六没有个人信息泄露；

七没有欺客宰客行为；

八没有违规登记行为；

九没有环境脏乱现象；

十没有发生安全事故。

6. 新时代“十个没有”平安景区创建标准

一没有绺窃盗窃行为；

二没有公共安全隐患；

三没有监控视频缺位；

四没有文物保护缺位；

五没有无证导游行为；

六没有强买强卖行为；

七没有治安刑事案件；

八没有欺诈消费乱象；

九没有游客投诉事件；

十没有环境脏乱现象。

7. 新时代“十个没有”平安交通创建标准

一没有扒窃盗窃；

二没有非法运营；

三没有价格欺诈；

四没有超载拒载；

五没有违章驾驶；

六没有乱停乱放；

七没有违禁品上车；

八没有不文明服务；

九没有监控视频缺位；

十没有重大交通事故。

8. 新时代“十个没有”平安井场创建标准

一没有无证上岗行为；

二没有盗贩油气行为；

三没有未批先建行为；

四没有企地矛盾纠纷；

五没有安全监管缺位；

六没有风险预防缺位；

七没有监控视频缺位；

八没有安全生产隐患；

九没有安全责任事故；

十没有污染环境事件。

9. 新时代“十个没有”平安银行创建标准

一没有监控盲区；
二没有不文明服务；
三没有安保缺位；
四没有消防隐患；
五没有支付错误；
六没有虚假宣传；
七没有设备故障；
八没有信息泄露；
九没有洗钱案件；
十没有非法融资。

10. 新时代“十个没有”平安工地创建标准

一没有拖欠工资行为；
二没有违规用工现象；
三没有安全生产隐患；
四没有施工噪声扰民；
五没有生产责任事故；
六没有违规转包现象；
七没有环境污染事件；
八没有食品安全问题；
九没有工程质量问题；
十没有违规操作行为。

11. 新时代“十个没有”平安寄递物流创建标准

一没有无证经营行为；
二没有登记缺位现象；
三没有验视缺位现象；
四没有安检缺位现象；
五没有不文明服务；

六没有绺窃盗窃行为；

七没有寄递违禁物品；

八没有物品损坏现象；

九没有环境脏乱现象；

十没有个人信息泄露。

12. 新时代“十个没有”平安网络创建标准

一没有不良信息传播；

二没有舆情研判缺位；

三没有网络安全事件；

四没有个人信息泄露；

五没有网络监管缺位；

六没有涉密信息传播；

七没有电信网络诈骗；

八没有服务保障缺位；

九没有非法网络经营；

十没有预警处置缺位。

为了确保《指导性标准体系》顺利实施，延安市委政法委与西北政法大学课题组达成以下共识：

（1）标准体系具有指导性、示范性，各单位、部门应以该标准体系为参照，因地制宜，制定本单位、部门的新时代“十个没有”标准。

（2）保持稳定、动态调整，根据创建及考核情况，每年调整一次。

（3）体现共性、兼顾个性，鼓励各单位、部门进行创新，每年在同类单位、部门、行业、领域内评选最佳标准，并加以表彰。

（4）提炼经验、贡献智慧，西北政法大学课题组应在合作框架协议下密切跟踪、扎实调研标准体系的应用与调整工作，以及时高效跟踪调研开展学术研究，不断助力新时代“十个没有”标准体系的完善。

第三章
“两说一联”为载体，形成平安建设的工作机制

“两说一联”是群众说事、法官说法和干部联村的简称，是延安市在平安建设中贯彻党的群众路线、践行新时代“枫桥经验”的工作机制，也是贯彻新时代“以人民为中心”发展思想的具体做法和实践经验。早在2010年，富县县委、县政府立足社会治理与平安建设实践做法，及时总结，将既有经验制度化，先后推行了“群众说事制”“三官一律”进社区、县乡干部包扶制度等基层社会治理模式，在此基础上不断探索、实践、总结、完善，将这些成功的制度经验，总结概括为“群众说事、法官说法、干部联村”便民联动机制，简称“两说一联”便民联动机制。其后，“两说一联”机制不断得到发展完善，最终成为延安市平安建设的工作机制。

第一节　“两说一联”的内涵

2014年4月以中共富县县委、富县人民政府的名义下发了《关于全面推行“群众说事、法官说法、干部联村”便民联动长效机制的通知》，2014年8月下发了《“群众说事、法官说法、干部联村”便民联动机制督查考核办法》《“群众说事、法官说法、干部联村”便民联动机制实施办

法》；2015年6月下发了关于《进一步深化“群众说事、法官说法、干部联村”全面推动多元化纠纷解决机制改革的实施方案》等规范性制度文件，同时，富县县委县政府多次召开动员会、推进会、现场观摩会，在全县范围内大力推行“两说一联”工作机制。“群众说事”就是当事人和县乡村干部、老党员、德高望重有威信的群众，用拉家常、讲政策、讲道理的方式讨论村级事务、化解矛盾纠纷、建设美丽乡村。按照“畅通渠道说事、明确责任理事、集中民智议事、整合民力办事、加强监督评事”五个环节，通过“群众要求说、登门入户说、急事及时说、主动邀请说、不便用卡说”五种说事方式，重点围绕矛盾纠纷化解，调动群众参与社会治理的积极性和主动性。“法官说法”就是指“法官”进村把法律服务送到群众身边，维护群众的合法权益。采取“法制宣讲会上说、法律咨询当面说、行动不便上门说、调处纠纷现场说、见面不便电话说”五种形式，在县乡联村干部和村干部组织群众说事过程中，遇到涉法问题和难题时，联村法官及时主动介入，通过现场调处，有效地将法律手段、法治思维、道德约束、村规民约结合起来，合情、合理、合法、有序地解决基层矛盾纠纷，把社会矛盾的化解引入法治化的轨道。“干部联村”就是从县直各部门单位抽调年轻科级后备干部派驻到全县各行政村，联村干部脱离原单位工作，坚持长期驻村，“进百家门、吃百家饭、办百家事”，协助村干部管理村级事务、化解矛盾纠纷，解决了群众的实际问题。

一、“两说一联”的起源

“两说一联”源于延安市富县的社会治理探索。富县古称鄜州，位于陕西省北部，延安市南部，下辖7个乡镇1个街道办137个行政村（社区），总人口15.7万人，分别与洛川、宜川、甘泉县及甘肃省合水等地接壤。富县历史文化悠久，唐武德元年（公元618年）在洛交县城兼设鄜州，1940年2月陕甘宁富县政府正式成立，县内有秦直道、石泓寺、杜甫故居、古塔铜钟等文物古迹，直罗战役、东村会议、榆林桥战役等革命旧址闪耀着延安精神的光芒，是陕西35个文物大县之一。富县国土面积4180平方公里，居陕西第五、延安第一，拥有丰富的矿产资源，已探明原油储量6284万吨、原煤储量4.25亿吨、控制天然气储量875亿方，是延安南部重要能源化工基地。富县交通便捷，309国道、210国道、包茂高速、西延高速、青兰高速、西延铁路、包西铁路依县城相交过境，是连接东西、贯通南北的重要交通枢纽。近年来，富县确定了“富饶鄜州、幸福富县”的县域治理总目标，县委、县政府紧紧围绕着这一目标不断创新治理模式，化解经济社会转型过程中出现的各种各样的矛盾，有力推动了平安建设工作。尤其是富县县委、县政府坚持多元化解社会矛盾纠纷与各项改革探索纵深推进双向推动，形成了“两说一联”工作机制，取得了显著的县域治理成效。

“群众说事”源于有效化解政府征地拆迁带来的“官民矛盾”的成功经验。2009年8月，富县茶坊镇辖区的210国道富县吉子湾收费站计划整体搬迁至马坊行政村，需要在马坊村征收20亩土地。按照征收规定，果树的赔偿价格远大于玉米的赔偿价格。因此，村民王某得知自家地要被征收，便在获悉赔偿标准后在玉米地里抢栽苹果树，要求按苹果树进行赔偿，并组织带领群众阻挡施工。镇村干部多次给其做工作都没有效果，几经周折，镇村干部请来村里德高望重的老党员、老干部及群众代表与当事人坐到一起就此事展开讨论，大家“你一言”“我一语”说政策、讲道理、谈品德，指出王某的做法不对。经过近两个小时的讨论，王某也深感自己做法于情于理都说不通，最终按照玉米赔偿标准达成共识。这件事在周围群众中引起了强烈反响，很快便在全县传开了，这一工作方法自觉被运用于各类矛盾纠纷的化解过程。这就是“群众说事制”的起源。

“法官说法”起源于法官送法下乡促进矛盾纠纷有效和解的经验做法。2010年5月，茶坊镇马坊村在新农村建设民居改造中，租赁给村民的40多间村集体房屋被列入拆迁范围，大多数村民同意适当补偿损失后拆除，但有两名承包户以影响生意为由聚众阻拦拆除。在几次组织“群众说事”

未果的情况下，镇村干部请来了富县人民法院法官赵妮现场给村民讲解《承包法》《合同法》《土地管理法》等法律常识，让他们明白自己对房屋没有所有权，如果继续无理阻拦，最终就会强行拆迁，而且还要承担法律责任，在赵法官耐心的讲解下，两个承包户都知法晓理，同意拆除房屋，矛盾得到化解。从此，邀请法官送法下乡、驻村说法，逐渐成为富县县域治理的一种有效治理方式，它得到县委、县政府的重视，并推广应用到全县。

“干部联村”起源于新时代群众路线教育工作的创新做法。2014 年，为推动农村各项工作开展，富县所有的行政村（社区）从部门单位抽调一名年轻后备干部派驻到村开展工作，具体协助村干部负责做好被包扶村的村级事务管理、矛盾纠纷化解等各项工作。时任省委常委、延安市委书记姚引良批示：这一做法很好、管用，是当前形势下推进农村治理机制体系建设，构建和谐农村，维护并保障群众利益，密切党群干群关系的成功实践，要在总结的基础上在全市推行。

二、“两说一联”的发展过程

富县过去是一个农业大县，党的十八大以后，富县不断加快产业转型，引进了延安能源化工公司、华能延安电厂等一批重大项目落地建设，富县由单一的农业县逐渐形成农业产业、能源化工多种产业齐头并进的全新发展格局。随着县域工业化、城镇化、信息化进程的加快，城乡利益格局不断调整，各种利益诉求日益多样，特别是因征地拆迁、项目建设等引发的社会矛盾明显增多，维护社会稳定的压力十分巨大。对此，富县县委组织干部深入基层进行广泛调查研究，从实践中不断总结提炼，按照党的十八大提出构建“党委领导、政府负责、社会协同、公众参与、法治保障”的社会管理格局要求，适时确立并实施了“两说一联”便民机制，成为化解基层矛盾纠纷的好机制、社会治理的好抓手，促进了平安富县建设，推进了法治富县进程。

“两说一联”工作机制来源于实践，创新于实践。其最初的目的是通过群众现场议、法官当场讲、干部限期办，着力化解乡村社会矛盾纠纷，为维护全县平安稳定起到了积极的作用。党的十九大以来，富县围绕精准脱贫和乡村振兴战略以及如何能把更多资源下沉到农村基层，县委、县政府决定进一步深化拓展“两说一联”便民机制，推动县域社会治理全面发展，持续提升社会治理效能。自2018年以来，按照县委要求，由县委政法委牵头负责，深入贯彻落实党的十九大和十九届四中全会精神，牢固树立以“创新”为引领的五大发展理念，根据在“继承中发展、在发展中提升”的原则，不断充实和完善该机制，2018年在广泛调研论证的基础上，制定出台了《关于全面深化“两说一联”工作机制，助推实施乡村振兴战略的意见》，进一步赋予“两说一联”便民机制新的时代内容和精神内涵，统筹推进县域经济建设、社会建设、生态建设、政治建设和文化建设，做到“自治、法治、德治”有机融合，形成集“党的领导、依法治理、村民自治、全民参与”为一体的新时代群众路线，在群众得实惠、干部受锻炼结合上做文章，努力实现加快经济发展和锻造干部队伍的“双赢”目标。这意味着“两说一联”便民联动机制适应新时代需求，进入“两说一联+”的新机制运行阶段，是党建引领新时代基层社会治理的创新模式。

三、“两说一联”机制的主要内容

“两说一联”新的机制确立后，富县县委、县政府充分利用制度优势，结合推进精准脱贫和乡村振兴战略实施的“二十字”方针及基层党建的引领作用，在全县范围内探索推行“两说一联+”新模式，把“两说一联”机制充分运用到乡村振兴的各个领域，激发了基层社会治理的创新活力，社会治理效能明显提升。

“两说一联+基层党建”是新时代党建引领落实落地的重要制度内容。“两说一联”机制是新时代加强基层党建的重要载体和制度保障，干部包村联户是新时代群众路线的重要内容和体现，通过广泛开展“双联双诺双评”“党员干部述职评议会”等活动，让群众参与村级事务管理，公开评议支部、党员承诺和工作实绩，对“问题墙、回音壁”提出的问题及落实情况进行监督，加强村级班子建设，发挥头雁效应，增强村党支部的战斗堡垒作用，确保“党的建设”在基层有基础、有活力。

“两说一联＋产业兴旺＋生活富裕”是夯实基层社会治理经济基础的有效途径。运用“两说一联”机制，引导群众积极参与特色农业产业发展，把农民镶嵌在全产业链上，让农户特别是贫困户都能参与到农业产业后整理、新型产业培育上，推动传统农业提质增效、农民合理分享增值收益，解决农民如何发展产业、发展什么样的产业和怎样发展产业的问题，不断增强农村发展活力，同步够格奔小康。以“两说一联”机制为平台，全县各职能部门不断加强对农村创新创业、劳务输出进行培训。充分发挥群众的主体作用，激发群众勤劳实干、增收致富的活力，助力脱贫攻坚。以农村“三变”改革为抓手，推行“企业＋合作社＋农户”的经营管理模式，推动现代农业发展，促进农民增收。

“两说一联＋生态宜居”是夯实基层社会治理“生态宜居”的有效手段。发挥“两说一联”机制，全面落实“两山理论”，让群众参与乡村环境卫生综合治理，激发群众在村庄规划、院落改造、厕所革命、垃圾处理、绿化美化等方面的主人翁精神，全员参与、全民投入，真正把农村建设成“记得住乡愁”的美丽乡村。

“两说一联＋乡风文明”是传承红色基因，重塑现代文明乡风的制度抓手。通过“两说一联”机制，把社会主义核心价值观养成与历史文化、红色文化、乡土文化教育有效结合，制定完善村规民约，从明确婚丧嫁娶标准、遏制攀比之风入手，破除封建迷信、陈规陋习，培育文明乡风、良好家风、淳朴民风，不断增强群众的法治意识、集体意识、信用意识和契约精神。

“两说一联＋治理有效”是推进县域治理的总目标。结合“两说一联”机制，发动群众参与文明家庭系列创建活动，由德高望重、具有较高威信的群众成立“乡贤议事会”，全力配合村级“两委”会开展工作，村上的难事、大事、乱事首先由议事会牵头协商解决。通过“两说一联”新机制，党的政策、群众自治和基层社会和谐目标融合发展，真正促进了基层社会治理有效。

第二节　新时代“两说一联”机制的创新及成效

“群众说事”制度经过深化，现已发展为通过召开会议等形式，充分发动广大人民群众，围绕经济发展和维护稳定说问题、提建议、谈发展、绘远景的工作方法，保证把基层的社情民意及时汇总反馈上来，以此作为决策的重要依据，这充分彰显了“自治”建设的意义。“法官说法”制度的持续深化，不仅仅是法官送法下乡、以案释法，现已成为全县各行各业干部讲政策、普法律、传技术、谈经验、集民情的工作方法，保证把党委政府的惠民决策及时准确传达下去，变成群众的自觉学法守法用法，同党中央保持高度一致的政策宣讲和贯彻落实的重要渠道，充分发挥了“法治”的功能，促进了基层社会治理的法制化。新时代的“干部联村”现已拓展为县级领导包乡镇、部门单位包村组、驻村工作队包农户的三级包联制度，架起了干群联系的桥梁，帮助村组制定完善村规民约，解决办理群众所急所需所盼事项，让干部干事有舞台、群众建言有平台，和谐干群关系、凝聚发展合力、倡导新风正气，突出了“德治”建设的作用。

一、“两说一联”机制在新时代的创新发展

从“两说一联”到“两说一联+”是新时代群众路线的再创造，也是富县县委县政府围绕县域治理的时代特点，持续创新发展的基层社会治理新机制。

“两说一联”新机制中“群众说事”的特点有三：一是群众参与广泛。

说事的参与者过去主要是因事涉及的部分干部、调解员和当事双方，现在逐渐强调“现场感”“面对面”的教育示范功能，使广大群众在管理村级事务、制定村规民约、发展产业致富等各个方面都有了知情权、参与权、建议权，党员干部也有了主动服务群众的平台和动力，干部群众都广泛参与到了群众说事之中。二是说事内容持续拓展。“群众说事”过去更多的是注重矛盾纠纷化解，维护社会和谐稳定，现在是把化解矛盾纠纷扩大到通过“说问题、谈发展、绘远景”等方式来推进精准脱贫、实施乡村振兴、决胜全面小康等县域治理的核心问题，推动实现了“农村美、农业强、农民富”的发展目标。三是说事的关口前移。说事的形式由过去因事说事、被动解决问题发展到主动征求群众意见，提前参与政策制定，围绕“乡村振兴战略”的方向说，聚焦基层社会治理中的“可能性需求”说，实现了村里的事情群众自己说了算，充分调动了群众主动参与说事的积极性，更加凸显了群众在“说事”过程中的主体地位。富县直罗镇胡家坡村过去以种植玉米为主，每亩收入只有600元左右，贫困人口多，各类矛盾纠纷繁杂。通过运用“群众说事”机制，近年来在村支部的带领下，村民自发行动，先后完成了200余亩30万株树苗移植、5座弓棚迁移、1000亩土地平整，恢复“直罗贡米”种植基地1500亩，实现亩均增收3000元，并建成大米加工厂1座，带动全镇恢复稻田6000余亩，走出了一条集现代农业、旅游休闲、田园民居为一体的三产融合发展之路。

“两说一联”新机制中“法官说法”的特点有三：一是“法官”普法常态化。“法官说法”的本质是法官下乡普法常态化、制度化、通俗化。“法官”普法经常说，经常性地开展形式多样的“说法”活动，使群众的法治意识和依法办事能力显著提高；执法人员随时说，突破“说法”方式限制，突破“说法”时间限制，做到了随时随地“说法”，使群众在潜移默化中增强法律意识；解决问题具体说，联村“法官”在解决具体问题时，将普法融入办事过程，通过“以案释法，以案说规、以案说德”等形式举一反三，让群众在现场调处中深受教育，全面提升基层群众的法治意识。二是联村干部宣讲党的政策，夯实党建引领的基础。党员干部把党在农村的各项惠农富民政策宣传到基层、宣传到户，使党的方针政策家喻户晓，深入人心；通过各种形式把实用技术及时传授给群众，帮助群众脱贫致富；大力宣传弘扬中华优秀传统文化和传统美德，帮助群众树立诚实劳动、勤劳节俭、崇尚科学、讲究卫生、孝敬父母、邻里和谐等文明健康的乡风民风。三是利用典型谈经验，强化示范带动作用。通过树立典型、示范带动和激励广大群众的进取意识，坚定勤劳致富的信心和决心；利用“能人讲故事”，使农村先致富、先脱贫的“能人”感人故事，激励自主自立意识淡薄、依赖心理过重的人，通过扶贫先扶志激发群众内生动力；发挥榜样传经带道的模范带头作用，传递助人为乐、见义勇为、诚实守信等诠释着榜样的精神和力量。富县吉子现镇一村民承包本村荒地 20 亩并均分给自家兄弟，后因继承、转赠等原因又在家族内部产生了土地承包经营权变动。2017 年，因 180 输电线路征地补偿，兄弟间对补偿款分割问题起了纠纷，联村干部和法官多次组织召开“说法调解会”依法说事评理，通过面对面讲法、背靠背开导，不厌其烦地调解，最终兄弟四人达成和解协议，重续亲情。

“两说一联”新机制中“干部联村”的特点是制度运行实现了层级网络，实现了基层社会治理的县域治理闭环管理，建立起“县—乡镇—村”一体化包村联户制度。一是坚持县级领导联系包抓乡镇和基层工作制度。县级领导每人联系包抓一个乡镇，实行包班子、包党建、包稳定、包发展；每人包抓一个贫困村，帮助脱贫攻坚；每人“帮抓”一个软弱涣散村党组织，定期走访调研，帮助解决困扰基层发展的难题。通过县级领导包抓，有效推动了基层各项工作的全面开展。二是部门单位包村（社）。为全县 137 个行政村（社区）都确立了包扶单位，包扶单位注重村级班子建设，村党支部创造力、凝聚力、战斗力明显增强；强化教育培训，干部和群众的思想意识和致富技术都显著增加；帮助调整产业结构，农村经济发展进一步加快；帮助争项目跑投资，全力实施“民心工程”，农村基础设施进一步改善。三是干部职工包农户。为每户贫困户都确定了包联干部，包户干部引领群众理清思路，积极化解群众思想顾虑，坚定脱贫致富的信念；掌握社情民意，摸清所包户实际情况，有针对性地制订脱贫计划、明确帮扶措施、落实好扶贫项目；强化基层干部与群众零距离接触，身体力行地帮助包联户通过联系外出务工、发展产业、改善生活等形式尽快脱贫致富。同时，每名干部都联系其他农户 3 户至 5 户，优化干群“亲戚”关系。农村婚丧嫁娶大操大办的陋习多年来始终未能根治，干部群众深受其苦。吉子现镇安子头村三级包联干部通过多次入户调查，多渠道征求意见，召开“群众说事会”讨论研究，率先以村规民约固化推行了“28123”办事规定，即：过红白事时，每桌酒席的用烟不超过 20 元/盒，酒不超过 80 元/瓶，村民随礼不超过 100 元，酒席数量不超过 20 桌，每桌席面饭菜不超过 300 元，在心理上为干部群众“松绑”，得到了广泛认可和一致拥护，新的观念和标准已在全县范围内推广执行。

“群众说事”“法官说法”“干部联村”三者之间既有独立内涵和具体要求，又是一个相互联系、互为递进的整体。“群众说事”的过程就是调研的过程，“法官说法”的过程就是决策的过程，“干部联村”的过程就是落实的过程，其核心是坚持“以人民为中心”的发展思想，尊重人民群众在基层社会治理中的主体地位，彻底解决好基层群众的期盼，切实保障好群众关切的根本利益。

二、“两说一联”机制在新时代的运行成效

为了使“两说一联”便民机制在矛盾纠纷预防化解和推动县域经济社会发展中得到充分运用，确保“两说一联 +”机制规范化、制度化、常态化推行，富县县委县政府采取了以下保障措施：

一是强化组织领导。县委成立了以县委书记为组长，政府县长、县委副书记及纪检、组织、宣传、政法主要负责人为副组长的“两说一联”便民联动机制领导小组，直接负责此项工作重大事项的决策和推进。领导小

组下设由县委常委、政法委书记担任主任的“两说一联办公室”及相关工作小组，并明确各自的工作职责，分工负责该项工作的组织协调、检查指导和考核管理。各乡镇、村组和有关部门各自成立“两说一联”工作机构，建立说法库、调解库和包联库，配备专人具体负责该项工作的落实，确保“两说一联”工作扎实有效推进。

二是建立规章制度。建立健全“两说一联”工作制度，明确工作职责，规范工作台账，形成一年召开一次群众（机关单位干部）大会、一季度召开一次群众（干部）代表会、一月召开一次村干部联席会、具体问题随时召开相关会议的“两说一联”工作会议制度。实行了“两查两报一研判”（村查村报、乡查乡报和县研判）工作制度，即村上对排查和征询到的诉求和矛盾纠纷进行解决，对无法解决的事项及时上报乡镇党委政府，由乡镇对全乡镇排查和征询到的事项研究解决，对于乡镇无法解决的及时上报县上，由县上研判后归口答复解决。建立了党委主动下沉工作制度，县乡党委将“身子沉下去、班子带下去、会议开下去”，定期走村入户查摆问题、解决问题，变“上访”为“下访”，变“被动”为“主动”。

三是严格督查考核。县委制定出台了“两说一联”工作具体实施办法和督查考核办法，把“两说一联”工作纳入乡镇部门年度目标责任考核体系。不断完善考核评价体系，科学合理设置指标，注重查看“两说一联”工作实绩，突出日常管理、加强常态化了解，提高督查考核工作的科学性。督查考核中坚持问题导向，着重解决“两说一联”工作在落实中存在的问题，及时了解“两说一联”机制需要完善的地方，切实为机制的深化完善和推行提供参考，增强考核针对性。督查考核结果与单位评优、干部提拔相挂钩，形成了不进则退、人人争先、个个创优的倒逼机制，增强考核的实效性。

“两说一联”机制从探索、发展到创新，不但把大量矛盾纠纷预防化解在了萌芽状态，维护了社会和谐稳定，而且成为新时期党在推进精准脱贫、决胜全面小康、实施乡村振兴战略的工作新机制。

一是维护了社会和谐稳定。机制推行以来，富县说事说法共计6138件，解决了5726件。其中2018年机制深化以来，说事说法1317件，解决1219件。“两说一联”便民机制的实施，把大量矛盾纠纷化解在了基层和萌芽状态，使我县信访呈逐年下降的趋势，2019年，全县无一例赴省进京非访，有力地促进了社会的和谐与稳定，我县连续七年获得全省信访“三无”县称号。

二是助推了县域经济社会发展。推动全县高质量发展迈出了新步伐，各项主要经济指标增速位居全市前列。2019年年底，实现县区生产总值66.37亿元，增长11.3%，增速全市第一；全社会固定资产投资41.94亿元，增长39.3%，居全市第二；社会消费品零售总额15.67亿元，增长8%；财政总收入7.51亿元，增长21.8%，其中地方财政收入3.01亿元，增长27.1%；城镇居民人均可支配收入32506元，增长7.8%；农村居民人均可支配收入12318元，增长10%。

三是转变了党员干部作风。让机关干部经常深入基层一线，住农家屋、吃农家饭，了解村情民意，转变了干部作风，提高了干部实践能力，开通了民情“直通车”，架起了干群“连心桥”，为加快县域经济发展创造了良好的社会环境。

四是提升了县域治理水平。充分发挥了群众的主体作用，激发了村民自治的活力，调动了村民参与村务管理的积极性和主动性，保证了群众对村级事务的知情权、参与权和监督权，增强了广大群众的法律意识和法治观念，合情合理合法地将矛盾化解在基层，从而提升了县域治理水平。

“两说一联”机制得到了各级领导的充分肯定和社会各界的好评。先后被新华社《内部参考》及《人民日报》《人民法院报》《陕西日报》等报刊和中央电视台、陕西电视台等中、省、市电视台报道；人民网、新华网、凤凰网、新浪网、光明网、陕西传媒网等网站也广泛宣传了富县“两说一联”机制。“两说一联”机制先后在全国基层法院和全省全面推广，中共陕西省委推广“两说一联”现场会在富县召开，全国矛盾纠纷多元化解工作推进会在延安召开时实地考察了富县“两说一联”暨矛盾纠纷多元化解工作，全国人大山东、广东、台湾、解放军和武警部队代表专程考察了富县“两说一联+”新机制。富县的“两说一联”实践经验被评为全国创新社会治理最佳案例和2019城乡社区发展治理创新案例，特别是“两说一联”机制在全国“两会”上五次写入最高人民法院工作报告。时任最高人民法院院长周强、陕西省委书记胡和平等领导先后多次对“两说一联”机制给予了充分肯定。

值得注意的是，“两说一联”以及“两说一联+”虽然以延安市富县为主场进行了长期的坚持不懈的探索与发展，但其产生、完善和创新整个过程，均离不开延安市委、市政府的大力支持，“两说一联”工作机制现已与平安延安建设融为一体，成为新时代“十个没有”平安创建的重要工作机制。

第三节 “两说一联”在平安建设中的作用

“两说一联”机制运行近十年的实践，特别是“两说一联+”模式机制推行以来，延安市审时度势，把专项治理和综合治理、依法治理、源头治理结合起来，从注重矛盾纠纷化解到提升乡村治理的系统化、科学化和法制化水平上实现了与时俱进。在实践中探索、在探索中创新了市域社会治理的制度模式，取得了明显的成效。“两说一联”新机制缘何而生，并且表现出持久的制度内生动力？具体可以概括为“两主动、三提前、四结合”，形成了加快市域社会创新发展、引导群众奔小康的强大合力。

一、“两主动”凝聚发展创新合力

群众主动参与发展和干部主动为民服务是促进市域社会治理创新发展的根本动力，也是促进实现有效治理的创新合力。

一是群众主动参与发展。发展为了群众、发展依靠群众。通过“两说一联+”新机制的推行，使群众更多地了解了党和国家的各类方针政策，知道了自己需要解决哪些事情，清楚了需要说什么。“两说一联”工作室的建立，相关规章制度和流程的规范，使群众有了说事的地方，了解了说事渠道。广大群众在管理村级事务、维护和谐稳定、实施乡村振兴等各个方面都有了知情权、参与权、建议权，实现了村里的事情群众自己说了算的目标，使群众在“说联”中受到了尊重，形成了群众主动议大事、说难事、拉急事，心往一处想、劲往一处使，主动参与发展的良好氛围，说事的方法妥当了，关系理顺了。

二是干部主动为民服务。群众高兴不高兴、满意不满意、答应不答应，是衡量和检验一切工作的标准。“两说一联”便民机制的推行，增强了干部主动服务群众的自觉性，激发了党员干部迫切为群众办事的愿望。使干部想为群众办事有了平台，各级党员干部有了发展创新的“舞台”，各级党员干部主动服务群众的平台便应运而生。联村干部在原单位的支持下，全力开展包扶工作，有了办成事的基础和条件。干部通过主动解决群众最关心、最期盼、最现实的问题，得到了群众的好评和组织的充分肯定，从而有了更多成就感和获得感。仅2019年，延安市富县就对9名联村干部进行了提拔使用，既使“温室”干部得到磨砺锻炼，又密切了干群关系。

这“两主动”的实践效果表明干群关系更融洽、更密切，无缝隙、零距离。“两说一联+”使干部群众面对面、身连身、心交心，敞开说、用心听、尽力办，心近了、人亲了、气顺了，彻底改变了过去不闻不问、遇事发号施令的状况，干部不再“包打天下”，群众不再等靠蛮要，不仅让群众有更多获得感，也让干部有了更多成就感，充分发挥了人民群众的主体作用、内生动力和党员干部的先进性和引领性，把加快发展的内因和外因有机统一起来，同心同力。

二、“三提前”促进实现源头治理

“三提前”是“两说一联”新机制创新的内生动力，也是制度不断发展、完善的经验基础。一是矛盾化解提前到激化之前。以充分运用“两说一联”机制为抓手，形成了定期开展矛盾纠纷排查化解机制，做到了变“被动接访”为“主动下访”，变“事后处置”为“事前预防”，变“消极应对”为“积极作为”，推动实现源头治理，把矛盾纠纷化解在了萌芽状态，防止了矛盾激化，初步实现了“小事不出村、大事不出镇、矛盾不激化、问题不上交”。二是意见征求提前到决策之前。通过“两说一联”机制搭建的平台，在各类决策出台之前广泛征求和倾听群众意见。通过民主决策有利于集中民智，增强决策的科学性，使决策做出最佳选择；决策之前征求群众意见建议，有利于充分反映民意，体现决策的民主性，促进公民对决策的理解，推动决策的实施；充分尊重群众的想法和意见，有利于提高公民参与公共事务的热情和信心，密切干群关系，增强群众的社会责任感。三是法规知晓提前到实施之前。把过去因事“说法”、被动“说法”提前到经常说、主动说、具体说，通过法官普法律、干部讲政策、典型谈经验，提前把法规政策送到群众身边，使群众及时了解国家的方针政策，掌握生产技术，树立优良作风，在法规知晓中受到教育，得到实惠。

这“三提前”的实质就是让化解矛盾更及时、更有效，决策更务实、更科学，落实更有力、更便捷。“两说一联”便民机制的推行，在矛盾激化和各项决策实施之前，使群众已经清楚了法规政策，知道了自己能做什么，不能做什么，保证了各项政策的顺利实施。这是新时代“枫桥经验”在延安的创新，有源头治理的本质特征。

三、“四结合”有力推进系统治理

市域社会治理千头万绪，一些问题既是时代的产物，也有历史遗留问题，其解决难以用一个标准、一个原则加以解决。因此，“两说一联”便民联动机制始终坚持系统治理原则，有效做到了“四结合”：一是把人情道理与政策法规有效相结合。干部及时介入群众说事说法之中，通过讲政策、宣法律，实现了法情相融，既解决了传统的“私了”合理不一定合法的问题，又解决了群众有纠纷到法庭告状误工费时、邻里丢面子长期结怨的问题，实现了自治、法治、德治的有机结合。二是把干部所为与群众所需有效相结合。针对一些基层干部不知道群众所想所需，群众不知道干部所作所为，“两说一联”机制开通了民情“直通车”，架起了干群“连心桥”，群众遇到事有地方去找了，干部有了干事的平台和动力，把干部所为和群众所需结合起来，群众与干部从说不上话到无话不说、从群众怕干部上门到盼干部再来，干部能急群众之所急、想群众之所想、办群众之所需。三是把解决问题与加快发展有效相结合。发展是硬道理，发展才是解决一切问题的关键。有些矛盾问题必须跳出问题去解决问题，只有通过发展，让老百姓得到实惠，问题才会迎刃而解。广大干部群众在一起通过说问题、说建议、说意见、说愿望，切切实实解决了一些村级事务管理、环境卫生治理、产业发展等实际问题，大大激发了经济发展的活力，呈现出齐心协力谋发展、聚精会神搞建设的浓厚氛围，经济社会事业全面发展了，许多问题自然就解决了。四是把群众所盼与党委决策有效相结合。群众对美好生活的期盼就是各级党委政府的奋斗目标。在组织决策中，利用“两说一联”机制，广泛征求群众意见，把群众的所需所盼形成决策，按照职责分工分别由各级党委政府按照决议内容落实责任并组织实施，决策实施的时限要求和质量结果，通过向群众公开并付诸行动，把群众的所盼转化为党委的决策，实现了群众的愿望。

这“四结合”的实质就是在党的坚强领导下，坚持以人民为中心的思想，坚持加快发展是第一要务，坚持以德育人和依法治理，从群众中来、到群众中去，依靠群众、服务群众，确保把党的路线方针政策及时传达下去转化为群众的自觉行动，把社情民意反映上来作为党组织决策的主要依据，着力实现人民群众对美好生活期盼的愿望。

总括上述，延安市在市域社会治理中创新推行的“两说一联”便民机制，是社会治理和平安建设工作的一个有益创新和成功范式。《中共中央国务院关于加强基层治理体系和治理能力现代化建设的意见》明确要求，基层社会治理体系和治理能力现代化必须“坚持以人民为中心，以增进人民福祉为出发点和落脚点，以加强基层党组织建设、增强基层党组织政治功能和组织力为关键，以加强基层政权建设和健全基层群众自治制度为重点，以改革创新和制度建设、能力建设为抓手，建立健全基层治理体制机制，推动政府治理同社会调节、居民自治良性互动，提高基层治理社会化、法治化、智能化、专业化水平”。上述指导思想在“两说一联”新机制中都有不同程度的体现。

第四章
全方位部署实施，平安建设和民生改善目标同向

第一节　发挥基层政府和群众自治组织在平安建设中的作用

一、县（市、区）政府在平安建设中的作用

“郡县治，天下安。”县（市、区）一级是发展经济、保障民生、维护稳定、促进国家长治久安的重要基础，是联通市域和基层的重要层级，具有承上启下的枢纽作用、以城带乡的引擎作用、以点带面的示范作用。与基层相比，县（市、区）一级具备较为完整的社会治理体系，具有统筹协调各方资源和调动一切治理因素的天然优势，化解突出矛盾和重大风险的能力更加明显，但治理对象复杂多样、治理风险严峻重大。因此，必须高度重视、积极谋划、认真推进，才能更好地预防、化解社会矛盾纠纷，更好地促进治理理念、治理体系与治理能力的全面提升，更好地实现国家长治久安。在推进市域社会治理现代化的背景下，制定新时代“十个没有”平安县（市、区）指导性标准，除了实现建设更高水平平安延安、法治延

安的目标要求之外，还需要实现以下目的：

（一）推动构建多元主体群策群力的社会治理体系

多元主体群策群力参与治理，是社会治理的重要特征。实现新时代“十个没有”平安县（市、区），离不开党政、社会和群众的共同努力。因此，要持续完善党委领导、政府负责、民主协商、社会协同、公众参与、法治保障、科技支撑的社会治理体系，打造共建共治共享的社会治理格局。要集中发挥党政、社会和群众的治理智慧，持续保持干部群众同心同德、共谋治理的优良传统，理性面对复杂多变的社会治理形势，成功破解市域社会治理中存在的各种痼疾和难题。尤其是，既要充分发挥党领导市域社会治理的制度优势，全地域、全过程、全方位加强党的领导，把党的领导落实到市域社会治理各领域、各方面、各环节；又要加强政府在社会治理工作中的主导作用，提高政府依法行政、依法履职能力水平，切实加强法治政府建设，推进政府职能体系优化协同高效；还要尊重人民群众的首创精神，维护人民群众的主体地位，在市域社会治理中统筹兼顾不同阶层群体的多样性、差异化诉求，引导各类社会组织和市场主体积极参加服务社会、防控风险、化解纠纷等工作，激活社会治理的基层细胞，健全党建统领自治、法治、德治相融合的城乡基层治理体系，最大限度地实现党政、社会和群众优势互补、良性互动，形成解决社会治理和平安建设难题的强大合力。

（二）确保人民安居乐业与社会和谐稳定

新时代“十个没有”平安县（市、区）创建应致力于实现平安建设的目标任务，即打击境内外敌对势力渗透破坏活动，防止严重危害国家安全和政治稳定情况发生；从源头上预防和减少矛盾纠纷，努力化解不和谐因素，防止严重危害社会稳定的重大群体性事件发生；维护城乡社会治安秩序，使突出治安问题和治安乱点得到有效整治，防止严重危害群众安全感的重大治安问题发生；预防和减少重特大安全生产事故，防止严重危害人民群众生命财产安全的群死群伤事故发生，努力把人员伤亡、财产损失和负面影响降到最低程度；依法查处经济犯罪案件，及时消除经济领域的不稳定因素，防止严重危害社会主义市场经济秩序的经济案件发生。因此，在制定指导性标准时，应该综合考虑以下内容：一是与积极预防和有效化解各种社会矛盾相结合；二是与依法打击各类犯罪和敌对势力的渗透破坏活动相结合；三是与大力加强社会治安防范工作相结合；四是与加强社会治安综合治理基层基础工作相结合；五是与加强公民道德、法制宣传教育和民主法制建设工作相结合。

（三）为市域社会治理现代化注入新的时代内涵

新时代“枫桥经验”作为党领导下干部群众社会治理智慧的结晶，不仅被誉为政法综治战线的一面旗帜与化解社会矛盾、维护社会稳定的典范，也发展成社会治理现代化的“中国方案”。因此，坚持发展新时代“枫桥经验”，完善社会矛盾纠纷多元预防调处化解机制，将系统治理、依法治理、综合治理、源头治理贯彻于社会治理全过程，为市域社会治理现代化注入新的时代内涵。打造具有市域特色的新时代“枫桥经验”升级版，是推进市域社会治理现代化的题中应有之义。而县（市、区）一级可以发挥延安精神的引领作用，发挥区、镇、村三级联动作用，特别是延安市在新时代“十个没有”平安创建中，在乡镇（街道）构建起“一个中心（综治中心）统筹+多部门（司法、人社、法庭、社区民警中队）驻点联合+村居基层预防”的大调解格局和“一站式接待、一揽子调处、一链条解决”的工作机制，整合基层社会治理力量，优化人财物等资源配置，在乡镇一级实现便民服务、矛盾化解有机融合，着力实现群众办事、解纷“只进一扇门”“最多跑一地”，使县（市、区）普遍形成了纵向贯通、横向覆盖的矛盾纠纷化解网络，这些实践均是巩固基层基础、创新体制机制、坚持发展新时代“枫桥经验”的典型，为推进市域社会治理现代化提供了有力参考和有效路径。新时代“十个没有”平安县（市、区）标准的制定，也要对当前好的做法予以肯定。

建设新时代“十个没有”平安县（市、区），需要深刻把握县域治理的特点和规律，立足依法维护安全稳定、依法保障人民群众合法权益的大局，把强县和富民统一起来，把改革和发展结合起来，把城镇和乡村贯通起来，把安全和稳定统筹起来，以防范化解社会治理难题为突破口，立足实际，突出特色，坚持理论与实际相结合、发展与创新相结合，努力建设人人有责、人人尽责、人人享有的社会治理共同体，加快形成城乡互动、良性循环的发展局面，让人民群众有更多获得感、幸福感、安全感。

二、乡镇（街道）政府在平安建设中的作用

乡镇（街道）的社会治理与平安建设工作，是实现基层社会治理现代化的关键，是维护社会秩序和社会稳定的基础性工作。为了确保乡镇（街道）的新时代“十个没有”平安创建顺利推进并不断取得实效，应该注意以下几个方面：

（一）乡镇（街道）是基层社会治理的重要层级

街道办事处是城市基层社会治理的主体，乡镇政府是农村基层社会治理的主体，二者治理能力是社会治理能力的重要体现。当前，随着新型城镇化快速推进，城市社会结构、生产方式和组织形态深刻变化，利益主体日益多元，利益诉求更加多样，基层往往成为社会矛盾的高发地和集聚地，而乡镇（街道）一端连着县级政府、部门、单位，一端连着老百姓，具有承上启下的作用，也是调节化解社会矛盾纠纷的关键环节，更是市域社会治理现代化的主战场。乡镇（街道）的社会矛盾纠纷调处化解至关重要，其与村级、县级上下联动，有助于有效防止矛盾外溢或上行，切实把社会矛盾纠纷解决在萌芽状态、解决在始发阶段、解决在基层。

（二）乡镇（街道）矛盾纠纷往往最能体现“基层”特色

现阶段，乡镇（街道）的社会矛盾纠纷通常呈现出以下特征：一是类型增多，诱因复杂。由于社会结构变动而引发的利益调整、观念冲突等原因，导致现阶段社会矛盾更加多样和复杂。近年，由安全隐患、征地等因素引发的纠纷大幅度增加，在矛盾纠纷的类型中，债权债务、征地拆迁、

老人赡养、婚姻纠纷、安全事故等方面占矛盾纠纷总数的比重极大。二是矛盾主体多元化，群体性纠纷突出。突出表现为村民与村委会之间、经济合作组织之间乃至与政府之间的纠纷。在拆迁安置、征地补偿纠纷中，极易由一般性矛盾演变为群体性纠纷。三是矛盾不断反复，调处难度加大。由于群众自身素质和一些历史因素，常使矛盾纠纷不能按照调处协议办理而再起纷争，进而导致纠纷调处难度加大。

（三）乡镇（街道）更能发挥源头治理的基础性作用

平安建设是构建社会主义和谐社会、促进经济社会协调发展的保障工程，是维护广大人民群众根本利益、为人民群众所期盼的民心工程，是提高党的执政能力、巩固党的执政地位的基础工程。源头治理对于平安建设更是有着基础性的地位。源头治理是针对整个危害社会平安活动的最初诱因的治理。中国自古以来就有“防患于未然”的思想，这里的“患”即是危害和灾难，未然即是危害和灾难发生之前的一个过程。整个社会治理过程中，成本最小的就是源头治理，收益最大的也是源头治理。相对于危害造成的严重社会经济危害，源头治理所投入的财力、人力更是“划算”很多。而乡镇（街道）有着社区（村组）难以具备的解决区域内复杂问题的资源，加之乡镇（街道）的矛盾纠纷大多为社区（村组）所溢出的尚处于未激化到极其严重程度的纠纷，因而，乡镇（街道）的源头治理更具基础性作用。

三、基层群众自治组织在平安建设中的作用

平安是人类生存的基本需求，“是解决老百姓温饱后的第一需求，是极其重要的民生”，也是国家发展的根本条件。2006 年，中共中央社会治安综合治理委员会发布了《关于深入开展农村平安建设的若干意见》，标志着平安乡村建设正式起航。进入新时代以后，随着我国社会主要矛盾的转移，党的十九大做出中国特色社会主义进入新时代的科学论断，提出实施乡村振兴战略重大决策部署。十九届四中全会又进一步提出“推进国家

治理体系与治理能力现代化”的总体要求，以及“完善党委领导、政府负责、民主协商、社会协同、公众参与、法治保障、科技支撑的社会治理体系，建设人人有责、人人尽责、人人享有的社会治理共同体，确保人民安居乐业、社会安定有序，建设更高水平的平安中国”的具体要求。农村社区作为党和政府联系群众的“最后一公里”，是推进国家治理体系与治理能力现代化、建设平安中国的基础环节、薄弱环节。平安农村（社区）建设的可持续发展和全方位深化既是对“以人民为宗旨”的切实践行，也是实现社会治理体系和治理能力现代化的基础环节。

延安市推行新时代“十个没有”平安乡村（社区）建设是适应市情与转型发展新形势的需要。延安市位于陕西北部，地处黄土高原，是陕北重要的农产品生产基地。全市总面积3.7万平方千米，截至2021年年末，全市常住人口226.93万人，城镇化率61.80%。[①] 当前，“三农”工作仍然是延安市经济社会发展的短板。主要表现在：农业现代化水平低，农产品供给质量不高，防灾减灾能力不强；乡村工业发展规模小、效益低，生产设备、技术落后，产品竞争力不强，农村集体经济薄弱，三产融合效应差，支撑农民增收能力不足；水体、土壤等环境污染和面源污染问题突出；村庄空心化、农民老龄化加剧，农村人才匮乏，农民综合素质偏低；乡村基础设施和公共服务水平有待提高，城乡资源要素流通不畅；乡村空间布局、社会治理等方面缺乏科学系统的规划管理等。同时，随着农村经济实力的逐步增强，在农村经济社会转型发展过程中，出现与“三农”相关联的不安定因素，比如农村黑恶势力、村霸、沙（石）霸、邪教及反动组织等。

面对当前经济社会发展的新形势，以及乡村建设过程中产生的新问题，延安市以习近平新时代中国特色社会主义思想为指导，贯彻“要把红色资源利用好、把红色传统发扬好、把红色基因传承好”的重要指示精

---

① 《人口简介》，载于延安市人民政府网 http：//www.yanan.gov.cn/sq/yagk/rkjj/1.html。

神，发扬延安时期社会治理优良传统，创新推进新时代“十个没有”平安建设，把社会治理的重心落实到农村社区和基层单位，从治理思想、组织结构、基础设施等方面的同步推进，补齐社会安全“短板”，加固社会稳定“底板”，强化社会治理“长板”，为推进农村社区平安建设和市域治理体系现代化提供了“延安样本”。

为深入贯彻党的十九大和十九届二中、三中、四中全会精神，贯彻落实中央、省委、市委政法工作会议部署要求，牢记初心使命，传承红色基因，推进共建共治共享，提高社会治理系统化、科学化、智能化、法治化水平，打造平安延安建设“升级版”，努力重现延安时期“十个没有”良好社会风气，为全市社会经济发展营造平安和谐的良好社会环境，延安市确立了如下平安乡村（社区）建设思路：

（一）周密安排部署，有序推进实施

为了保证平安村创建活动的有序实施，提高新时代“十个没有”平安建设制度化、规范化、常态化、科学化水平，延安市各县平安乡村（社区）创建活动按照“安排部署、宣传动员、全面推进”分阶段实施，层层压实推进。

第一，按照“一年打牢基础，二年稳步拓展，三年全域覆盖”的思路，由点到面、示范引领，把平安建设的触角延伸到全市各行业、各领域。2016 年，延安市综治委选取与群众生活密切相关、矛盾纠纷多发易发、治安问题相对较多的学校、医院、市场、交通、景区、酒店、网吧、社区、网格、村组等 10 个行业领域率先开展创建活动。2017 年，延安市“十个没有”平安建设的行业领域拓展到校园、车站、医疗场所、市场、景区、酒店、文化娱乐场所、家庭、企业、油区、寄递物流、工地、金融网点、机关单位、铁路等 15 个领域。2018 年，延安市将“十个没有”平安创建活动在全市各行业、各领域全面推开，做到全域覆盖、不留死角、不留盲区，以各行业、各领域的“十个没有”推动全市社会治理水平的提升，形成了以细胞平安促进全局平安的良好局面和制度化、规范化的治理模式。众多的平安细胞构成了延安市社会生活的健康有机体，绘制了一幅社会风尚良好的“平安图”，为全面建成小康社会创造和谐稳定的社会环境。

第二，抓住关键环节，发动全方位宣传和广泛动员，提升平安建设群众知晓率、参与率、满意率。各县综治办（政法委）、各县区通过定期召开平安村创建活动动员会，把平安村创建活动的目标任务和工作要求层层传递到街镇、村（社区）等基层单位和干部；各街镇、村（社区）定期召开公开承诺活动，由领导干部向镇街、村（社区）居民就“十个没有”平安村建设工作公开承诺。通过“政法干警联村”走访活动，积极开展平安建设宣传进村组（社区）。利用走访宣传、阵地宣传、媒体宣传、平安建设月宣传等多种形式将平安街镇、平安村（社区）创建活动及相关政策宣传到户、到人。每个乡镇（街道、便民服务中心）新建或维修平安乡村建设宣传长廊1—2处，每个村（社区）至少设1处固定平安建设宣传硬标。充分利用电视、报纸、广播等传统媒体，以及互联网、微信、QQ等新兴媒体开展宣传。集中一个月时间对“十个没有”平安创建活动进行广泛宣传，以及利用国家安全日、12·4宪法日及扫黑除恶专项活动开展平安建设宣传，动员广大群众积极参与到平安建设中来。

第三，健全完善工作机制，实行项目化管理，全面推进平安村（社区）建设的制度化、规范化、常态化和科学化。一是建立动态管理制度。由各乡镇（街道、便民服务中心）要对已命名的平安村（社区）实行定期复查、动态管理，对发生重大问题或不符合创建标准的给予通报批评、限期整改、取消命名等处理。二是建立承诺践诺制度。各镇街、村（社区）主要责任人要针对存在的问题进行分析，按职责分工进行认领，并将创建措施、责任人、创建时限等面向辖区内服务群众做出公开承诺。各乡镇（街道、便民服务中心）在年底召开述职测评大会，让干部面向服务对象和群众代表公开述职，对创建活动满意度进行公开评议测评，听取群众的意见和建议，及时改进和提高工作。三是建立目标考核制度。各乡镇（街道、便民服务中心）要按照群众认可、公开透明的原则，制定具体量化、可操作性强的平安街镇、平安村（社区）创建评价标准，及时对创建活动进行检查验收和命名。其中，平安村（社区）的检查验收和命名由乡镇（街道、便民服务中心）负责，县综治办进行抽查复核。平安乡镇（街道、便民服务中心）的检查验收和命名由县综治办负责。平安街镇、平安村（社区）的命名按照创建标准分为不同等级，坚持实现“一个没有”就授一颗星的办法，对没有创建上的目标，第二年重新创建，达不到标准的取消称号，同时根据社会发展及时修订“十个没有”具体标准。四是建立奖励制度。每年年终，由县委、县政府根据考核结果对本年度实现“十个没有”的平安乡镇（街道、便民服务中心）、平安村（社区）进行命名、授牌，对创建活动不重视、工作不落实、措施不到位的，进行通报，并按有关规定实行“一票否决”。

（二）加强组织领导，夯实工作责任

建立以基层党组织为核心、基层自治组织为基础、基层综合治理机构和政法组织为骨干的社会治安综合治理基础工作网络。

第一，坚持属地管理和谁主管谁负责原则，按照《延安市健全落实社会治安综合治理领导责任制实施细则》，夯实党政主要领导、分管领导及其他成员的工作责任。各县综治办（政法委）牵头，对平安乡镇建设工作进行全面安排部署，并根据延安市《“深化平安建设 实现‘十个没有’”活动实施方案》，实事求是制订本县区的平安乡镇（街道）、平安村（社区）建设实施方案，明确工作任务，落实工作责任。各县综治办（政法委）负责同志担任辖区内平安乡镇建设工作的直接责任人。各乡镇（街道）牵头成立工作组，安排部署平安村创建活动进行，制订切实可行的平安乡镇（街道）工作方案，并负责“十个没有”平安乡镇建设活动的组织实施、督导检查、信息收集、考核验收等工作。

第二，实行社会治安综合治理领导责任制，一级抓一级，层层抓落实。各镇（街道、便民服务中心）的主要领导、分管领导、综治维稳中心主任联系基层单位，蹲点调研、指导工作。村党支部、村委会在镇党委、镇政府的领导下，在县委政法委及相关部门的指导下，全面推进“十个没有”平安村创建。加强党对基层领导，在乡镇、村两级设置综治中心，贯彻执行上级有关综治、维稳及平安建设等有关方针、政策和工作部署，安排部署辖区内综治、维稳及平安建设工作。其中，乡镇一级综治中心主任由党委书记兼任，副主任由乡镇长担任，办公室主任由政法委员担任。综治中心在乡镇（街道、便民服务中心）党委的统一领导下，有效整合基层综治、维稳、信访、公安、司法行政、法庭、民政、市场、社保、土地等工作力量。村（社区）一级综治中心主任由支部书记担任，依托网格员、楼栋长、治安中心户长等力量，充分发挥社会治安联防、矛盾纠纷调解、社情民意收集的作用。

第三，完善网格化管理，多部门联合发力。针对“十个没有”平安乡村建设中涉及的治安问题、消防隐患、管理漏洞、监管盲区、矛盾纠纷等，以各乡镇（街道、便民服务中心）为主体，创建单位与公安、消防、市场监管等联动发力，并按照部门职能分工，落实责任单位和镇（办）包抓责任，将整改责任落实到人到岗，确保盯死看牢，防止漏管失控，并定期开展“大扫除”，集中打好“歼灭战”。

（三）围绕重点问题，统筹推进工作

围绕“预防化解矛盾纠纷、解决突出治安问题、维护基层社会稳定”等重点任务，统筹推进新时代“十个没有”平安村（社区）建设。

一是把新时代“十个没有”平安村（社区）建设与扫黑除恶相结合。在镇村，重点依法严厉打击利用家族、宗族势力横行乡里、称霸一方、欺压百姓的“村霸”和宗族恶势力；依法打击操纵破坏基层换届选举、经营“黄赌毒”、垄断农村资源、侵吞集体资产、利用宗教势力横行乡里及在征地拆迁过程中煽动、闹事等黑恶势力。

二是把新时代“十个没有”平安村（社区）建设与社会治安防控体系建设相结合。消除技防监控盲点，建立健全人防队伍，加强易肇事肇祸精神病人、病残吸毒人员、“三失”人员等重点人群管理，专项整治“两抢一盗”、黄赌毒等突出治安问题，补齐治安管理“短板”。

三是把新时代“十个没有”平安村（社区）建设与矛盾纠纷化解相结合。把矛盾纠纷排查化解作为“十个没有”平安乡村建设的基础性工作，大力发扬“枫桥经验”；健全完善矛盾纠纷多元化解机制，以“两说一联”便民机制助推平安村组创建活动。各村结合实际，通过召开群众说事会，确定“十个没有”目标，巩固提高“两说一联”工作成效；全面推行村级重大事项民主决策、民主管理、民主监督，落实党员积分制、承诺制、中心户制、“一述双评”、“两说一联”、群众监督评价等制度，促进乡村基层社会依法治理。

四是把新时代“十个没有”平安村（社区）建设与精神文明建设相结合。充分发挥自治章程、村规民约、行业公约的积极作用，将平安建设作为助力乡村振兴和文明创建的有力抓手。通过成立道德评议会、禁毒禁赌会、红白理事会、村民议事会，有效破除农村炫富攀比、大操大办、薄养厚葬、封建迷信等陈规陋习和不良风气；通过扎实开展孝老爱亲“好媳妇”“好婆婆”“五好文明家庭”等乡风文明树评活动，用美德感召带动村民和睦相处，培育农民向上向善向好的精神风貌；通过家风带民风、民风促村风，营造健康文明、和谐生活的社会风尚。

五是把新时代“十个没有”平安村（社区）建设与创建单位业务工作相结合。依托县综治维稳中心，加强综治信息化和雪亮工程建设，加大城乡接合部、农村公共区域视频监控建设力度。在每个行政村的村部、交通卡口一律安装视频监控探头，在人员聚集的广场等重点区域要逐步提升视频监控探头安装率，努力消除监控盲点，推进村（社区）网格化管理，提高社会治理信息化、多元化、精细化水平。

第二节　平安县（市、区）建设典型案例

一、宝塔区：打造“四化三共”模式，构建城市治理生命共同体①

（一）背景情况

习近平总书记十分关心重视城市治理工作，他指出，“推进国家治理体系和治理能力现代化，必须抓好城市治理体系和治理能力现代化”；“提高城市治理水平，要在科学化、精细化、智能化上下功夫”；“城市管理应该像‘绣花’一样精细，治理的走线顺不顺、针脚密不密，决定了城市运行的阵脚稳不稳”；“构建权责明晰、服务为先、管理优化、执法规范、安全有序的城市管理体制，让城市成为人民追求更加美好生活的有力依托”。习近平总书记的系列重要讲话，顺应了人民群众的新期待，擘画出城市发展新蓝图，为提升城市治理水平提供了根本遵循。

随着城镇化进程的日益加快，人、物、资金、信息等各类要素加速向城市集聚，迫切需要探索适应新形势的城市治理新模式，破解城市治理新难题。宝塔区是革命圣地延安的政治、经济和文化中心，抓好城市治理尤为重要。按照“市区一体、市区融合，服务市区、保障市区”的理念，宝塔区紧盯建设“干净整洁、安全有序、充满活力”的现代城市总目标，高度聚集资源、升级治理能力，全面开展了融合社区创建、厕所革命样板、垃圾分类示范、数字治理创新、市容细微整治等系列工作，形成了标准化、精细化、智慧化、人本化“四化”模式，以共建、共治、共享“三共”为特征的城市治理生命共同体初步形成，城市治理体系和治理能力现代化稳步提升，人民群众的获得感、幸福感、安全感不断增强。

---

① 参见中共延安市委编：《贯彻落实习近平新时代中国特色社会主义思想延安实践案例选编》（五），内部资料，2020 年 8 月，第 29—37 页。

（二）主要做法

1. 科学定规，推进城市治理标准化

城市发展有其自身规律，只有认识、尊重、顺应城市发展的科学规律，以高效、健全、完备的制度规范为保障，才能治理好城市。第一，强化制度规范建设。宝塔区遵循“高标准、严管理，重规范、强引导”的思路，科学制定分层分类管理指标体系，建立健全了综合执法、城市“双改”、城市“双修”、垃圾分类、户外广告、公厕管理等方面规范标准，修订出台城市管理“721”办法、垃圾分类“七进法”、垃圾清运“651”措施、城区公厕保洁“七步法”、老旧小区改造“12大工程”、物业管理“1+1+2+11”配套制度、“两违”整治“12233”管理、停车场“红黄牌”等办法，解决了部分制度规范针对性不强、难以操作等问题。第二，推进城管执法体制改革。根据执法重心和执法力量下移的要求，组建了机构队伍，下沉了执法力量，承接了5项12类146个处罚权，实现了管理体制标准化。面对城区环卫机制不健全、政府管理成本高、保洁专业程度低、卫生反弹概率大等问题，2017年创新发起环卫“市场化运营、契约化管理”改革，运行两年多来，实现了降低财政投入成本、环卫管理风险、环卫工人年龄、工人劳动强度和卫生反弹频率，提高了市场化运营水平、专业化保洁水平、精细化管理水平、机械化作业水平、常态化监督水平的“五个降低、五个提高”目标，形成了“市场运营、契约管理、公司干活、政府监管、管干分离”宝塔模式，改革后保洁员每月人均工资提高330元，每年环卫经费降低1700万元，机械化清扫率由60%提高到90%。宝塔区环卫“两化”改革扮靓延安城被评为2018年全国民生示范工程。第三，建立生态环境刚性保护机制。坚持“严守红线、刚性治标，综合施策、系统治本”思路，建立生态环境保护执法联席会议制度，创建源头防治、过程管治、末端惩治相结合的管控机制，全力推进提标增量“圣地蓝”、一泓清水映宝塔，延河水质由劣Ⅴ类提升至Ⅰ类，2019年城区空气质量优良天数323天，再创新高，PM2.5单项指标考核全省第一，“圣地蓝”名片实

现常新常靓。

2. 综合施策，推进城市治理精细化

城市是一个有机的生命体，城市治理是一个“百密不可疏”的系统工程。第一，实行网格化管理。宝塔区在全市率先推行网格化管理机制，创新建立推广街道治理“街长制”、小区管理“区长制”、背街小巷改善“巷长制”、网格服务“网格长制”的“四长”制度，使得区、街道（乡镇）、社区三级网格在精细化管理中的功能定位更加明晰，实现了“人在格中走、事在格中办”，做到了从静态管理到动态管理的转变。第二，强化精管细治举措。充分发挥城管局行业监管和乡镇、街办及村组、社区属地的管理作用，重点推进背街小巷改善、厕所革命样板、垃圾分类示范、市容细微整治等专项行动，集中整治门头牌匾、户外广告、流动商贩、占道经营、乱停乱放、“两违”建设、建筑工地扬尘、餐饮油烟、露天烧烤、噪声扰民等城市乱象，破解了困扰城市发展的各类“城市病”。按照“五定、七统一、两悬挂”标准要求，加强早夜市管理，采取“一保五设置”的地摊经济管理办法，设置摊点 2.1 万个，解决就业 3.2 万人。第三，精心打造具有市井文化气息的明清二道街夜市，每个摊位日均收入 2000 余元，日均客流 3 万人，解决了 300 多人就业，被中省主流媒体多次报道，成为延安夜间经济的“网红打卡地”。第四，推进城市肌理有机更新。遵循“内外兼修、表里如一，一区一策、共建共享”路径，创造性开展城市“双改”，制订启动 345 个老旧小区改造三年行动计划，积极争取中央补助资金，先期实施 16 个片区 112 个老旧小区改造，重点先行打造了川油片区等“国标示范小区”，探索建立“小区街区化”的可循环更新生态体系。按照“集成功能、按需服务、市场运作、居民监管”的理念，探索打造“大物业”管理模式，强力推进物业管理改革，重点开展物业企业行业治乱行动，全面追缴住宅专项维修资金，考核测评物业公司 129 家，推动物业理念、功能、服务大转变，实现老旧小区物业管理、业委会的全覆盖，2019 年为全国“城市双修”现场会提供了观摩点。积极开展文创街区、数字街区、月光街区、信用街区等特色街区创建，全面推进城市“双修”，推动棚户区改造，让城市再度升华，使得每一条街巷、每一个场景都能深深印在人们脑海中，成为当下的美好和历史的记忆。

3. 创新融合，推进城市治理智慧化

随着城市的发展，智慧化正成为提升治理能力的新途径，城市治理必须推行智慧化模式。第一，做强“城市云脑”。宝塔区坚定不移地推进城市治理数字化、智慧化，组建了西部地区首个县区级新时代城市数字治理融合指挥中心，通过机制融合、智能融合、全民融合、市区融合、开放融合“五大融合”机制，将涉及城市治理21个部门的数据、系统、管理在指挥中心全面、深入融合，搭建了人工智能视频抓拍、无人机+卫星航拍GIS巡查、城市热力感应地图、人口迁徙大数据、党建云视讯、社区网格化一张图、城管现代化指挥等系列城市治理信息手段，基本实现了人力投入减少、工作效率提高、办案效率提高、管理效率提高的“一减三提高”目标。新时代城市数字治理融合指挥中心荣获全国“2019民生示范工程”和“2019城乡社区发展治理创新十佳案例”等奖项。第二，做细民生应用。与百度、阿里巴巴、腾讯、华为等企业合作，推出了“宝您满意”智慧民生系列应用，涵盖智慧乡村、掌上社区、全民城管、智能商圈、数字宝塔、阳光政府、信用街区、一键办税、一码通行、指尖e家等十大板块，其中智慧乡村已覆盖全区全部320个行政村，掌上社区已覆盖20多个小区，智慧宝塔注册用户数达到50多万人，“宝您满意”已基本实现全域覆盖。指尖小应用撬动了民生大服务，构建了“智慧融城”的城市“生态圈”，“宝您满意”智慧民生系列数字应用平台荣获“2019年全国创新社会治理典型优秀案例”、数字治理类“2019年度数字陕西建设优秀成果和最佳实践案例”等奖项。

4. 人民至上，推进城市治理人本化

“人民城市人民建，人民城为人民。”宝塔区坚持以人民为中心的先进思想，把人民群众对美好生活的向往作为推动城市治理的价值取向、目标导向。第一，全面提升城市内涵。从社会矛盾纠纷多元预防调处化解、公共安全隐患排查和预防、食品药品安全监管、应急管理、社会保障、就业开发、医疗和教育资源扩能、营商环境等重点工作抓起，紧紧牵住衣食住行、业教保医、生活环境、社会秩序等人民群众关心关切的“牛鼻子”问题。融合社区党建、政务、医疗、文化、教育等服务阵地和功能，建成5个城市社区融合服务中心，建立了云健康小屋、老年中心、共享果蔬、亲子园、“24小时家政服务”和“15分钟便民服务圈”等“家门口”微服务新模式。通过公建民营、民办公助等多种形式，主导市场化、兼顾福利性，试点建设运行15个社区共享餐厅，让7类困难群体享受低价可口饭菜，打造了养老助餐服务品牌。对“一岗双助”助老队伍进行扩充，上门为行动不便的老年人提供洗衣、做饭等日常照料服务，确保养老助餐无遗漏、无盲点。第二，融合提升城市自信。打造了展示宝塔魅力、体现宝塔精气神的城市会客厅，常态化开展“发现宝塔之美”城市开放日系列活动，上线运行宝塔“公开、法治、亲商、服务、监督、市民云”六型阳光政府平台，建立社会组织总部基地并持续优化其孵化服务统战功能，线上线下互动增强了城市自信，塑造了宝塔新形象。第三，聚力提升城市文明。深化拓展新时代文明实践中心建设试点工作，织密“实践中心—实践所—实践站”三级组织体系，在辖区各类院校、文化馆、图书馆、救助站、乡镇文化站、社区服务中心等设立1000多个新时代文明实践点。大力推广“群众点单、中心派单、志愿者接单、群众评单”的“四单”服务模式，注册志愿者10.4万人，涌现出了“张思德便民服务队”“甘红志愿服务队”“红五星志愿服务队”等一大批留在群众身边的志愿团队。常态化推进社会主义核心价值观“六进”活动，大力开展“十星级文明户”、寻找“最美家庭”等创评活动，用身边典型传播社会正能量。

（三）经验启示

1. 新时代城市治理，必须坚持党建引领带动

城市治理重心在基层，基础在街道、社区、小区，关键在党组织。宝

塔区以巩固党在城市执政基础、满足人民群众美好生活需要为目标，构建起“街道大党委—社区党总支—小区党支部—楼栋党小组—党员中心户”的组织链条，让党建的触角延伸到城市治理的“神经末梢”，使“物的改造”和“人的提升”互融互促、和谐共进，建设人人有责、人人尽责、人人享有的美好幸福家园。

2. 新时代城市治理，必须坚持以人民为中心

做好城市工作要始终顺应工作新形势、改革发展新要求、人民群众新期待，要始终坚持以人民为中心的发展思想，坚持人民城市为人民，这是做好城市工作的出发点和落脚点。宝塔区始终坚持问题导向，什么问题突出就解决什么问题，着力解决群众最忧、最盼、最急的问题，砥砺初心、践行使命，回应群众关切，形成了一个细管、众管、智管的城市治理格局，为提升城市社会治理能力提供了有益借鉴。

3. 新时代城市治理，必须坚持创新体制机制

城市治理是个精细活，越是直接面对群众，越需要“接地气”，越需要创新体制机制。很多问题从基层解决更快捷、更顺手，工作也更容易落地落实、落细落小。宝塔区深化以“十个没有”平安建设引领城市治理，以数字治理创新为“十个没有”平安建设赋能，聚力传统化优势“有中生新”、数字化应用“无中生有”，破立并举整合城市治理资源，着力构建体制更通畅、机制更灵活、权责更对等、服务更便捷、管理更高效的城市管理格局，确保城市治理始终朝着良性发展方向前进。

4. 新时代城市治理，必须坚持共建共治共享

宝塔区组建新时代城市数字治理融合指挥中心，打破“信息孤岛”，把涉及城市治理各个方面的专项治理与系统治理、融合治理、依法治理、开放治理结合起来，拓宽城市治理的参与渠道，千方百计调动企事业单位、社会组织、基层社区及广大市民参与城市治理的积极性和主动性，实现数据和信息全面融合，实现管理与技术深度融合，从而将城管部门单一的城市治理提升为全社会共同参与的社会综合治理，极大地调动了广大群

众共建、共治、共享美好家园的热情，使延安城市成为市民生活工作的温馨家园，成为展示延安对外形象的良好窗口。

以上可见，宝塔区坚持创新引领和融合发展理念，紧盯建设“干净整洁、安全有序、充满活力”现代城市总目标，大力实施城区环卫“市场化运营、契约化管理”改革，狠抓以物业管理改革、老旧小区改造城市“双改”为切入点的城市有机更新，形成标准化、精细化、智慧化、人本化“四化”模式，打造共建、共治、共享“三共”的现代城市治理生命共同体。

二、安塞区：坚持共建共治共享，创新社会治理模式[①]

（一）背景情况

习近平总书记指出，党的工作最坚实的力量支撑在基层，经济社会发展和民生最突出的矛盾和问题也在基层，必须把抓基层、打基础作为长远之计和固本之策，丝毫不能放松。安塞区坚持以人民为中心的发展思想，积极探索创新基层社会治理新模式，全力推进基层治理体系和治理能力现代化。

安塞区按照打造共建共治共享的社会治理格局总要求，不断健全完善“党委领导、政府负责、社会协同、公众参与、法治保障”的社会治理体制。坚持以“双十双百双千”活动为载体，扎实推进“平安安塞”建设；创新推行“一横两纵”和“五个一批”工作机制，全面推行一站式服务“信访驿站”，建立网上“信访之家”，实现信访工作从“最多跑一次”向“一次不用跑”转变，通过“三个信访建设”，强力推进预防和化解社会矛盾机制建设；全力构筑双重预防和“心防、制防、技防”的三防机制，不断提升安全监管水平，实现安全生产全面深度融入基层社会治理，为全区经济社会持续健康发展创造了和谐稳定的社会环境、公平正义的法治环境、优质高效的服务环境。

---

① 参见中共延安市委平安延安建设领导小组编：《贯彻落实习近平新时代中国特色社会主义思想延安社会治理实践案例选编》，内部资料，2020 年 4 月，第 49—54 页。

（二）主要做法

1. 以“双十双百双千”活动为载体，扎实推进更高水平平安安塞建设

一是以“双十”树标杆、谋发展。区委各常委和政法各单位包联10个镇（街道）综治维稳工作，包联领导每季度至少去一次镇（街道），帮助解决社会治理中遇到的困难和问题，提高镇（街道）综治维稳工作水平。政法单位结合基层工作特点和自身工作实际，先后在镇（街道）建成10个“社会源整合、工作力量聚合、服务集成融合”的“440”便民服务中心和“8 + X”综治维稳中心，为群众提供“一厅式办公、一站式服务”，极大地方便了群众办事、提高了服务效率。二是以“双百”抓创建、促和谐。“双百”即在全区创建105个“平安法治村”和100个“平安楼院”。按照“属地管理、分级实施”的原则，以区级社会服务管理信息指挥中心和10个镇（街道）、12个部门的社会服务治理二级平台为依托，将全区划分为274个网格，为每个村（社区）选派1名政法干警担任法律顾问或“平安大使”，深入开展百名干警包抓百个平安村（楼院）创建活动，收到了良好的社会成效。三是以“双千”转作风、保平安。深入开展“千名干部沉下去”和“千名红袖章飘起来”活动，全区5658名区镇干部包扶74个低收入村、7955个贫困户，一对一制定精准扶贫措施，帮助4002户10527名群众摆脱了贫困；在镇村开展了“驻村入户找问题，上下联动解难题”活动，街道社区开展了“进百家门、知百家情、办百家事、解百家难、结百家缘”的百家熟活动，同时组建成立288支治安联防队、71个义务调解组织、10个社区志愿者服务团队，为空巢老人、留守儿童、困难群众提供志愿服务，真正做到了社会共治、平安共享。

2. 以“三个信访建设”为突破口，强力推进预防和化解社会矛盾机制建设

一是坚持党管信访，高位谋划推动信访工作。成立由区委书记任组长，政府区长任第一副组长的信访工作领导小组，每季度至少召开一次领导小组会议，分析研判信访工作形势，安排部署信访工作。推行由区长任

总召集人的“信访工作联席会议”制度，坚持一周一汇报、一月一研判，全面协调处理各类疑难复杂信访事项。各镇街按照政治、自治、法治、德治、智治相结合的工作原则，每周一召开联席会议，全面落实信访工作“首办责任制”，认真听取社情民意，加强矛盾排查化解，确保信访各项决策部署落到实处。

二是坚持为民取向，高效推进信访举措精准落地。打通“网上信访”主渠道，推动“上访”向“网访”转变。建立区智慧信访信息指挥中心，设立区级智慧指挥平台1个、镇街管理平台11个、信访网格274个，配设信访代办员和网格员296名，形成区镇村户“四级”信访网格化管理体系，开通手机信访、网上信访、随时信访等“掌上”信访途径，实现了让数据多跑路、群众少跑腿。创新推行“信访驿站”，实现“多部门”向“一窗口”聚合。设立网信登记等8个窗口和2个接谈室、1个评议室，全面推行“1+3+X”信访工作模式，建成“五位一体”的一站式“信访驿站”，让群众“最多访一次、最多跑一站”。全面深化“一横两纵”，变“群众上访”为“领导下访”。创新推行“五个一批”工作机制，建立信访案件问题清单、包案清单、责任清单，采取化解、诉讼、调解、打击和督办“五措并举”。截至2019年6月底，先后筹集信访案件化解经费2850余万元，成功化解积案30件。

三是坚持改革创新，强力推动信访工作取得实效。建立信访局长列席区委常委会、区政府常务会议制度，参与重大项目和重要问题决策，并提出工作建议和分析研判意见，提高工作的预警性和针对性。建立干部考察任用信访意见审核制度，在提拔调整干部时充分征求信访部门意见，凡信访意见不合格者不予任用。建立信访监管员和代办员制度，镇（街道）配设信访代办员11名，村级确定网格员274名，部门设立信访代办员27名，全力保障信访工作力量。建立信访工作履职述职制度，每年年底区直有关部门和镇（街道）主要负责人向信访联席会议述职，报告工作进展情况。建立经费保障预算制度，区财政每年列支200万元信访经费，用于解决历史遗留问题和疑难案件化解工作。

3. 以构筑“双重预防机制”为突破口，不断提升安全生产监管水平

一是健全体制机制，夯实工作责任。制订了《安塞区防范和遏制重特大事故构建安全生产双重预防机制实施方案》《监管实施细则》，明确了监管目标任务、方法步骤，并把“双重预防机制”建设列入对镇街、部门专项考核内容，与安全生产专项执法检查等同督导、同检查、同考核，形成分工负责、齐抓共管工作机制，为全区开展双重预防机制建设奠定了坚实基础。二是狠抓重点环节，落实管控措施。健全风险管控体系，按照“企业为点、行业部门为线、政府属地为面”的分级分层负责原则，结合安塞区实际，确定了监管风险等级划分标准，将安全监管风险等级从高到低划分为重大风险、较大风险、一般风险、低风险，分别用红、橙、黄、蓝四种颜色或A、B、C、D四种字母标识，根据安全生产风险分布情况，实行差异化管理。积极构筑风险管控和隐患排查治理两道“防火墙”，进一步明确了区委、区政府、区安委会、安委办、区直行业部门、各镇（街道）、企业在双重预防风险分级管控和隐患排查治理中的职责。企业制定符合实际的隐患自查治理清单，明确和细化隐患自查的事项、内容和频次，做到责任、措施、资金、时限和预案“五落实”，实现隐患排查治理自查、自改、自报的闭环管理。

（三）经验启示

1. 上下联动、同频共振是抓好基层社会治理的基础

安塞区以“双十双百双千”活动为抓手，建立一整套务实管用的新机制，创造性地开展动态巡防工作，形成区镇村“三级联动”的“大排调、大维稳”全民巡防工作格局，将蕴藏在群众中的巨大力量调动、凝聚起来，为提升基层社会治理水平奠定了坚实基础。

2. 源头防控、综合施策是抓好基层社会治理的有效途径

安塞区建立信访源头防控预判机制，在做决策、干事情之前，精准预判、评估和权衡每项工作的“一得一失”，创新建立了信访驿站，一站式、

一揽子解决群众合理合法诉求，避免群众多头跑、越级跑、反复跑，全面提高了信访办案质量和效率，为有效化解社会矛盾、维护和谐稳定提供了坚强保障。

3. 预防为主、防治结合是抓好基层社会治理的关键

安塞区将安全生产深度融入基层社会治理，全面推行安全生产双重预防机制，风险排查隐患治理实行“闭环”管理，构筑了风险管控和隐患排查治理“两道防火墙”，解决了“认不清、想不到、管不好”的风险和隐患，安全生产四项指标逐年下降，为经济社会高质量发展营造了良好环境。

以上可见，安塞区按照“党委领导、政府负责、社会协同、公众参与、法治保障”的要求，积极创新社会治理模式，以“双十双百双千”活动为载体，扎实推进“平安安塞”建设，以“三个信访建设”为突破口，夯实预防和化解社会矛盾制度保障，全力构筑双重预防机制，不断提升安全监管水平，实现安全生产深度融入基层社会治理，积极营造和谐稳定的社会环境，有效提高了基层社会治理法治化、专业化水平。

三、甘泉县：“土专家”巧治“疑难症”，“小调解”实现“大平安”①

（一）背景起因

随着我国社会主要矛盾的变化，人民群众不仅对物质文化生活提出了更高要求，在民主、法治、公平、正义、安全、环境等方面的需求也日益增长。同时，我国改革发展进入攻坚期、深水区，各类社会矛盾也进入多发易发阶段，基层社会矛盾日渐复杂化、多样化，及时化解社会矛盾，优化基层社会治理，构建社会主义和谐社会，是我们党全面推进小康社会建设、实现中华民族伟大复兴的重大战略部署。这就要求基层干部高度重视社会矛盾纠纷的排查化解工作，通过有效、便捷、群众最认可的方式调解

① 陕西省委政法委、陕西省委平安办、西北政法大学编：《平安陕西建设创新案例选编》（下），陕西人民出版社2021年版，第345—355页。

基层群众之间的矛盾纠纷，当好化解纠纷的“公道佬”，做把打开群众“心锁”的“金钥匙”，在构建和谐社会中发挥基石作用。甘泉县委、县政府坚持“化纠纷、解难题、创平安”思想，不断探索基层社会治理的新机制，充分发挥乡贤能人的影响力，使其作为“土专家”参与民间纠纷的调解，设立在城乡社区的人民调解工作室，有效预防化解各类矛盾纠纷，“小调解”调出“大平安”。劳山乡林沟村“九平人民调解室”积极总结调解经验，在矛盾纠纷预防化解中发挥了重要作用。甘泉县委、县政府推出了“九平人民调解室”创建活动，推动了人民调解室建设的标准化，丰富拓展了调解文化，极大提升了社会对人民调解工作的支持和认可。甘泉县司法局在政法委的领导下，扎实推动人民调解的体制机制建设，人民调解成为推动基层群众自治制度、化解矛盾纠纷的有效途径。

（二）主要做法

1. 优化阵地建设，让调解“活”起来

在调解阵地建设上，按照方便就近、规范提升、分层推进、温馨舒适的原则，因地制宜设置调解组织，真正将调解室设在群众最需要的地方、设在矛盾纠纷突出的村组，做到哪里有矛盾，哪里就有调解室，哪里有条件，调解室就建到哪里。

坚持标准，整合资源，突出温馨化。在条件好的村，按照“四室一中心”的要求设置调解室、心理疏导室、沟通室、咨询室、综治维稳中心，将功能与村级便民服务、代办群众事项有机融合，做到“四个一”，即一张笑脸相迎、一把椅子相让、一碗香茶相敬、一颗诚心相待，使群众有归属感、信任感。

因地制宜，突出实用性。在一些偏远村、拐沟村，将调解室与村会议室、党员活动室合并使用，有的把调解室设在村民小组长家、老党员家、退伍军人家，也有的设在产业合作社、产业园区、旅游景区等。由于村组撤并，乱柴沟村民小组离村委会有 10 多里路，为了方便群众，石门镇王坪村将调解室设在了老党员张登攀家，先后成功调处矛盾 5 起。甘泉大峡谷在游客接待中心成立了调解室，营造良好的旅游服务环境。劳山乡丰足村王台村民小组在退伍军人钟学德家成立了夫妻党员调解室，先后调解邻里纠纷、家庭纠纷6起。

灵活多样，结合实际，突出流动性。对地界纠纷、林权纠纷、宅基地纠纷、家庭纠纷等，调解员主动介入，第一时间深入田间地头、农家院落，了解情况、查找症结，做到早发现、早处置、早化解，使矛盾纠纷调解始终活跃在老百姓身边。

预防为主，大事化小、小事化了。调解室工作以预防为主，具有“早发现、早介入、早处置、早化解”的特点，能够及时将农村群众生产、生活中的一些小纠纷、小隐患、小问题、小误解化解在萌芽状态，有效减少了社会矛盾，降低了社会风险，促进了社会和谐，夯实了平安建设的根基。

2. 优化队伍建设，让调解“强”起来

在调解员队伍建设中，突出“五好”原则，即热心服务好、政策宣传好、品德作风好、调解能力好、个人威望好。

注重挖掘农村“土专家”。按照“本人自愿、群众推选、支部把关”的选用程序，将一批德高望重、群众公认、敢说真话、办事公道、热心调解的农村老党员、老队干、老典型、老干部、老法官及乡贤能人选用到调解岗位上来，他们通达人情世理、熟悉乡风民俗、了解群众秉性，掌握群众的行为习惯，经常与群众交朋友、拉家常，为群众办实事、解难事，调解矛盾也就得心应手，全县共选聘“草根”调解员685名，68个村（社区）每个村平均10人以上。

选派专业“说法团”。为了弥补基层调解员在法律、政策等方面的不足，充分利用“两说两联”机制，为每个村选派“三官一律”驻村服务队，定期开展法律宣传咨询、矛盾纠纷排查化解、解决生产生活中的问题；各乡镇、街道办组织派出所民警，国土所、司法所、民政站、食药所工作人员也组成说法服务队，在工作中开展调解说事。由此建立了由30名优秀调解员组成的调解专家库和由37名法官、检察官、警官、律师及行政执法人员组成的驻村“说法团”。根据“九平式调解”工作的需要，及时提供调解力量和法律政策支持，实现了人民调解与“专家团”“说法团”的优势互补，从根子上消除了摩擦、预防了矛盾纠纷，大大减轻了治安压力、审判压力、执行压力，节约了司法资源，实现了社会治理重心下移，有效提升了基层社会治理水平和治理能力，取得了良好的社会效果和法律效果。例如，劳山乡林沟村“九平式调解室”注重源头化解矛盾纠纷，彻底解决了全村 312 户退耕还林亩多年不能兑现的问题，实现了全村由“乱”到“治”的蜕变。2018 年度，劳山乡被延安市委、市政府评为全市平安建设先进集体。

加强培训提技能。在注重调解员之间的“传帮带”的同时，采取知识培训、法律讲座、案例分析、现场参观学习等灵活多样的方式，每年对调解员实行分层分类培训，重点对调解方法技巧、法律法规知识进行培训，提高调解能力和调解水平。通过加强人民调解员培训工作，完善人民调解员等级评定、持证上岗等制度，不断提高人民调解员的职业素养，增强人民调解员的职业认同感，调动人民调解员的工作积极性。要坚持创新驱动，加快信息化建设。积极推进信息化建设和智能化水平，加快建设人民调解管理信息系统。

3. 优化方法策略，让调解“巧”起来

“四重四讲”彻底调。“四重四讲”即重根源、讲政策，重事实、讲法律，重调和、讲道德，重兑现、讲效果。2018 年 4 月 20 日，桥镇乡玉芽沟村民刘某和邻居李某因宅基地产生纠纷，双方各执一词、互不相让，调解员樊九平经过深入细致的了解发现，问题的症结根本不在你多我少上，而是因为平时的琐碎事产生了积怨，都想通过宅基地问题“出一口气”。找到问题的根源后，樊九平给双方当事人讲“六尺巷”的故事，以理服人、以情化人，最终刘某的平房后退 5 米，李某主动给刘某帮工，两邻居由当初的面红耳赤、互不相让的尴尬境地“化干戈为玉帛”，这件事很快成为四里八乡津津乐道的话题。

“三心三让”公平调。“三心三让”即办事热心，让群众称心；调解公心，让百姓放心；工作实心，让大家齐心。一些当事人受法律政策水平的限制，诉求有时会超出法律政策底线。在调解过程中，要求调解员始终做到依法依规、“一碗水端平”，确保调解结果合法有效、公平公正。石门镇油粉村李某和宋某因土地界限发生纠纷，该村调解员张启明虽然和李某有亲戚关系，但是他在调解过程中用事实说话，不偏不倚，使问题得到妥善化解，取得了双方都满意的效果。

讲求策略巧妙调。恰当的方法是确保调解成功的有效法宝，兼顾情理法，用心劝和。“九平调解室”总结推出“调解十法”，即政策引导法、换位思考法、理性教育法、冷却待机法、亲情感化法、扬长避短法、现场听证法、案例启迪法、成本折算法、部门联动法，把法律政策转换为直白明了、浅显易懂的“土话”，做到因事而异、因人而异和以情动人、以理服人。例如，桥镇乡新庄科村思某与安塞贾某因婚后不和，思某提出离婚，贾某坚决不同意，双方甚至动员了家族数十人，大有剑拔弩张之势。调解员樊九平耐心倾听、苦口婆心“打劝”双方，最终两人重归于好，化解了婚姻危机，更避免了一场群体性事件的发生。

利用多方资源，拉近党群干群关系。上下联动、干群一心，在调处过程中，民警、法官、检察官、行政执法人员与调解员协同配合、并肩作战，与群众打成一片，说群众的话、解群众的忧、暖群众的心，依法依规、公平合理化解矛盾纠纷，真心实意为群众解难事、办实事，赢得了群众的信任和认可，进一步密切了党群干群关系。石门镇油粉村针对遗留问题多、时间跨度长、涉及农户多的实际，县法院“流动法庭”进村开展说法，先后化解了涉及 8 个村民小组、498 户、1567 人的 3490 万元高速公路征地补偿款分配到户的问题、大棚地承包款收缴的问题、51 户群众宅基地划分的问题，使全县有名的“烂杆村”转变为人心思稳、人心思富的先进村。

情理法相统一，以法促调、以调促宣、以案说法。以情动人、以理服人、以法育人等方式，既化解了群众的“烦心事”“闹心事”，又教育引导群众遵纪守法、孝老爱亲、文明友善、勤劳致富，摒弃假恶丑、等靠要等不良风气，有效转变了群众思想观念，提振了群众发展信心，达到“调解一案、普法一片、稳定一方”的效果，为深入实施乡村振兴战略提供了有力保障。道镇南义沟村支部班子敢于担当作为，调解矛盾纠纷彻底有效。2017 年以来，整合各类资金 620 万元，建设 100 座日光温室大棚蔬菜，承包给全丰实业有限公司，涉及 30 户村民，其中带动贫困户 6 户，村集体实现承包收入 10 万元，有力地促进了党的建设、农业产业发展、基础设施建设、群众文化活动、农村社会治理等各项事业的协同发展，成为全县实施乡村振兴的“样板村”。

4. 优化机制保障，让调解“实”起来

实行“以案定补”奖励激励机制。为了调动更多的调解员参与到调解工作当中来，甘泉县制定了“以案定补”机制，给予调解员在误工、交通费用等方面适当的补助。口头调解，形成调解协议书，每案以案定补 50 元；调解一般性纠纷，形成案卷的，每案以案定补 100 元；调解较复杂纠纷，形成案卷，每案以案定补 200 元；调解复杂（重大疑难）纠纷，形成调解协议，并经司法确认的，每案以案定补 500 元。同时，将调解矛盾纠纷与“爱心超市”积分兑换、“甘泉好人”评选等有机结合，进一步调动广大调解员及群众参与矛盾纠纷化解的积极性。

健全完善制度机制。为了促进调解工作的规范运行，调解室建立健全了调解员职责、调解工作纪律、纠纷隐患排查、调解工作流程、当事人注意事项、考核奖励办法等制度，实行日接待、周排查、月分析制度，主动接受群众代表、县乡人大代表的监督，促进调解工作的规范有序开展。制定相应工作制度，使人民调解工作规范、严谨。拓展行业调委会，根据形势变化，不断推动人民调解规模化、丰富行业调解领域，由原来的医疗、交通两个行业调委会，扩展到劳动争议、物业、消费、旅游、电子商务等领域，实现了热点领域和疑难领域的全覆盖。

落实组织领导保障机制。县委成立了由县委常委、政法委书记任组长，相关部门参与的创建“九平式调解组织”工作领导小组，县委、县政府主要领导多次调研指导，并在以案定补经费的落实上予以大力支持，各乡镇（街道办）落实专人负责此项工作，在阵地建设、调解员的选配、办公设备的配置上予以全力保证，村“两委”班子全力配合，达到村级事务管理与矛盾纠纷化解同促进、双驱动，有力推动了全县“九平式调解室”创建工作的深入开展。

（三）启示思考

1. 充分发挥人民调解在城乡治理中的作用，是践行基层群众自治制度的要求

在中国共产党的领导下，实行基层社会综合治理，发挥人民群众在基层社会治理中的主人翁地位，是社会主义建设事业蓬勃发展的需要。村党支部是村级各种组织的领导核心，也是引领各项工作的“火车头”。在“九平调解室”建设过程中，村党支部发挥着举旗定向、组织谋划、引领实施的作用，在谋发展、惠民生、解难事上发挥着主导作用。村党支部凝聚一班人的思想认识，整合村级各种组织的力量，以问题为导向，聚焦村上发展的重点、难点问题，同向发力，敢于动真碰硬，调动调解员主动参与矛盾纠纷的化解，为调解工作的开展提供坚强的组织保障，促进了“九平调解”落地生根，开花结果。只有发挥中国特色社会主义政治制度优势，才能实现综合治理，取得最佳治理成效。

2. “大平安”目标体现了以人民为中心的思想，党的群众路线是持续推进平安建设的灵魂

人民调解是一项群众工作，依靠群众、发挥群众智慧和力量是抓好该项工作的不竭动力。甘泉县的人民调解工作得到广大群众参与和支持，群众对调解的认同度高，发生纠纷愿意接受调解，由过去的“小事小闹、大事大闹”主动向“大事化小、小事化了”转变，做到了“小事不出村、大事不出乡镇、矛盾不上交”。农村呈现出气顺了、人和了、劲足了的良好局面。相信群众，依靠群众，赢得群众的支持和理解，人民调解才能更好

发挥作用。坚持全心全意为人民服务的根本宗旨，坚持自治、法治、德治结合，形成共建共治共享治理格局，更高水平的平安建设才能落到实处。

3. “土专家”在人民调解中大显身手，体现了基层群众的智慧，反映了人民群众的首创精神

矛盾化解的成效如何，调解员的选用至关重要。公道选人、选公道的人，将群众信任、思路清晰、公道正派、勇于担当、敢说真话的乡贤能人选为调解员，发挥他们情况熟、事理明、方法巧的优势，使一些疑难问题迎刃而解，也涌现出了“樊公道”“贺公道”“张公道”“曹公道”等一大批优秀调解员。作为“土专家”，他们了解乡土民情，阅历丰富，在无数次的调解实践中，成为群众信赖的人，在基层社会治理中发挥着独特的作用。

4. “小调解”是预防化解矛盾纠纷的有效手段，通过谈判、协商解决矛盾纠纷是现代社会的发展趋势

人民调解通过抓源头、重事实、找症结，实现矛盾纠纷的公正解决。调解不是“稀泥抹光墙”，不是无原则的“息事宁人”，而是坚持法律底线、道德底线、习俗底线，运用“情理法、说劝和”等方法，使矛盾纠纷公平公正、完全彻底化解，实现群众生活安定有序、社会和谐稳定。鼓励当事人积极参与纠纷化解，设身处地为当事人提供多种可供选择的解决方案，尽可能将人际关系得到修复。所有这些，只有通过深入细致的思想工作，通过双方当事人不断谈判、协商，才能有效实现。“小小人民调解室”在基层社会治理中的作用，不可忽视。

总之，人民调解具有早发现、早介入、早处置、早化解的特点，也有方法灵活、形式多样的特点；其充分发挥广大人民群众的力量，将德高望重、群众认可、敢说真话、办事公道、热心调解的农村老党员、老干部、老法官及乡贤能人选用到调解岗位上来，弥补人民调解员人手紧张的不足。同时，将调解矛盾纠纷与“爱心超市”积分兑换、“甘泉好人”评选等活动有机结合，调动广大人民群众积极参与到调解工作中来，使群众从

参与矛盾纠纷的化解中学习法律知识，增强法律意识，从根子上消除了摩擦、预防了矛盾纠纷，大大减轻了治安压力、审判压力、执行压力，实现了社会治理重心下移，有效提升了基层社会治理水平和治理能力，取得了良好的社会效果和法律效果。“九平式人民调解室”创建活动，在推动人民调解规范化发展的同时，通过宣传典型人物、典型案例，弘扬了调解文化，夯实了调解发挥作用的基础。“土专家”广泛参与，“小调解”积极作为，“疑难症”得到治理，“大平安”得以实现，中国特色基层群众自治制度的制度优势就一定能够转化成为治理的效能。

四、富县：创新“两说一联”，助推乡村振兴①

（一）背景情况

习近平总书记在党的十九大报告中指出：加强农村基层基础工作，健全自治、法治、德治相结合的乡村治理体系，培养造就一支懂农业、爱农村、爱农民的“三农”工作队伍。富县坚持法治思维、法治方式推进工作，赋予“两说一联”新内涵，将乡村治理模式深化为新时代党在推进精准脱贫、决胜全面小康、实施乡村振兴战略的工作新机制，全力推进基层治理体系和治理能力现代化。

2009 年 8 月，富县吉子湾收费站因整体搬迁至茶坊镇马坊行政村需征地 20 亩，在赔偿标准制定出台后，部分群众抢栽苹果树，要求按照果树标准进行赔偿。为了确保工程进度，镇村干部请来村里德高望重的老党员、老干部、群众代表说政策、讲道理进行“说事”，涉事群众心服口服，最终达成按照玉米补偿标准进行赔偿的共识，群众说事自此起源。

2010 年 5 月，马坊村在民居改造中，承包给村民合同到期的 40 多间集体房屋被列入拆迁范围，个别承包户以影响生意为由阻拦拆除，在群众说事未果的情况下，镇村干部请来法官现场说法，使承包户知法晓理，矛

① 参见中共延安市委平安延安建设领导小组编：《贯彻落实习近平新时代中国特色社会主义思想延安社会治理实践案例选编》，内部资料，2020 年 4 月，第 37—42 页。

盾很快得到化解。富县县委在认真调研，总结“群众说事制”“三官一律”进社区等乡村治理模式的基础上，于2014年探索推行了“群众说事、法官说法、干部联村”便民联动机制。2015年、2016年、2018年“两说一联”在全国“两会”上被写入最高人民法院工作报告，被评为全国社会治理创新最佳案例和陕西省组织工作改革创新一等奖，在全国法院系统和陕西省全面推广。

（二）主要做法

“群众说事”就是县乡村干部，村老干部、老党员、德高望重有威信的群众和当事人，用拉家常、讲政策、讲道理的方式讨论村级事务、化解矛盾纠纷。按照“畅通渠道说事、明确责任理事、集中民智议事、整合民力办事、加强监督评事”五个环节，通过“群众要求说、登门入户说、急事及时说、主动邀请说、不便用卡说”五种说事方式，调动群众参与村务管理的积极性和主动性，鼓励社会力量参与化解矛盾纠纷和解决实际问题。“法官说法”就是“法官”进村把法律服务送到群众身边，维护群众的合法权益。通过“法制宣讲会上说、法律咨询当面说、行动不便上门说、调处纠纷现场说、见面不便电话说”五种形式，在群众说事过程中遇到涉法问题和难题时，联村法官及时主动介入，通过法制宣讲、法律咨询、现场调处，有效地将法治思维、法律手段、道德约束、村规民约结合起来，合情、合理、合法、有序地解决基层矛盾纠纷。“干部联村”就是从县级部门单位抽调年轻科级后备干部派驻到全县各村担任第一书记，联村干部脱离原单位工作，坚持长期驻村，“进百家门、吃百家饭”，协助村干部管理村级事务，负责宣传党的政策、掌握社情民意、化解矛盾纠纷、助力产业开发、建设美丽乡村。“干部联村”转变了干部作风、密切了党群干群关系、解决了群众的实际问题。

党的十九大以来，富县赋予“两说一联”新内涵，探索推行“两说一联+”模式，将“两说一联”机制延伸到乡村振兴的各个领域，深化为新时代党在推进精准脱贫、决胜全面小康、实施乡村振兴战略的工作机制，激发了乡村治理新活力。

1. “两说一联 +” 产业兴旺

运用“两说一联”机制，引导群众积极参与特色农业产业发展，把农民镶嵌在全产业链上，让农户特别是贫困户都能参与到农业产业后整理、新型产业培育上，推动传统农业提质增效、农民合理分享增值收益，同步够格奔小康，不断增强农村发展活力。

2. “两说一联 +” 生态宜居

发挥“两说一联”机制，让群众参与乡村环境卫生综合治理，激发群众在村庄规划、院落改造、厕所革命、垃圾处理、绿化美化等方面的主人翁精神，全员参与、全民投入，真正把农村建设成“记得住乡愁”的美丽乡村。

3. “两说一联 +” 乡风文明

通过“两说一联”机制，把社会主义核心价值观养成与历史文化、红色文化、乡土文化教育有效结合，制定完善村规民约，从明确婚丧嫁娶标准、遏制攀比之风入手，破除封建迷信、陈规陋习，培育文明乡风、良好家风、淳朴民风，不断增强群众的法治意识、集体意识、信用意识和契约精神。

4. “两说一联 +” 治理有效

结合“两说一联”机制，发动群众参与文明家庭系列创建活动，由德高望重、具有较高威信的群众成立“议事会”，全力配合村级“两委”会开展工作，村上的难事、大事、乱事首先由议事会牵头协商解决。

5. “两说一联 +” 生活富裕

以“两说一联”机制为平台，加强对农村创新创业、劳务输出进行培训。充分发挥群众的主体作用，激发群众勤劳实干、增收致富的活力，助力脱贫攻坚。以农村“三变”改革为抓手，推行“企业 + 合作社 + 农户”的经营管理模式，推动现代农业发展。

6. “两说一联 +” 基层党建

把“两说一联”机制作为加强基层党建的重要载体，开展“双联双诺双评”“党员干部述职评议会”等活动，让群众参与村级事务管理，公开评议支部、党员承诺和工作实绩，对“问题墙、回音壁”提出的问题及落实情况进行监督，加强村级班子建设，发挥头雁效应，增强村党支部的战斗堡垒作用。截至 2019 年年底，累计群众说事 6138 件，解决 5807 件；法官说法 1491 件，解决 1401 件；联村干部入户 41216 户，办实事 6305 件。

（三）经验启示

1. 创新乡村治理，必须做到“两主动”

“两说一联 + ”新模式，调动了群众和干部的主动性。乡村干部不再大包大揽，广大群众在管理村级事务、维护和谐稳定、实施乡村振兴等各方面有了知情权、参与权，实现了群众主动议大事、说难事、拉急事，主动参与发展的良好氛围。建立了各级党员干部为民服务平台，干部主动解决群众最关心的问题，增强了服务群众的自觉性。2018 年全县调整优化了 12 名村支部书记，对 9 名联村干部进行了提拔使用，使干部在服务群众中得到磨砺锻炼。

2. 创新乡村治理，必须做到“三提前”

“两说一联”机制实现了矛盾纠纷定期排查化解，关键是做到了矛盾化解提前到激化之前，意见征求提前到决策之前，法规知晓提前到实施之前，变被动接访为主动下访，变事后处置为事前预防，变因事“说法”为全面普法，充分倾听社情民意，增强决策的科学性，让群众在法规知晓中受到教育、得实惠，真正把矛盾纠纷化解在萌芽状态。

3. 创新乡村治理，必须做到“四结合”

坚持把人情道理与政策法规有效结合，把干部所为与群众所需有效结合，把解决问题与加快发展有效结合，把群众所盼与党委决策有效结合，解决传统的“私了”合理不一定合法，基层干部不知群众所想所需，群众不知干部所作所为“两张皮”等现象，群众遇事有地方找了，干部干事有了平台和动力，党组织决策更加体现群众意愿，激发了农村经济社会发展活力，实现了政治、自治、法治、德治、智治的有机结合。

总之，富县创新推行“两说一联”便民联动机制，探索推行“两说一联+”模式，把大量矛盾纠纷化解在萌芽状态，维护了社会和谐稳定，调动了广大群众参与乡村振兴的热情，提升了干部主动为民服务的动力，推动了更多人才、技术、资本、项目等要素向农村汇聚，形成集党的领导、依法治理、村民自治、全民参与为一体的新时代乡村治理新模式。

第三节　平安乡镇（街道）建设典型案例

一、宝塔区枣园街道办：推行“五治融合”，助力平安建设[①]

（一）背景起因

枣园街道位于延安市主城区西北7.5公里处，是全国著名的红色教育基地。辖区面积112平方公里，下辖2个社区12个行政村，总人口44473人，其中农业人口11338人，城市人口33135人。有居民小区22个，物业公司18家，非公企业和社会组织107家，酒店17家，餐馆102个，个体门店230家。近年来，随着枣园街道每天上万人的外来游客参观学习入住，社会治理、平安建设成为枣园对外展示延安形象、对内提升发展的重要任务。为做好枣园“窗口”的社会治理和平安建设工作，枣园街道办以党的十九大精神和习近平新时代中国特色社会主义思想为指引，深入贯彻延安市委改革部署，坚持以新时期“十个没有”平安建设为抓手，立足“小事不出户，大事不出村，矛盾不上交”总目标，构建政治、法治、德治、自治、智治保障的社会治理体制，全面打造平安枣园。

① 陕西省委政法委、陕西省委平安办、西北政法大学编：《平安陕西建设创新案例选编》（下），陕西人民出版社2021年版，第356—363页。

（二）主要做法

1. 发挥政治引领作用，推行党建先行

一是点亮“四盏明灯”，用“灯光党建”指导平安建设工作。通过点亮“信念之灯”，补足精神之钙，做政治忠诚、思想忠诚、行动忠诚的政治上的“明白人”；点亮“担当之灯”，夯实党建之责，始终坚持“党建引领，旅游带动，项目支撑，提升产业，创新服务”的发展理念，以此来推进各项工作；点亮“为民之灯”，凝聚群众之心，打造“张思德”服务体系，做好为民服务；点亮“廉洁之灯”，打造清正之风，通过“十项纪律”和“三抓三提示”，全面打造过硬作风。通过这四盏“明灯”，为枣园的社会治理提供坚强的思想保障和方向指引，画好区域治理的同心圆。二是抓好支部书记，发挥“头雁效应”。积极推行并全面完成12个村支部书记、村主任“一肩挑”工作，结合“不忘初心、牢记使命”主题教育、农村集体产权制度改革等工作，加强对村支部书记培训，确保这些“领头雁”思想先进、行动积极，全面推进基层人才建设，促进经济发展，提升社会治理水平。三是深化党组织战斗堡垒作用。积极推进小区党支部组建工作，在居民小区普遍建立基层党建制度体系，层层签订共建协议、服务双向认领，构筑基层治理“朋友圈”。目前已参与党组织45个，党员235人，成立居民小区党支部3个，达成共建意向党政单位23个、非公企业125家、酒店餐饮和个体门店349家，有效充实了基层治理力量，将党的领导体现在社会治理最末梢，使党建引领这条红线在社会治理中得以有机融合、有效发挥。

2. 发挥法治保障作用，规范管理体制

一是加大普法力度。结合“七五”普法教育，从制度建设入手，认真落实“一村一法律顾问”、开办法律知识讲座、依法调解矛盾等政策措施，普及法律知识，弘扬法治精神，培育法治理念，树立法治权威。街道全年先后开展法治宣传教育活动40余场次，培养法律明白人200多名。枣园街道上砭沟村成功举办了陕西省第十届新媒体快乐普法进乡村大赛延安赛区预赛。二是明确各辖区单位站所在平安枣园建设中的职责任务。由枣园街道办负责总体牵头，把握全局，枣园派出所负责治安维稳和打击犯罪，枣园交警队负责保障交通便利和打击违法驾驶，枣园司法所负责普法宣教和社区矫正，枣园法庭负责法律政策解答和协助矛盾调解，枣园城管中队负责市容市貌维护，枣园社区卫生服务中心负责医疗安全，枣园供电所负责电力安全，从而形成各单位站所各司其职、各尽其责的有效治理机制。三是加强对执法单位的督查指导。组织街道辖区党代表、人大代表、政协委员视察，开展站、所、单位评议，对派出所、交警队、司法所、城管中队等驻地单位工作进行全面督查检查，夯实平安枣园建设责任，同时，定期召开平安建设推进会，安排部署平安枣园建设任务，并且结合扫黑除恶专项斗争工作，依法完善社会秩序，深入推进基层警务、政务站点等基础管理建设，夯实辖区治安稳定平安工作。

3. 发挥德治教化作用，加强道德修养

一是结合各项创建工作，开展形式多样的活动。通过结合延安创建国家文明城市、食安城市、健康城市等活动，把平安枣园建设融入各项创城工作中，达到事半功倍的效果。二是精心组织各类文体宣教活动。通过深入开展传统文化教育、文明素质教育、社会价值观教育等活动，组织开展群众喜闻乐见的各类文体活动。同时积极开展宣教活动，引导群众树立正确的世界观、人生观、价值观，激发群众热爱枣园、爱护枣园、建设美丽枣园的热情。街道全年举办枣园讲堂 10 次，专题宣讲活动 20 余次，组织公益活动 10 次以上，发放宣传材料 30000 份，入户宣传 2800 余户。三是开展行之有效的志愿服务活动。认真开展志愿者登记，目前共登记辖区志愿者 800 余人，成立了张思德支援者服务队、张思德矛盾调解队、张思德志愿宣讲队、张思德治安巡逻队等志愿服务队伍，在便民服务、矛盾调解、政策宣讲、治安巡逻等方面开展大量工作，成为平安枣园建设的有力保障。四是开展常态化德化教育引导，培养群众知法守法、依法办事的法律意识。通过社区、学校、单位等方方面面的教育引导，塑造枣园人热情向善、平等友爱的品格，提高辖区干部群众建设平安美丽枣园的使命感，实现了润物细无声的柔性治理，创新了社会治理模式，提升了枣园城乡治理水平。

4. 发挥自治组织作用，夯实基层治理基础

一是发挥村组自治功能，打造平安村组。在各村组成立平安建设工作领导小组，明确建设任务和人员分工；详细登记村民和外来人员信息，实现人员信息动态化更新；吸纳村干部、村组党员以及乡贤能人打造村级矛盾调解队，努力实现“小事不出户，大事不出村”。二是构建共治共享的城市治理格局。借鉴“枫桥经验”与“两说一联”工作机制，形成“区域联治、行业联动、治安联防、信息联通”的治理机制，通过打造平安校园、平安酒店、平安餐馆、平安门店、平安小区、平安景区、平安商场等一系列城市元素，广泛调动城市范围内各行各业参与到平安枣园建设中，共筑平安建设之基。三是开创各类平安载体，全面提升治理能力。第一，打造枣园张思德调解室。联合枣园派出所、司法所、法庭等单位站所，吸纳专职工作人员、“两代表一委员”、乡贤能人、专业律师、基层干部等，成立百人调解专家库，推行“四心”工作法，树立金牌调解员 14 人，做到矛盾就地化解，问题不上交。第二，打造张思德便民服务体系。建立张思德便民服务大厅，组建了张思德志愿者服务队、张思德电力服务队、张思德治安巡逻队、张思德矛盾调解队、张思德宣讲队 5 支便民服务队伍，广泛开展各类志愿活动，既方便群众办事，又能在第一时间解决基层群众困难问题和矛盾纠纷，成为提升基层治理的有效载体。

5. 发挥智治支撑作用，提升工作质效

一是提升技防水平。枣园街道办结合实际在 8 个物业小区推广使用智能系统，3 个小区安装了人脸识别门禁系统、车辆识别系统，落实小区公共区域监控全覆盖，实现小区管理智能化；在丽森花园酒店、黄土情餐馆等 12 家酒店、饭店落实明厨亮灶，实现后厨可视化；在各大中小学校、幼儿园以及纪念地景区推进公共基础技防，实现公共区域视频监控全覆盖，

有效保障区域安全。二是推行社区网格片区化管理。针对城市社区管理实际，按照“社区—片区—网格—楼栋”四级管理模式，配备片长 12 人、网格长 30 名、网格员 92 名、楼栋长 215 名，片警 12 名，其中片长为社区工作人员，网格长、网格员均为物业、单位、公司等社会人员担任，充分发挥社会人员的基层治理能动性，积极构建共治共享的治理机制，密织了一张网格片区化管理的“安全网”。三是建立完善的综合指挥一体化平台。通过把基层治理网格、城市管理网格、社会服务网格、社会治安网格等进行融合，将社会治安、应急救援、市场监管、城市管理、便民服务等功能全面嵌入，实现受理、派单、交办、督办、结案、反馈统一调度，提高解决问题的能力和效率，有力推进枣园街道平安建设指挥一体化。

（三）启示思考

1. 坚持党建引领，发挥党组织在社会治理中的核心领导作用

基层社会治理现代化的根本优势在于党的领导。牢牢坚持以党建为引领，不仅可以保证基层社会治理创新的正确方向，同时，也有助于确保基层党组织健康发展，成为凝聚党员群众的“主心骨”；有助于促使广大党员干部全心全意为人民服务，成为推动社会发展的“领头羊”；有助于凝聚和带动社会各界力量共同参与公共事务，组建起社会治理的“生力军”。平安枣园建设取得显著成效的关键在于党建引领，而新时代基层社会治理现代化的根本保障也在于党建引领。

2. 坚持以人民为中心，切实提升群众幸福感、获得感、安全感

基层社会治理现代化的重要目标是体现人民利益、反映人民愿望、维护人民权益、增进人民福祉。人民群众是历史发展和社会进步的主体力量，是社会治理的参与者。人民高兴不高兴、满意不满意、答应不答应，是检验工作的主要标准。要时刻注意密切联系群众，紧紧依靠群众，通过一系列为民便民的举措，努力解决好群众最关切的生产生活、公共安全、权益保障、公平正义等问题，美化、亮化、净化人居环境，提升人民群众的生活质量和满意度。

3. 坚持“五治融合”，构建新时代“十个没有”平安建设体系

基层社会治理现代化的有效路径在于推进“五治融合”。“五治融合”的要义是集中发挥政治强引领、法治强保障、德治强教化、自治强活力、智治强支撑的综治优势，积极释放各个方面、各个环节、各种形式的治理效能，使基层社会在新时代“十个没有”平安建设的过程中成为一个多措并举、相互协调、有机统一的整体。要注重各行业、各单位、各部门和社区村组之间的沟通和协作，深化区域联治、行业联动、治安联防、信息联通的“四联”治理格局，动员社会力量广泛参与治理，及时化解矛盾纠纷，全面提高社会治理水平。

总之，基层社会治理是国家治理的基石，提升基层社会治理水平是实现国家治理体系和治理能力现代化的重要环节。在新时代的历史方位中，在社会主要矛盾已经转化为人民日益增长的美好生活需要和不平衡不充分的发展之间的矛盾的背景下，夯实基层治理根基，提高社会治理效能，既是社会治理创新的重要目标，也是不断增强人民群众获得感、幸福感、安全感的必然要求。陕西省延安市宝塔区枣园街道将弘扬延安精神、传承红色基因与社会治理创新结合起来，推进新时代“十个没有”平安建设，打造“张思德”服务体系，丰富“两说一联”调解工作机制，注重源头治理，加强风险防控，及时化解各类矛盾，为社会治理现代化和平安中国建设提供了生动案例。

二、黄龙县三岔镇：以“党建+社会治理”助推平安乡镇建设①

（一）背景情况

三岔镇位于黄龙县西部黄土残塬区，镇政府驻地距县城19.5公里。东与石堡镇（城关）相连，西与洛川县土基镇毗邻，北靠崾岭乡，南接界头

① 本案例系课题组结合调研资料总结而成。

庙乡，辖区总面积177平方公里，总耕地面积50000亩。下辖12个村民委员会，42个村民小组，交通便利，有“黄龙西大门”之称。该镇地形为三梁一沟，气候属大陆性山地气候，日照时间长，昼夜温差大。三岔镇为延安典型的农业乡镇，近年来，聚焦高质量发展，积极调整产业机构，经济发展呈现出增速快、亮点多的良好态势；深入推进苹果产业后整理、强化品牌意识，坚持龙头企业带动，探索建立更加完善的利益联结机制，不断壮大村集体经济，推动群众稳定增收致富；高度重视果园冬季管理，加大技术培训力度，加强农业技术服务指导，不断提升果园管理水平。与此同时，三岔镇大力推进新时代“十个没有”平安建设工作，为乡村振兴保驾护航。

（二）主要做法

1. 支部带头，多举措化解矛盾纠纷

近年来，随着三岔镇基础设施建设的不断完善，群众的利益诉求逐渐增多，基层矛盾纠纷调解面临严峻挑战，三岔镇各党支部采取了一系列有效措施，推动矛盾纠纷有效化解。以三岔村党支部为例：一是完善工作机制。三岔村党支部确立了“一把手”负责制，成立以支部书记马连正为组长的三岔村矛盾调解领导小组，经常性地开展矛盾排查，将“敞开大门迎群众”与“深入家户找矛盾”结合起来，采取进家户的形式，主动服务村民，及时发现各类矛盾纠纷，化解矛盾，最大限度地把不和谐、不稳定因素解决在村组，化解在内部。二是做好问题排查。村四支队伍定期入户走访，排查矛盾纠纷，及时解决问题。坚持深入群众，倾听群众呼声，化解群众困难，高度重视和维护群众最现实、最关心、最直接的利益，解决好土地征收、施工占地等群众反映强烈的热点、难点问题，切实维护群众合法权益，消除各类矛盾纠纷的诱发因素，最大程度赢得群众的满意。三是健全工作方法。村支部积极建立群众参与决策机制，在民主决策的基础上开展基层矛盾调解工作，充分调动群众参与矛盾纠纷化解的积极性，提高决策的民主化、科学化、合理化，减少矛盾产生。自三岔村矛盾调解领导小组成立以来，村支部始终以党建为核心，以事实为依据，以法律为准绳，以学习“枫桥经验”、构建和谐三岔为目标，强化担当，主动作为，与群众勤沟通、勤走访，积极化解群众间的矛盾纠纷，在村民当中形成了有困难有矛盾找支部的良好氛围。2020 年以来先后有效化解李家河占地纠纷、三岔修建河堤占地纠纷、宝塔沟吃水管道损坏等矛盾纠纷 7 宗，初步实现了“矛盾不出村、问题不上交”，起到了标杆作用。

2. 建强综治中心，解决群众难题

三岔镇建立镇村两级综治中心，推动平台、人员、职能整合，建立健全综治中心信息收集、风险防范、宣传教育、矛盾化解四种功能，进一步破解群众工作难题，实现“平安三岔”。听民意，增强信息收集功能。镇村两级综治中心依托网格化管理体系，建立以网格员、村五支队伍干部、党员为主体的信息收集队伍，负责收集相关信息，由综治中心进行整理、分析、研判，从而有效维护辖区稳定。同时，按照一综治中心一微信群的要求，建立覆盖全镇 39 个网格的平安网格微信群，强化矛盾收集、普法宣传、便民助民等功能。聚民心，加强宣传教育功能。一来提升群众守法意识。针对辖区社区服刑人员所犯罪行，以当事人以案说法等形式，使普法宣传更具说服力，同时大力宣传社会热点，用好法制案例，教育群众学法、守法、用法。二来提升群众防范意识。各综治中心在镇党委、政府的安排部署下，紧跟县委政法委步伐，大力宣传防范电信网络诈骗、宣传《民法典》《中国共产党政法工作条例》，提高群众法治意识。汇民智，加强矛盾调处功能。各村高效利用村规民约对群众日常行为进行约束，在调解处理矛盾纠纷时深度结合村规民约，形成我制定、我认可、我遵守的良好氛围，促进法治、德治、自治有机融合。镇村两级成立人民调解委员会、乡贤调解室等群众自治组织，参与化解矛盾纠纷，2020 年以来先后调解矛盾纠纷 21 件，其中疑难复杂纠纷 3 件，共涉及金额 985300 元整。

3. 用“党建 + 三治”，助推基层善治

三岔镇围绕打造农村共建共治共享基层治理新格局的目标，在镇党委、政府的安排部署下，紧密结合辖区工作实际，持续推进“党建 + 三

治”工作。持续推进党建为魂。加强基层党组织建设，以基层党建为引领，以夯实基层社会治理根基为目的，以各村党支部为核心，凝聚一支战斗力强盛的基层党员队伍，充分发挥党组织的政治功能，将社会治理工作纳入年终考核评定标准，倒逼基层党组织做实相应工作。此外，充分发挥党员的模范带头作用，引导全体农村党员深入群众、服务群众，由各村党员带头，结合“红九条”“红黑榜”“村规民约”管理，在农村迅速掀起人居环境整治、平安建设的热潮。持续推进自治为基。建立村规民约，成立禁毒禁赌会、红白理事会、道德评议会、村民议事会，提升群众参与社会治理的责任感和使命感、积极性和主动性，引导群众自我教育、自我管理、自我服务、自我监督，形成“我制定、我遵守”的良性循环。深入推进网格化管理建设，形成镇、村、小组、部门共同参与的网格化管理体系，探索建设“全能网格”，利用该体系深入推进野生动物保护、人居环境整治、护林防火、矛盾纠纷排查与调解。尤其在重大节日期间，要求网格员做到日巡逻、日报告，镇村两级结合报告情况进行周汇总、季分析，做到预测走在排查前、排查走在防控前、防控走在调解前、调解走在激化前。持续推进法治为本。配齐法治队伍，组建普法联络员、普法讲师团、法治文艺团队、法治副校长、普法宣讲小分队、村法律明白人等队伍，规范普法志愿者队伍，重点培育和优先发展社会普法组织，充分调动社会力量参与法治宣传教育。打造法治阵地，利用镇政府驻地优势，就地改造三岔村街道为普法教育示范街。借助三岔荷花主题公园和广场，充分挖掘莲花的内在寓意和象征品质，打造廉政文化、普法教育基地，使辖区群众在休闲娱乐的时候，主动接受普法学习教育，营造农村民主法治的浓厚氛围。持续推进德治为要。大力推进新时代文明实践站建设，建立文化广场、村史馆、乡贤议事室、家风家训巷等特色文明实践基地。大力开展“最美村干部”“最美家庭”“好婆婆好媳妇”“最美庭院”等先进典型选树表模活动，充分发挥先进典型的模范带头作用。大力培育新乡贤，不断引导群众形成崇德向善、明德惟馨的道德风尚，为推进基层社会治理贡献力量。

4. 推行“四门四访”，深化平安建设

“四门四访”指的是开门接访、登门遍访、专门约访、上门回访，确保理清矛盾，破解难题。三岔镇政府张贴了领导接访公示栏，设立了信访室，镇主要领导、包村领导和村两委干部定期入户走访群众。对收集到的群众矛盾纠纷问题，首先由村民调解委员会调解，无法解决的复杂问题由信访办联合司法所、派出所、法庭召开联席会议协商解决。对一时难以化解的纠纷建立台账，由主要领导一对一包抓，长期跟踪办理直至解决，确保小事不出村，大事不出镇，矛盾不上交。近年来，由于农业产业发展和招商引资项目建设如火如荼，时常有施工方、群众、外来务工人员产生矛盾纠纷。2020 年上半年全镇共成功调处各类矛盾纠纷 30 起，通过上门或电话回访，当事人都比较满意。为了推动问题化解，三岔镇建立了以案定补制度，对成功调解矛盾的人根据案件难易程度和涉及资金给予一定的奖励，同时将信访工作列入年终考评指标，与各村排名及村干部的绩效工资相挂钩，倒逼责任落实，提升群众满意率。与此同时，三岔镇还从“五个一”活动、扫黑除恶、矛盾纠纷排查化解、平安创建宣传、反间谍法宣传教育及信访工作等六个方面，要求各村要统一思想、提高认识，进一步细化责任，落实措施，加强宣传，抓好测评的各项准备工作，努力营造全镇平安、全民参与的大平安格局。会议向各村共发放“两率一度”宣传册、宣传彩页共 100 份，《国家安全人民防线建设知识手册》、国家安全宣传单 50 份。三岔镇大力开展平安创建宣传活动。利用村微信工作群、电话提醒、短信告知和集中培训等方式，确保村属区域内“两代表一委员”全覆盖，通过大喇叭循环播放平安创建倡议书，对居民进行电话宣传普及“两率一度”知识，做到不漏户不漏人，以铺天盖地的宣传力度切实提升群众知晓率、参与率。三岔镇持续开展矛盾纠纷大排查、大化解活动。畅通和拓宽村情民意表达渠道，广泛动员调解员、社情网格员，通过深入一线的方式，及时发现、掌握各类矛盾纠纷隐患，及时发现、排查、化解矛盾，全面推行矛盾纠纷化解“四步走”工作法，充分发挥司法所、派出所、镇村干部的力量，加强与县人民调解、行政调解、司法调解的衔接及沟通配合，形成联动化解矛盾纠纷的工作合力，切实把矛盾化解在基层、问题解决在当地、隐患消除在初始。三岔镇大力开展《反间谍法》普法宣传活动。各村通过入户讲解、发放宣传资料、电子屏滚动播放等方式向群众就如何界定间谍行为、发现疑似间谍行为的举报途径以及间谍罪名承担的刑事责任等进行了详细阐释，面对面、零距离宣传总体国家安全观和党中央关于国家安全工作的重大部署要求，以及依法防范和打击危害国家安全的行为，同时教育引导广大群众树立国家安全意识，保守国家秘密，认真履行国家安全法律义务，引导群众牢记维护国家安全的神圣义务，营造全社会共担责任、共同努力，为国家安全构筑坚固的人民防线。

（三）启示思考

近年来，三岔镇坚持把综治信访维稳工作作为保稳定、促和谐的基础性工作来抓，取得了显著成效，其经验集中体现为“五个加强”。

1. 加强组织领导，强化工作责任

三岔镇及各村均建成综治中心，并组建综治维稳信访领导小组及工作专班，把综治维稳信访工作列为镇党委、政府第一责任工作。每周召开专题会议，听取全镇综治维稳信访工作情况汇报，研究解决各类突出矛盾纠纷问题。镇党委书记、镇综治中心主任亲自研究部署、亲自督办协调，分管领导具体抓信访案件的稳控和调解。

2. 加强资源整合，形成工作合力

整合综治中心、司法所、派出所等联合办公，着力打造一支作风实、能力强、素质高的综治信访维稳队伍，切实提高综治中心的实战能力，为群众办实事、解难事，在收集群众诉求、汇聚百姓意见上着重发力，切实发挥信息收集、风险防范、宣传教育、矛盾化解四项基本功能，及时将各类纠纷、治安隐患消灭在萌芽、化解在基层，全力打造“矛盾不上交，平安不出事，服务不缺位”的基层社会治理新格局。

3. 加强机制创新，提高工作效率

建立健全工作制度，制定了首问责任制、工作衔接制度、工作台账制度、信息报送制度等相关工作制度，并且严格按照制度推进相关工作，落实相关任务，确保综治中心工作运行规范高效。同时，建立综治信访责任倒查机制和考核相挂钩制度，对于因工作失误使信访矛盾升级的村、单位和有关责任人要进行严肃处理。

4. 加强隐患排查，提高工作主动性

不断提高综治信访维稳工作预见能力，对涉法涉诉、历史旧欠等方面进行“拉网式”清仓排查，摸清底数，分门别类，做到信访积案件件登记建册，逐案梳理、逐件核实、逐件化解。同时，切实加强源头预防，针对不同时段的信访工作特点，加强重点矛盾和疑难问题的化解，努力做好息诉息访。

5. 加强法制宣传，畅通群众诉求渠道

在做好信访稳控的同时，注重综治信访与法制宣传教育相结合，利用“大喇叭”、微信平台、集会宣传、宣传栏、悬挂宣传横幅等形式做好法律法规的宣传教育，提高群众学法、守法、用法能力；同时，开通并公布群众信访投诉电话和信箱，畅通信息收集渠道，形成科学有效的诉求表达机制、权益保障机制，促进社会和谐，维护社会稳定。

第四节　平安乡村（社区）建设典型案例

一、富县良村平安乡村建设“六个一”工作机制①

（一）背景简介

富县良村位于钳二便民服务中心南2.5公里处，辖上、下良村2个村

① 本案例系课题组结合调研资料总结而成。

民小组，全村229户1180口人，党员53名，耕地面积2300亩，苹果树栽种面积2150亩。据村史记载，良村村民与“文圣”孔子同源，现已传至74代。

近年来，富县良村紧紧围绕县委提出的“‘两说一联’发源地，‘十个没有’铸平安”主题，依托文化优势，不断挖掘本村内涵底蕴，凝聚了更多的力量来参与服务村级发展，尤其是在“平安村”建设工作上，通过乡贤议事协会、党员大会、群众代表大会、群众说事会等，广泛征求意见，收集民意，根据绝大多数村民的意见建议，明确了本村“十个没有”平安村组建设具体内容。即：（1）没有“村霸”等黑恶势力；（2）没有邪教和非法宗教组织；（3）没有非正常上访；（4）没有环境脏乱差；（5）没有邻里矛盾；（6）没有公共安全事故；（7）没有村干部党员违法违纪；（8）没有“懒汉”、返贫人员；（9）没有不孝不敬；（10）没有“黄赌毒”和精神病患脱管。

富县良村坚持围绕中心、服务大局，紧紧抓住人民群众最关心的公共安全、权益保障及社会正义问题，以深化基层平安创建为载体，以深入推进乡村振兴、脱贫攻坚、扫黑除恶等重点工作为着力点，以实现“十个没有”为目标，以“六个一”为抓手，积极开展“党建引领、示范带动、干群同心、共铸平安”平安农村创建活动，进一步夯实了平安建设根基，促进了社会和谐稳定，形成了“党委领导、政府负责、民主协商、社会协同、公众参与、法治保障、科技支撑”的社会治理工作格局，人民群众的安全感和满意度得到了新提升。

（二）主要做法

为进一步深化平安村组创建活动，全面提升社会治理水平，良村推行“六个一”工作机制，确保“十个没有”平安村组创建工作取得实效。

1. 选好一名村级带头人

村级带头人是农村发展的“领路人”，要把这个“领路人”选好，必须坚持一把尺子量，真正把群众中威信高、发展能力强、服务能力强、协调能力强的人选拔为村级的带头人。良村党支部书记孔新昌就是这样一位德才兼备的村级带头人，他连任村干部21年，一心扑在老百姓的大事小情上，一心为村子发展谋出路。初任村干部时，孔新昌时年23岁，可谓是初生牛犊不怕虎，年富力强、血气方刚，正如老支书孔发合说：“孔新昌文化程度高，思想先进观念新，为民服务能力强，担任村干部后，特别是担任村支书以来，团结带领村民拓宽生产路、修建文化广场、开展环境卫生整治，建立以苹果为主的脱贫产业，良村发生了翻天覆地的变化，这得益于孔书记带领村支部一班人干得好。”据了解，孔新昌连续担任村干部21年来，带领班子成员及党员全身心地扑在群众的事情上，谁家有困难就帮谁家，大事小事都第一时间出面解决，时时想着群众事，处处谋着村里事，老百姓都称孔新昌是大能人、好当家。他先后自己拿出10万元用来救助孤寡老人、特困户和资助大学生。他自己也被评为市、县优秀村党支部书记，被推选为市人大代表。该村先后被授予省级卫生村和县级文明村，村党支部多次被评为县镇先进基层党组织。

2. 用活一项便民联动机制

积极推行“两说一联+”乡村振兴模式，开展“公开说、摊开说”活动，进一步加强了村级民主议事、民主决策、民主公开、民主监督。今年，中心各支部将“十个没有”平安村组创建主体责任落实到每名村干部身上，并在“问题墙+回音壁”上列出“十个没有”相关问题清单，从解决群众实际问题入手，满足群众需求。截至目前，共梳理信访矛盾、民生实事等问题11条，化解落实11条。同时，将“三务公开”纳入“两说一联+”模式，及时公布村级重大事项，财务公开做到一季度一公开，接受群众监督。同时，借助“两说一联+”模式，通过支委提、村民议事协会议，累计完成良村村史馆建设、广场硬化2000平方米、涝池建设、文化大舞台建设等，累计投资300余万元。其中，10%左右的工程量是由村民义务投工投劳完成，累计节省资金10万余元。

3. 组建一支乡贤议事队伍

良村积极响应党中央提出的“要吸收乡贤回乡创业”的号召，充分发挥乡贤既熟知本村情况和社情民意，又拥有新知识、新理念、人缘广、办法多、经验好、威望高等优势。在2017年年初，创新成立了村“村民议事协会”，吸收了“三老”（农村老干部、老党员、老模范）人员、先进模范、产业大户、在外乡贤及各家族德高望重的代表，其主要职责是在村党支部的领导下谋划发展、建言献策、化解矛盾、凝聚合力，成为村“两委”班子力量的有力补充，对村上重大事项在决策之前进行调研论证、在决策之中献计献策、在决策之后审议监督，这一组织的成立，建立了村民“自治”平台，架起了联系群众和村班子的新桥梁，激发了村民自治的活力，使群众对“两委”的决策有了更多知情权、参与权和审议权，调动了群众参与村级事务管理的积极性和主动性。新议事会成立近两年来，累计争取项目资金300余万元，化解矛盾纠纷5起，提出建议意见15条，其中采纳实施7条。

4. 完善一套村规民约

针对各村村规民约内容粗放、不符合实际，个别条款甚至违反了法律法规等问题，良村积极应用“两说一联 +”新机制，发动群众“公开说，摊开说”，在“说”的过程中，始终贯彻法治引领，坚持问题导向，坚持以“激发内生动力和民风建设”为重点，以“十个没有”内容为基底，对标“制定完善一套群众共同遵循的村规民约”要求，尤其针对滥办酒席、铺张浪费、“等靠要”、懒汉行为、家庭暴力、不赡养老人、涉黑涉恶、黄赌毒等突出问题，提出有针对性的定制措施和约束内容。通过制定村规民约，让“劳动创造财富”“奋斗带来幸福”“弘扬孝善家风”等观念深入人心。每半年对遵守村规民约情况开展一次评比活动，设立“红黑榜”，确保村风文明、治理有效。保障了村上没有村匪村霸，没有环境脏乱差，没有“懒汉”。近年来，持续表彰本科以上学历大学生、优秀共产党员、农业大户、文艺爱好者、军属等近200人。

5. 坚持一项亲民活动

继续抓好良村每年一次的“大年初一团圆年”庆祝表彰活动，主要目的是表彰奖励优秀党员、产业大户、五好婆媳、优秀学生等先进典型，树立了人人争先的倒逼机制；表彰会上，支部书记代表“两委”班子对上年度工作进行述职，共绘发展蓝图、凝聚发展力量，激发群众主动参与发展的积极性；举办“包饺子拉家常、吃饺子叙家情”活动，全村人大年初一聚在一起吃团圆饭，以乡情牵引乡贤回归，实现乡贤关注和参与乡村治理；组织举办广场舞、秧歌、歌咏等系列文化比赛活动，丰富群众文化生活，拉近村民之间距离。从2010年起，良村利用外出人员返乡团圆过大年的机会，组织开展团圆节暨年度庆祝表彰活动到现在已有十余年了，这不仅在村里树立了榜样，牵引了乡贤，增进了感情，凝聚了民心，提升了村民的凝聚力、幸福感和集体感，更为全中心乡风文明建设做了表率。

6. 建立一块红黑榜

建立村级“先锋榜”“曝光台”，围绕社会公德、职业道德、家庭美德、个人品德等四个方面，通过民主评议，将感恩奋进、勤劳致富、诚信守法、孝老爱亲、移风易俗等先进典型事例在“先锋榜”上进行大力宣传，不断激发广大村民自强上进的热情和信心；反之，将有悖于社会公德、职业道德、家庭美德、个人品德的行为，违反村规民约的行为以及屡教不改的各种生活陋习在“曝光台”上曝光，进行公开批评，以舆论督促其改正。同时针对村规民约内容落实情况及“大年初一表彰会”表彰人员，召集群众代表，通过群众自己公开说、摊开说，尤其针对当前脱贫攻坚“等靠要”思想、农村环境卫生整治脏乱差现象、婚丧嫁娶大操大办等突出问题，对表现好的要上“先锋榜”，对表现差的上“曝光台”，倒逼每一名村民自觉遵守村规民约，让“奋斗带来幸福”“弘扬孝善家风”等观念深入人心，确保村风文明、治理有效。

（三）经验启示

1. 党建引领，发挥了基层党组织引领群众、凝聚群众、组织群众的中坚作用习近平总书记指出要把人民群众对平安中国建设的要求作为努力方向，强调的是在党的领导下，形成多元主体协同共治、让社会充满活力的新局面。农村治理更是如此，通过“六个一”治理理念，让村民信得过、干事有作为的村级带头人带动广大群众共同参与到支部建设和村庄形象建设中来，激发乡村社会治理活力和创新力；同时在相应的体制机制和制度保障下，实现以上多元主体间的民主协商和良性互动，促进民事民议、民事民办、民事民管，打造生动活泼的基层人民民主新局面。

2. 干群同心，调动了广大群众参与乡村治理的积极性

“从群众中来，到群众中去”是中国共产党的一贯作风，是党的群众观点和群众路线在现实工作中的生动体现。“乡贤队伍的组建与作用发挥”正是习近平总书记“以人民为中心”思想在农村最基层的真实写照，一方面强调党和政府要善于在加强与群众的沟通联系中增进与群众的感情，善于在真心为群众办实事、解难事中赢得群众的信任；另一方面，着重突出在新时代发扬新思想，把农村一线有担当、经验多、能创新的乡贤能人确立为人民群众在基层治理中的“火车头”，发挥人民群众在基层治理中的重要作用，焕发人民群众自我管理、自我服务、自我提升的热情，形成人人参与、人人尽力、人人享有的良好局面，让人民群众更有获得感、幸福感、安全感。

3. 群策群力，真正让村民的腰包鼓起来了

“发展是第一生产力”，让人们吃饱穿暖迈上幸福小康道路，让人们的腰包鼓起来，这是中国共产党人践行初心的必由之路。吸纳村里有知识有文化的毕业大学生、有技能有经验的果园管理员、有担当有作为的优秀共产党员和村民代表等共同组成乡贤理事会，群策群力共同谋划乡村振兴的发展之路。从蒙驴集团引进，到富红果业冷库扩建，再到良村便民服务室摇身一变成为第一书记直播带货的舞台，良村被注入了新的活力。群众收入提高了，集体经济发展了，村民的“腰包”也鼓起来了。

4. 关口前移，实现“小事不出村，大事不出镇，问题不激化，矛盾不

上交”

社会治理理念强调系统治理，从源头抓起，“截”“堵”“控”的传统思维模式和管理手段，已经远远不能适应网络化、全球化带来的人民群众对社会治理的新要求。通过每一条村规民约的确定、每一件亲民活动的筹办、每一次“红黑榜”公示等村民喜闻乐见的形式，把决策过程变成尊重民意、化解民忧、维护民利的过程，疏导人民群众的不满情绪，消解人民群众的误会，解答人民群众的疑问，解决人民群众的切实困难，把矛盾化解在基层，是保证社会和谐稳定的基础，也是解决上访、告状、网络舆情等“末端”问题最实际、最有效的方法。源头疏通了，也就无须在末端“堵”和“截”了。

二、宝塔区河庄坪镇赵家岸村：“四联”共创平安乡村①

（一）背景情况

赵家岸村位于宝塔区河庄坪镇镇区以北 2 公里处，紧邻 206 省道，背依群山，面朝延河，拥有优质川道地 417 亩，退耕还林地 820 亩，林果面积 260 亩，全村现有人口 144 户 397 人。村域内分布着千头规模养殖场一个，苗木花卉种植户 17 家，温室大棚 98 座，弓棚 36 座，休闲垂钓园 4 家，特色农家乐 4 家。改善农村人居环境工作开展以来，全村基于“全域旅游，全民皆商”的发展定位，依托优越的地理位置和得天独厚的自然条件，借力省级重点示范镇的资金、人口、产业配套优势，大力实施改善农村人居环境七大工程，不断催生赵家岸村现代农业示范园发展的内生动力。

为有力提升全村社会治理体系和治理能力现代化水平，努力构建社会治理创新村，营造一个安定祥和的社会环境，赵家岸村进行了“十个没有”平安村组和“十个没有”平安家庭创建活动。“十个没有”平安村组具体内容是：一没有村匪村霸；二没有违法乱纪；三没有不孝不敬；四没

① 本案例系课题组结合调研资料总结而成。

有非法上访；五没有家庭暴力；六没有破坏环境；七没有涉赌涉毒；八没有安全事故；九没有封建迷信；十没有邪教传播。“十个没有”平安家庭具体内容为：一没有吸食毒品；二没有参与邪教；三没有违法乱纪；四没有家庭暴力；五没有奢侈浪费；六没有虐待老幼；七没有参与赌博；八没有邻里矛盾；九没有封建迷信；十没有环境脏乱。

（二）主要做法

1.“联治”——开展生态环境、人居环境的综合治理，改善生产生活条件，改善村容村貌，提高群众生活水平

赵家岸村自2017年开展美丽乡村建设以来，从民居规划建设、配套设施完善、巷道硬化美化、村庄周围绿化以及修建活动广场、生态停车场、实施垃圾分类回收、厕所旱改水、污水无害化处理等方面投入了大量的人力物力，广大村民切切实实地感受到变化带来的好处，精神面貌焕然一新，生活情趣积极向上，为创建“十个没有”平安村组和平安家庭提供了坚实的群众基础。

村上率先进行了垃圾处理市场化运作，形成了“户分类、村收集、镇清运”的完整垃圾处理机制；成立了垃圾兑换银行，促使村民养成良好的生活习惯；建设了污水处理站，彻底解决了村内污水排放问题；强力推进厕所革命，能接入管网的改为水厕，不具备接入管网条件的改为双瓮漏斗厕所。

村每户配备了可收回、不可收回、有毒有害3个垃圾桶，并把三种类型的垃圾利用提示牌、宣传栏等方式进行广泛宣传，在源头上就进行了垃圾分类。同时在公用地段配备了可移动小拉臂垃圾箱4个，垃圾桶10个，垃圾屋2座，进行集中回收。率先进行了垃圾处理市场化运作，与玉禾田保洁公司合作，提升保洁质量，进行统一倾倒，形成了户分类、村收集、镇清运的垃圾处理机制。村上率先成立了垃圾兑换银行，群众把平时收集、捡拾的可回收垃圾拿到垃圾兑换银行，换取日常生活用品，既保持了村庄卫生，又提升了群众的环保意识。

2. “联动”——建立了矛盾纠纷化解三级联动机制（司法、公安民警、法律顾问；村委调委、支部；“五老会”、“妇女说事会”、中心会长）

村上专门设立了“村民说事室”，小的邻里矛盾、家庭纠纷由中心户长、村干部、调委会负责调解解决，涉及政策、法律的就预约政府相关部门和律师、司法、公安民警等来联合处理，做到了大事不出村、小事不出巷。

村委会组织把村上的老党员、老村干和妇女们充分动员起来，成立“五老会”“妇女说事会”，在每月一次的矛盾纠纷排查中发现的问题，安排他们主动上门去化解，把大事说小、小事说了。

与此同时，积极开展“善行义举”“文明家庭”“好婆婆、好媳妇、好妯娌”等评选活动，对评选出的模范榜样进行表彰奖励。通过化解矛盾纠纷和树立先进典型两项措施，使群众对“十个没有”平安创建的认同感明显提升，同时也带动村风、民风持续好转。

3. “联防”——推行“五户联保”和建设“雪亮工程”，建设平安建设联防联控体系

五户联保：如今，赵家岸村在村的85户村民全都搬进了统一规划建设的二层新居，村委会对每一户都进行了门牌编号，以排为单位实行“五户联保”，设中心户长一名，挂牌亮身份，明确职责任务。对巷道公共设施、环境卫生、乱堆乱放、排水排污进行日常监督和管理，调解邻里纠纷、家庭矛盾，防火、防盗等都一肩承担下来，成为平安建设的前沿哨兵。

雪亮工程：在全村各个路口、巷道、大棚、林地周围安装高清摄像头29个，主要出村路口安装人脸识别系统，安全员和村民通过自家电视就可以实时观察到村庄的角角落落，构筑起一条横向到边、纵向到底的治安群防群控体系，大大提高平安建设水平。

4. “联网”——广电网络智慧乡村工程建设

赵家岸村是全省智慧乡村建设示范村，现已实现全村广电网络、无线WiFi全覆盖。村民可以非常方便地通过电视查询各级政府的惠民政策、安全知识、普法知识、法律法规、农业科技等，镇村两级的各项通知安排也

可以通过这一平台及时传达到户；村务账务实现了网络公开，方便群众随时查询。广电网络智慧乡村建设提高了广大群众的政策知晓率和科学文化素质，实现了镇村两级与村民的零距离零沟通，极大地提高了平安建设的效率。

2017 年赵家岸村被镇党委授予“平安村组”称号，全村 95% 的家庭被评为“平安家庭”，平安建设手段的创新，有效提升了乡村治理水平。以前的赵家岸村上访闹访频频发生，村民赌博成风、邻里关系紧张，各项事业踌躇不前。现如今，赵家岸村村容村貌整洁、配套设施齐全、治理体系完善，群众幸福感、获得感大大增强，思想素质和生活情趣积极向上，父慈子孝、邻里和睦，实现了“四零二无”（零事故、零上访、零吸毒、零邪教和无违法乱纪、无封建迷信）。

（三）经验启示

1. 努力健全乡村公共文化服务体系

党的十九大以来，人民日益增长的美好生活需要和不平衡不充分的发展之间的矛盾已经转变成为当前我国社会的主要矛盾。人民对美好生活的需要包括对文化生活的向往与追求，想要有效化解乡村文化供给和人民群众的文化需求之间的矛盾，必须努力健全乡村公共文化服务体系。

首先，要以群众需求为目标导向。毛泽东在《反对本本主义》中精辟地指出：“中国革命斗争的胜利要靠中国同志了解中国情况。没有调查就没有发言权。”[①] 无论是乡村公共文化活动的开展还是乡村公共文化产品的服务和供给，都主要由文化政策的制定者、文化活动的开展者、组织者决定，这便导致在公共文化建设和服务中群众的获得感和满足感欠缺。在调研过程中了解到许多老百姓不喜欢看戏看电影，比较喜欢看歌舞，但是由于上级要求“送戏下乡”“送电影下乡”，老百姓就只能看戏看电影，这样的事情并不是个例。面对人民群众日益增长的文化需求，公共文化相应政

---

① 《毛泽东选集》第 1 卷，人民出版社 1991 年版，第 115 页。

策的制定应该充分考虑人民群众的需求，做到陈云所说的：“不唯上、不唯书、只唯实。”一切从实际出发，实事求是地研究处理问题。

其次，加强公共文化基础设施建设。物质决定意识、经济基础决定上层建筑，公共文化基础设施是乡村公共文化发展与服务的载体和物质基础。调研发现，一些基层干部思想文化意识薄弱，存在“经济是硬指标，文化是软指标”的模糊观念，对于文化建设在农村全面发展中的地位和作用认识不足，工作摆不上位置，文化基础设施建设投资力度不足，导致农村文化建设速度缓慢。针对我国乡村公共文化建设实际，结合人民群众的文化需求，应该强化乡村图书馆、文化馆的建设，更新文化设备，在“实用性”和“便利性”上做好文章，避免在文化建设中出现“孤岛效应”。同时，乡镇以上应该加强文化下乡的服务，实时更新村民的文化知识，开阔村民的眼界。

最后，强化公共文化服务人才队伍建设。公共文化人才队伍是公共文化产品供给与服务的主体力量，也是公共文化服务实施落实与质量保证的关键。当前，农村文化事业建设缺乏专才，民间的文化人才又基本定居于城区，农村人才匮乏成为制约农村文化发展的重要因素。针对农村公共文化服务人才严重短缺的现实情况，地方文化管理部门要面向社会招贤纳才，解决农村文化事业单位人才奇缺的问题，实行奖励补贴机制，建立一支扎根基层、融入群众的农村公共文化服务队伍。

2. 努力加强乡村人才队伍建设

党的十九届五中全会审议通过的《中共中央关于制定国民经济和社会发展第十四个五年规划和二〇三五年远景目标的建议》在对于到 2035 年要基本实现的社会主义现代化远景目标中明确指出要：建成文化强国、教育强国、人才强国、体育强国、健康中国，国民素质和社会文明程度达到新高度，国家文化软实力显著增强。强化重才意识，树立求才导向。习近平总书记多次强调：“硬实力、软实力，归根到底要靠人才实力。”人才是乡村发展的关键。

首先，全面建立选派“第一书记”长效机制。当前部分农村的干部队伍软弱涣散，农村党组织书记难以发挥“领头雁”作用，依靠农村自身培养人才非常困难。因此，选派机关优秀干部到村任第一书记是党中央重视基层党组织建设和扶贫开发工作的重要体现。《中共中央国务院关于建立健全城乡融合发展体制机制和政策体系的意见》中指出：要建立城市人才入乡激励机制。推进大学生村官与选调生工作衔接，鼓励引导高校毕业生到村任职、扎根基层、发挥作用。建立选派第一书记工作长效机制。第一书记是实现“农业强、农村美、农民富”最终目标的“关键少数”，要充分发挥其素质高、能力强、思路活的优势。同时，第一书记要不断发掘资源动员的制度能力，使乡村发展的资源供给制度化，不能出现“人走茶凉”现象。

其次，努力创建“乡贤兴村”体制。乡贤在我国不同历史时期处理乡村的事务过程中发挥着一定的影响力，他们是乡村之外发展的“能人”，是乡村中具有情怀理想、视野资源的人群，其作用不言而喻。近年印发的《乡村振兴战略规划（2018—2022 年）》中也明确提出要“积极发挥新乡贤作用”，乡贤的回归有助于乡村文化新发展。乡贤回村参与乡村治理是一项系统性的工程，各个环节均需要有力保障。吸引乡贤回归不能只将眼光放在经济能人上，还要注重吸引管理型、文化型及道德模范型乡贤回归乡村，同时要善于挖掘当地新乡贤。

最后，依托“人才引进”推动乡村人才建设。城镇化的加速发展导致农村人才流失，农村留守人员呈现两极分化，乡村发展速度缓慢。随着乡村振兴战略的推进，农村对各类人才的需求量大幅度增长。当地政府需要建立一系列体制机制，通过政策倾斜和奖励举措，加大待遇、福利、环境等各方面的投入，吸引人才汇聚；出台相关政策，支持鼓励本土人才或者外出务工人员返乡创业，为农村发展提供人才保障。各大高校要鼓励广大毕业生转变固有的思想观念，积极响应国家政策的号召，回到家乡成就事业，实现自我价值。

3. 借鉴学习延安时期党在农村的治理经验

推进国家治理体系和治理能力现代化是全面深化改革的总目标，完成这一伟大而艰巨的战略任务，基层党组织是责任主体和基础。党组织是创新社会治理的领导核心和联系纽带，充分发挥党组织在基层的政治引领作用，既是创新社会治理的必然要求，也是巩固党的执政基础的题中之义。邓小平1941年4月15日在《党与抗日民主政权》一文中指出：“由于农民群众的拥护，使中国共产党在政治上取得了真正的优势。”① 学习延安时期党在农村的社会治理经验对于新时期提升农村治理能力具有重要的意义。

首先，进行制度建构，确保党在农村基层的政权中的核心地位。延安时期，中国共产党在陕甘宁边区制定了农村基层组织的相关制度，其中涉及党小组、支委构成、支分部、开会时间等。当前在农村基层要全面推行党的一元化领导，同时要加强农村基层监督体系的建设。对农村治理的相关问题成立相应的领导小组，定期召开会议，研究工作任务，汇报工作成效，具体有效地保证在党的领导下各个部门有效参与，共同致力于提升农村社会治理能力。

其次，鼓励学习培训，提高党员干部的综合素质。广泛的学习培训是延安模式的重要内容，陕甘宁边区建立了较为完善的学习制度来确保乡村干部教育的良好学习效果，例如，学习日制度、学习小组制度、两小时学习制度等。当前农村的党员干部普遍面临文化素质较低、思想观念较为落后的问题，需要加强农村党员干部的思想道德水平建设，鼓励党员干部积极参与干部培训学习，扩大知识面提升文化素质。保持终身学习的观念，还要了解国家的方针政策，学习相关文件，与人民群众保持密切的联系。

最后，坚持群众路线，突出农民群众的主体地位。延安时期，中国共产党始终贯彻“一切为了群众，一切依靠群众，从群众中来，到群众中去”的工作路线，关心人民群众的生活，倾听人民群众的心声，开展相关

① 《邓小平文选》第1卷，人民出版社1994年版，第12页。

的活动也始终将人民群众放在主体地位。农民是新农村建设与治理的主体，进入新时期，随着科技在农村基础设施建设中的普遍使用，农民获取信息的渠道更加多样，眼界更加开阔，农民的主体意识不断增强。在制定方针政策时要坚持以农民为本，认真考虑农民的现实需要，充分尊重农民的意愿；在农村改革和治理中，要尊重农民的意愿和首创精神，处理好政府主导与农民主体的关系。

三、吴起县“五化”并举的城市社区治理模式①

（一）背景情况

习近平总书记就加强社会治理工作强调：“加强社区治理体系建设，推动社会治理重心向基层下移，发挥社会组织作用，实现政府治理和社会调节、居民自治良性互动。”吴起县在社会治理工作中，坚持以人民为中心的发展思想，探索推出“五化”城市社区治理模式，并在城市社区治理服务工作实践中充分运用，优化了城市社区治理方式，提升了市域社会治理现代化水平。

近年来，随着城市化进程的加快，进城务工和定居城市社区的人员大幅增加，给城市社区治理、居民服务等工作带来了诸多困扰。为此，2016年以来，吴起县坚持以人民为中心的发展思想，积极探索加强城市社区“五化”（网格化管理、多元化参与、精准化包联、信息化支撑、人性化服务）治理模式。经过几年的探索和实践证明，“五化”城市社会治理模式在新时代社会治理工作中具有现实的指导作用。

（二）主要做法

1. 以网格化管理为基础，创新社区治理服务体制

一是突破行政区划限制抓管理。把城市规划区内8个社区划分为76个管理网格，从社区干部中为每个网格选配1名网格员，实行定片、定岗、

① 参见中共延安市委平安延安建设领导小组编：《贯彻落实习近平新时代中国特色社会主义思想延安社会治理实践案例选编》，内部资料，2020年4月，第55—61页。

定人、定责、定绩“五定”管理，夯实了网格员责任。同时，给全县各镇（街道）安排30名网格化社会服务性公益岗位工作人员，进一步充实了基层综治维稳队伍。二是突破组织机构人员编制抓管理。实行一格多责，形成了城市社区服务中心—社区—网格员—中心户长—信息员“五级管理”体系，坚持做到网不漏格、格不漏户、户不漏人。三是突破依靠行业自我管控抓管理。将治安、维稳、信访、民政、社保、就业、卫健、安全等融为一体，统筹安排，形成了“城市社区党委领导、部门指导、行业配合、社区落实、公众参与”的群防群治、齐抓共管的工作格局。同时，依照“一口受理、一网协同、限时办理”的原则，建立了登记上报、派遣分流、处置办理、督查反馈、结单归档“五步闭环服务流程”，方便了居民群众，提高了服务效率。

2. 以多元化参与为动力，形成共建共治整体合力

按照“属地管理”的原则，落实了各社区内机关学校、企事业单位、物业公司等主体责任，形成企业代管、物业托管、驻地单位协管、房主监管、社会齐管的整体合力。一是企业代管。按照“谁用工、谁负责”的原则，通过与驻地单位、个体户签订实有人口代管协议书，夯实了企业的管理责任。二是物业托管。通过与物业公司签订责任书，进一步落实了物业小区的物业管理责任，形成了以物业公司管理为主、社区民警和网格员指导、楼长和中心户长配合、业主广泛参与的管理机制。三是驻地单位协管。建立了以社区党总支为核心，驻地单位参与的管理服务机制，推动驻地机关单位文化、教育、体育等资源向社区居民开放，实现资源共享、家园共建。四是房主监管。紧扣“以房管人”，实行房主出租承租连带责任制，通过与房主签订协议书，落实房主的管理信息员、法律法规宣传员职责，实现租赁人员信息第一时间报告网格员。五是社会齐管。积极拓宽社会各界和群众参与渠道，发挥老党员、老干部、人民团体、志愿者和各类社会互助组织在社区治理服务中的作用，建立楼栋长、网格员、信息员、联络员、志愿者、治安积极分子共同参与的联户联防机制，形成了专群结

合、条块结合、社群结合的多元化参与体系。

3. 以精准化包联为重点，抓好社会特殊人员管理

进一步深化“两说一联”工作机制，将实有人口分为“ABCD”四种类型。A类为一般了解对象，指普通社区居民，占到总人口的78.8%，采取常规式服务管理；B类为关爱关注对象，指社区留守儿童、在校学生等未成年人，占到总人口的18.9%，采取政策性对口服务管理，由社区专职干部和专业人士包联；C类为特殊关照对象，指低保、残疾等弱势群体，占到总人口的2.2%，采取重点服务管理，由网格员包联；D类为重点帮扶对象，指刑满释放人员、吸毒人员、社区服刑人员、有精神病史高危人群、有不良行为的青少年和重点信访户等，占到总人口的0.1%，采取一对一、多对一服务管理办法，由政法干警包联。

4. 以信息化支撑为手段，提高社区治理服务效率

全面推进以网格为基础的治理信息数字化服务，形成了覆盖人、地、事、物、组织的信息化支撑体系。一是建立信息平台，建成了以城市社区服务中心综合数据库为支撑、操作界面统一、涵盖各部门、覆盖各社区的综合信息管理服务平台，整合公安、卫健、民政、人社、城管等信息资源，以社区网格为单位，将城区所有建筑、住户人口信息及机关单位进行一对一标注，实现了对重点服务人群和重点关注人群的动态跟踪服务管理，对低保、社保、家政、就业、租赁等各类便民利民事项全面掌握。二是以“智慧城市”建设和推进“雪亮工程”建设为契机，在重点路段、重点区域和治安案件多发点、街巷路口以及单位、物业小区安装电子视频头，并与110指挥中心对接整合，实现了对城区重点社会面的即时监控，让科技设备成为城市社区治理的千里眼、顺风耳。三是在城市社区服务中心专门设置了LED电子信息便民服务查询系统，定期向社区居民推送医保、社保、就业、社会治安、扫黑除恶等便民、利民、为民的新举措，方便群众查阅，接受居民监督。

5. 以人性化服务为主导，改进社区治理服务方式

按照以人民为中心的发展思想，探索形成了“四个十”为民服务工作法。要求社区工作人员在社区党支部领导下做到“十必访”，即：对流动党员、困难群众、独居老人、残疾家庭、留守儿童、失业人员、外来人员、家庭变故、信访老户、刑释解教人员每月必访。对社区事务做到“十必到”，即：邻里矛盾纠纷调解必到、邻里守望互助关爱必到、社区突发事件处理必到、发生治安案件介入必到、居民思想波动关心必到、居民困难病重关怀必到、居民反映问题登记必到、社区志愿服务介绍必到、社区重大活动参与必到、社情民意调查问询必到；要求中心户长在协助社区工作中做到“十必报”，即：公共设施损坏必报、背街小巷不洁必报、外来人员流入必报、居民房屋出租必报、公共道路不畅必报、发现违法建筑必报、公共安全隐患必报、公共秩序混乱必报、出生死亡必报、居民需求服务必报。要求社区工作人员按照职责分工建好“十条为民服务线”，即：党员先锋服务线、住房需求服务线、就业指导服务线、民政救济服务线、医疗养老服务线、卫生健康服务线、科教文体服务线、环境优美服务线、扶残助残服务线、平安建设服务线，全面提升了城市社区居民的归属感与幸福感。2019 年，通过“十必到”解决社区居民存在的困难和问题 537 件次（其中包括“十必报”上报困难和问题 123 条），通过“十必访”走访特殊关照人群、重点管理人群 1049 人次，通过“十条便民服务热线”帮助外来人口解决子女入学 31 人，提供就业岗位 27 人。

（三）经验启示

1. 坚持“五化”城市社区治理模式，是提高服务效率的重要措施

通过建立全县统一、动态更新、资源共享的城市社区社会管理信息服务平台，推行“登记上报、派遣分流、处置办理、督查反馈、结单归档”的事件处理模式，确保了社情民意在第一时间知晓、管理服务在第一时间实施、群众诉求在第一时间满足，有效解决了以往社会治理工作中存在的问题，进一步提高了行政效能和服务效率。

2. 坚持“五化”城市社区治理模式，是优化治理方式的重要手段

以网格为基础，通过调动驻社区企事业单位、“两新”组织、物业等工作主体对实有人口进行精准化包联，动态掌握各类人群的不同情况、不同需求，逐一匹配相应工作力量，定向精准服务，形成了部门互动、联合管理、人人有责的多元化参与的共治体系，有力地维护了社会稳定。

3. 坚持“五化”城市社区治理模式，是提升“两率一度”的重要载体

推动社会治理服务重心下移、资源下沉，网格员“访百家门、知百家情、管百家事、解百家难、暖百家心”，确保了群众的困难和问题能够及时得到回应。特别是推进“智慧城市”和“雪亮工程”建设，把治安防范措施进一步延伸到群众身边，筑牢治安防控的“篱笆”，赢得了群众的好评。

4. 坚持“五化”城市社区治理模式，是增强居民幸福指数的重要保障

通过开展为民服务“四个十”活动，真正将社会大联动治理“联”起来，服务进社区，让居民享受到高效便捷、安全放心、质优价廉的基本生活服务，极大地提升了居民的幸福指数，形成了共建共治共享的城市社区治理新格局。

以上可见，吴起县在社会治理工作中，探索推行“五化”城市社区治理模式，通过坚持网格化管理、多元化参与、精准化包联、信息化支撑、人性化服务“五化”模式，主动作为，狠抓落实，让城市社区治理工作稳步推进，提升了人民群众的幸福感、获得感、安全感。

四、宝塔区枣园街道办“五联五建”打造平安社区①

（一）背景情况

枣园街道办事处设有枣园社区和裴庄社区，12 个行政村。近年来，随着延安城市化进程推进和枣园红色旅游兴起，枣园街道外来流动人口增加，矛盾纠纷也由过去的社区邻里矛盾、婚姻家庭矛盾、经济纠纷赔偿等

① 本案例系课题组结合调研资料总结而成。

常见矛盾，转变为更具专业性、行业特殊性的复杂社会矛盾。面对当前经济社会发展的新形势以及社会治理、平安建设过程中的新问题，延安市枣园街道以习近平新时代中国特色社会主义思想为指导，围绕新时代“十个没有”平安建设目标，坚持以党建为统领，以人民为中心，以法治为保障，着力构建自治、法治、德治深度融合，构建人人有责、人人尽责、人人享有的社会治理共同体，形成了“五联五建”（党建载体联创、共建坚强堡垒；思想道德联育、共建文明新风；人居环境联抓、共建宜居环境；文体活动联谊、共建幸福家园；社会治安联动、共建平安社区）的工作模式，为推进平安社区建设和基层社会治理体系现代化提供了“枣园样本”。

（二）主要做法

1. 党建引领，形成平安建设“一盘棋”

社区作为国家治理的末端、服务群众的最前沿，是平安中国和国家治理现代化的基础。平安社区创建必须旗帜鲜明地加强党的领导，强化党建引领，确保基层治理始终保持正确方向。枣园街道办坚持把平安建设深度融入社区“大党委”建设，推进党建载体联创、思想道德联育、人居环境联抓、文体活动联谊、社会治安联动，形成平安社区建设强大合力。

首先，积极推进“社区大党委”建设。党的领导体系垂直管理模式和条块分割下的属地管理体制，一直是基层党建工作难以突破的瓶颈。枣园街道在 23 个小区成立了党支部，全面推行“党支部 + 业委会 + 物业”的党建引领小区治理工作机制，推动党的组织和党的工作向城市基层延伸，让党组织链条从社区延伸到小区、楼道，找到了破解小区治理难题的金钥匙。充分发挥了基层党组织覆盖面宽、联系党员群众广的优势，打通了党组织联系服务群众的“最后一公里”，有效地破解了社区和区域党建组织体系不完善、力量和资源不充足等难题，完善了社区服务体系和居民自治机制。

其次，强化街道党工委统筹协调功能，破解街道社区与驻区单位条块分割、封闭运行、边界不清等问题。针对当前社区与驻区单位在党的组织上互不隶属、行政上互不关联、管理上条块分割的现状，枣园街道进一步理顺社区党组织和居民委员会、业主委员会、物业服务企业之间的关系，把党建嵌入“平安社区”创建，加强党对社区自治组织、小区业主委员会、物业服务企业等的引领，使党建引领这条红线，在社会治理中得以有机融合、有效发挥。

再次，依托党的组织优势协调各方利益，引领发动广大群众积极参加志愿服务、参与社区治理。枣园街道将在职党员社区报到工作延伸至其居住地小区，并由小区党支部牵头，动员小区党员、居民、物业及社会各界人士积极参与公益志愿行动。根据志愿者特点和居民实际需要，由各小区党支部分类组建小区志愿服务队，定期开展形式多样的组团服务。枣园街道根据辖区实际情况，充分发挥辖区党政机关及企事业单位的资源优势，组建了一支由民警牵头，旧址讲解员、商场工作人员、物业小区、民间艺人、热心群众等组成的义务宣传队，结合不同工作场景，开展形式多样且群众喜闻乐见的平安宣传工作，向老百姓宣传防盗、防抢、防诈骗、消防安全、便民服务等各类公安业务工作，得到了群众的肯定和赞赏。

最后，切实发挥党组织和党员在平安建设工作中的先锋模范作用。紧紧抓住“书记”这一关键人的核心引领作用，充分发挥“党员干部”这一关键少数的带头示范作用。枣园街道开展大走访、大排查、大化解、大宣传暨建设平安枣园活动以来，各第 书记、网格员闻令而动，创新工作思路、探索有效方法，绘制辖区平面图，将枣园各村、各社区的地理方位、地形地貌、森林水库、河流桥梁等做了描绘，大棚蔬菜、畜牧养殖等产业项目散落其中。在城市小区，坚持小区党支部成员与业委会成员“双向进入、交叉任职”原则，依法依规推选小区党支部书记担任业委会主任，优先推选党支部委员、党小组长担任业委会副主任、委员。通过点亮“信念之灯、担当之灯、为民之灯、廉洁之灯”这四盏“明灯”，画好区域社会治理的同心圆。

2. 以自治为本，汇集民智民力

社区是社会治理的基本单元，也是一个以社会生活共同体为基础的自治单元。与乡村不同，社区中的居民和各类组织处于“陌生人”的环境，相互之间缺乏有效协调各方利益的途径和渠道，因此社区成员对社区依赖程度低，认同感、归属感和参与意识不强。枣园社区作为开放式和封闭式楼盘相结合的复杂社区，易出现管理难度大等问题。为了解决上述难题，枣园街道通过加强以社区党组织为核心的社区自治体系建设，培养居民的民主参与意识，理清多元主体之间的关系，全方位发力，不断增强社区自我管理、自我教育、自我服务、自我监督的能力。

首先，设立平安社区创建自治体系，织密平安社区创建的“安全网”。《十八届三中全会关于全面深化改革若干重大问题的决定》提出，要改进社会治理方式，创新社会治理体制，以网格化管理、社会化服务为方向，健全基层综合服务管理平台。平安社区创建中，“三治融合”的关键是创新一整套让社会力量有序参与的体制机制，激活基层社会治理活力，让民众在参与中表达，形成共识和社会资本；在参与中提升自我效能感和参事议事水平。因此，需要探索体现法治、德治的自治载体。枣园街道将基层治理网格、城市管理网格、社会服务网格、社会治安网格融入平安社区创建网格，实现社会治安、应急救援、市场监管、城市管理、便民服务等功能全面嵌入。采用一线工作法，按照“社区—片区—网络—楼栋”四级管理模式，配备片长、网络长、网格员、楼栋长和片警，其中片长为社区工作人员，网络长、网格员均由物业、单位、公司等社会人员担任。坚持落实四级网格员的职责，将辖区内社区划分为12个片区，配备片长12人、网格长30名、网格员92名、楼栋长215名、片警12名，充分发挥社会人员的基层治理能动性，形成“社区有网、网中有格、格中有人、人尽其责”的工作格局，织密了一张网格片区化管理的“安全网”，以“小网格”托起“大平安”。

其次，创新社区网格工作办法——两册一图。网格化管理作为现代技术与城市管理的有机结合，具有精细化、责任化、科学化、高效化特征，但也面临着网格划分不够细、条线化、碎片化等困境。如何深化拓展网格化管理，提供精准有效的服务和管理，提升社区治理整体效能，建设人民群众满意的平安社区也是枣园平安建设工作面临的现实问题。为进一步提高基层社会治理精细化、精准化水平，枣园街道以党建引领基层治理体制机制创新为指导，以网格化管理为支撑，创新工作招法，绘制“社区网格图”，形成购房登记册、住户登记册，使网格内基本信息“跃然纸上”，一目了然。为了确保平安社区创建更加高效便捷、精准有效，在业主入住小区时，要求物业公司按照两册一图录入业主相关信息，将社区治理做精、做细、做出实效。

最后，推进物业企业服务管理与社区治理融合发展。对物业企业进行考核评价，并以综合评估结果作为物业服务企业评比、准入与退出的重要依据。成立小区治理工作领导小组，每两月召开一次小区治理联席会议，统筹推进社区小区治理工作，着力解决群众办事难、办事慢、来回跑、不方便等问题。枣园街道组建张思德义务服务队，打通便民服务“最后一公里”。认真贯彻落实上级便民服务新政，手续齐全的立即办结，手续不全的一次性告知，决不以任何理由设置办事障碍。一些事项，直接通过“互联网＋”办理，群众一次也不用跑。针对无户籍人员、孤寡老人、紧急情况办证问题，由张思德义务服务队开展上门服务、预约服务、邮寄服务、24 小时服务等，进一步改进工作作风，更好地服务群众。

3. 法治为保障，有序推进平安社区创建

平安社区创建是一个复杂的社会工程，必须要有科学的制度和规则秩序。枣园街道在创建平安社区的过程中，通过强化普法教育、完善体制机制、项目化管理，全面落实依法治理，为平安社区创建保驾护航。

第一，依托红色优势，推行普法教育，法治理念深入人心。为保障枣园平安社区创建的有序推进、有章可循，枣园街道办结合“七五”普法教育，从制度建设入手，采取开办法律知识讲座、依法调解矛盾等政策措施，普及法律知识，弘扬法治精神，培育法治理念，树立法治权威。组建了以法律服务工作者、普法志愿者、村（居）法治副主任、“法律明白人”为主要成员的普法工作队伍，在社区等开展巡回宣讲，实现普法宣传教育常态化。同时，结合扫黑除恶专项斗争工作，依法完善社会秩序，深入推进基层警务、政务站点等基础管理设施建设，夯实辖区治安稳定平安工作。在张思德义务巡逻队的组织下，枣园依托红色优势，把演唱红歌和普法宣传相结合，邀请鲁艺学生对外来游客演唱革命红歌，一曲《绣金匾》，唱出了全国人民对革命领袖的无限怀念；一曲《山丹丹开花红艳艳》，展现了老区人民对中央红军的爱戴；一曲《保卫黄河》，仿佛把人们带入那如火如荼的革命岁月。同时，通过民间艺人陕北说书、快板、道情等形式，普及防盗防抢防骗小常识，宣传便民服务新举措，宣讲平安建设总思路，既富有地域特色，又成为平安法治建设的一道风景线。

第二，制订平安社区创建方案，确保工作规范、有效。为了全面落实平安社区创建，枣园街道实事求是，制订平安村（社区）建设实施方案，明确工作任务，落实工作责任，将辖区划为16个网格，形成了“信访职能在网格整合、维稳力量在网格聚集、矛盾问题在网格化解、服务群众在网格开展”的工作局面。建立了网格员、调解员、驻社区法律顾问、驻社区法官“四位一体”的矛盾化解联动机制。明确了网格员做到“四到户”和“五必访”。“四到户”即上级政策宣传到户，公益活动发动到户，意见建议征求到户，代办服务深入到户。“五必访”即有红白大事必访，有急病重病必访，有急难重活必访，有代办事项必访，有思想波动必访。真正实现网中有格，格中有人、事在格中、人尽其责。

第三，实行项目化管理，全面推进平安社区建设的制度化、规范化、常态化和科学化。一是建立动态管理制度。由枣园街道对已命名的平安社区实行定期复查、动态管理，对发生重大问题或不符合创建标准的，给予通报批评、限期整改、取消命名等处理。二是建立承诺践诺制度。社区主要责任人要针对存在的问题进行分析，按职责分工进行认领，并将创建措施、责任人、创建时限等面向辖区内服务群众做出公开承诺。在枣园街道年底召开述职测评大会，让干部面向服务对象和群众代表公开述职，对创建活动满意度进行公开评议测评，听取群众的意见和建议，及时改进和提高工作。三是建立目标考核制度。枣园街道按照群众认可、公开透明的原则，制定具体量化、可操作性强的平安社区创建评价标准，及时对创建活动进行检查验收和命名。平安社区的命名按照创建标准分为不同等级，坚持实现“一个没有”就授一颗星的办法，对没有创建上的目标，第二年重新创建，达不到标准的取消称号，同时根据社会发展及时修订“十个没有”具体标准。四是建立奖励制度。每年年终，由宝塔区委、区政府根据考核结果对本年度实现“十个没有”的平安社区进行命名、授牌，对创建活动不重视、工作不落实、措施不到位的，进行通报并按有关规定实行“一票否决”。

4. 德治为基础，凝聚人心汇聚群智

社会治理创新的关键核心是人，只有人与人和谐相处，社会才会安定有序。志愿服务是社会文明进步的重要标志，是广大志愿者奉献爱心的重要渠道。枣园街道革命历史文化底蕴深厚，干部群众身在其中，每天耳濡目染，对延安精神感受深刻。如何充分利用得天独厚的红色资源优势，发挥好德治建设的积极作用，提升城乡社区成员的素质和修养，进而从源头上预防社会矛盾、不稳定因素的产生，增加社会和谐因素，进而全面推进平安社区创建，这成为枣园街道在平安创建和基层社会治理过程中必须回答的问题。为了实现上述目标，枣园街道主要从以下几个方面推进：

一是德化教育常态化。枣园是延安时期中共中央所在地，也是全心全意为人民服务宗旨的发源地，红色基因丰富。为了深挖道德和文化资源，建立德治体系，枣园街道在开展平安社区创建的过程中通过德化教育传承优秀传统文化，践行志愿者精神，打造张思德志愿服务品牌，突出活动实效，让志愿服务成为广大群众的生活习惯、时尚追求、价值常态，成为枣园的一张亮丽名片。枣园各级党组织结合延安创建全国文明城市、食安城市、健康城市等活动，每月至少组织两次群众喜闻乐见的文体活动，深入开展传统文化教育、文明素质教育、社会价值观教育等活动，引导群众树立正确的世界观、人生观、价值观，激发群众热爱枣园、爱护枣园、建设美丽枣园的热情，提升群众主人翁意识。

二是建立健全志愿服务机制。为人民服务是中国共产党根本宗旨和初心使命的体现。75 年前，毛泽东在张思德追悼会上做了《为人民服务》的演讲，充分肯定了张思德同志为人民服务的高尚情怀。至此，张思德成为全国军民学习的楷模和榜样。“为人民服务”讲话台位于枣园辖区，枣园街道不忘初心、牢记使命，以张思德全心全意为人民服务的精神为指引，整合辖区党代表、人大代表、政协委员、驻村律师、公证员、各村（社区）调委会人员以及执法人员，成立社区新时代文明实践互助会，组建张思德治安巡逻志愿者服务队、老年人志愿者服务队、环境卫生志愿者服务队、文化宣传志愿者服务队，实行党工委统一领导、站所具体指导的管理办法，积极开展治安巡逻、矛盾调解、城市管理等工作。

三是加强对志愿者的培训、管理和服务。枣园街道以创建平安社区为契机，以满足居民群众需求、为群众提供服务为宗旨，大力开展社区志愿者活动，发展壮大社区志愿者队伍，激发社区居民参与志愿活动的热情，弘扬奉献、友爱、互助、进步的志愿精神。具体内容包括：健全工作制度，加强对志愿服务工作的引导，建立社区志愿者招募注册、兑换服务、关系转接、褒奖激励等工作制度。通过评选出优秀志愿服务队、优秀志愿者，鼓励士气，激励人心，让志愿服务活动蔚然成风。开展常态化志愿服务活动，第一时间为群众解难题、办实事，重点开展“身边人讲身边事”“身边人帮身边人”等实践互助活动，使文明实践活动有内涵、有温度、聚人气、可持续，让群众愿意参与、乐于跟随。发挥党员志愿者的示范引领作用，哪里有需求，哪里就有帮助，实现每天有志愿服务身影、每周有志愿服务报道、每月有志愿服务活动、每季度有一次大型集中服务活动、每年打造一个创新服务品牌。把志愿服务融入工作生活、体现在八小时之外，推动文明实践志愿服务制度化、规范化。培训志愿者队伍，提高志愿者的服务水平和自身素质，让这支志愿者团队越来越有组织、越来越有制度化。同时，注重特色培育，例如一个队伍一个活动主题、一个队伍一个专业特色，创建“张思德”志愿服务品牌，充分发挥业务专长。

5. 技术赋能，提升治理效能

当前，以互联网、大数据、人工智能为代表的新一代信息技术日新月异，给各国经济社会发展、国家管理、社会治理、人民生活带来重大而深远的影响。数字技术正在成为全面推进中国政府治理体系和治理能力现代化的重要支撑。

枣园社区以新时代“十个没有”平安小区建设为标准，创新小区管理模式，努力推进小区智慧化进程，率先打造“公园天下”“平安小区”建设工作，完善各类安防设施设备，着力提升服务水平。由枣园街道派出所指导小区物业安排布点布线，科学规划小区视频监控探头，完善小区内视频监控覆盖面，形成视频监控网，安装门禁系统、面部识别和身份证识别，加速小区警务室建设，实现小区防盗窗清零，打造美观整洁便捷安全的新型智慧化小区，让业主有满满的安全感和幸福感。“线下＋线上”整合资源信息。“线下”小区党支部通过在小区内设立“问题墙”和“回音壁”，专门收集居民意见。对于群众提出的问题经过初步调研，小区党支部解决不了的向社区党组织建议，由社区党委牵头，联动街道进行具体调研推动。“线上”整合智慧小区、智慧消防、智慧城管、12345 市民热线等管理平台，让“数据多跑路、群众少跑腿”。通过“线上＋线下”的方式积极收集居民需求，下活枣园平安建设这盘棋。

（三）经验启示

第一，必须树立党的一切工作到支部的鲜明导向，把党组织建设贯穿平安社区建设的始终。

枣园是延安时期中共中央书记处所在地，也是全心全意为人民服务宗旨的发源地。1944 年 9 月 5 日，中央警卫营战士张思德为响应大生产运动，和战友一起挖炭窑时，炭窑突然坍塌，张思德奋力将战友小白推出炭窑，自己却献出了29岁的年轻生命。9月8日，中央机关在枣园村口召开追悼张思德同志大会，毛泽东亲自敬献花圈，并发表了著名的《为人民服务》演讲。“全心全意为人民服务”不仅是延安精神的重要组成部分，也是共产党人的根本宗旨，更是一切工作的出发点和落脚点。党的基层组织是确保党的路线方针政策和决策部署贯彻落实的基础。习近平总书记强调：“中国特色社会主义大厦需要四梁八柱来支撑，党是贯穿其中的总的骨架，党中央是顶梁柱。同时，基础非常重要，基础不牢、地动山摇。在基层就是党支部，上面千条线、下面一根针，必须夯实基层。”因此，枣园街道平安社区创建必须始终坚持“以人民为中心”的发展思想，发扬“全心全意为人民服务”的延安精神，坚持以习近平新时代中国特色社会主义思想为指导，进一步坚定政治性、体现时代性、突出实践性，才能确保平安社区建设始终沿着正确方向前进。

第二，新时代“十个没有”平安建设必须坚持把党的领导落实到基层，把基层社会治理做细做实。

切实增强基层治理和服务群众工作的精准性和高效性，搭建起党委主导、行业主管、部门主责、基层主抓、群众主体的社会和谐稳定新防线。党的十九大报告指出，加强社会治理制度建设，完善党委领导、政府负责、社会协同、公众参与、法治保障的社会治理体制。因此，治理城乡社区的主体由基层党组织的代表、基层政府的代表、基层社会力量的两个代表（包括企业的代表、基层社区组织的代表）和居民的代表的五大主体组成。在社区共治体系中，这五大治理主体在中国共产党的领导下发挥了不同的职能和作用，形成一个良性互动的结构体系。

第三，平安社区创建是一项系统工程，必须推动平安社区创建有“魂”、有序、有力、有效。

社区既是一个生活共同体，也是一个政治共同体，更是一个文化共同体。平安社区创建离不开法律制度的保障，也离不开以优秀文化、精神、观念、价值为意蕴的德治治理体系的构建。一方面，法治是国家治理体系和治理能力的重要依托，在治理现代化进程中具有固根本、稳预期、利长远的重要作用。社会治理作为国家治理的重要内容，在法治轨道上推进社会治理创新，有助于最大限度凝聚社会共识，凸显制度优势，发挥治理效能，为有效应对重大挑战、抵御重大风险、克服重大阻力、解决重大矛盾提供坚强保障。另一方面，法律有效实施有赖于道德支持。习近平总书记指出："推进国家治理体系和治理能力现代化，要大力培育和弘扬社会主义核心价值体系和核心价值观，加快构建充分反映中国特色、民族特性、时代特征的价值体系。"创建平安社区依赖于新时代社会主义核心价值观念重塑社区居民的向心力、凝聚力和归属感。枣园街道在创建平安社区的过程中，深挖传统美德的当代价值，发扬和丰富"全心全意为人民服务"的新时代内涵价值，着力建构基层社会治理的法律制度体系，完善基层社会治理的道德体系，兼顾"硬实力"和"软实力"，有力提升基层社会治理效能。

第四，"三治融合"是一个有机的整体，坚持统筹兼顾，相协并重。

从治理的范畴来看，自治、法治、德治分别是三个层面的问题，其中自治属于社区范畴，法治是国家范畴，德治是社会范畴，三种方式互相配合，在功能上互补增益，通过良性互动形成共建共治共享的"善治"格局。其中，自治是核心、基础，但是自治效能的有效发挥需要法治、德治协同作用，要求做到自治、法治、德治多元治理的系统化。自治需要引入法治来加以稳固，通过法治预设自治的规则模式，实现法律与社会生活惯例对接、融合。德治为自治注入个体自觉，激发社区成员的自治活力和积极性，从价值、观念上引导社区成员自治。良好的道德氛围，有助于促进自觉、自主、自律的自治。同时法治和德治之间也要形成互动，无论是正式的法律法规还是非正式的社区规章，都要体现乡村社会优良的道德观念，形成"良法之治"。同时，在治理手段上综合运用法律、经济和管理等各学科分析方法，并辅之高新技术手段，提升"三治融合"体制的科技化和专业化程度。

第五章
多领域实践创新，平安建设和社会进步相得益彰

第一节　发挥重点部门和行业在平安建设中的作用

一、重点部门（单位）在平安建设中的作用

建设平安中国，加强社会治理，不仅要坚持以人为本，通过更有效的制度安排，将党委领导、政府治理、社会协同和公众参与等结合起来，将“共建”的治理过程与“共享”的治理目标结合起来，使我国社会在深刻变革中既生机勃勃又和谐稳定，向人民安居乐业、社会安定有序、国家长治久安的愿景不断奋进；还需要重视和加强政府机关、企事业单位等的内部治理与平安建设，着力固根基、扬优势、补短板、强弱项，加强系统治理、依法治理、综合治理、源头治理，形成内外相维、协调统一的平安建设格局，构建系统完备、科学规范、运行有效的制度体系，把我国制度优势更好地转化为国家治理效能。因此，在推进市域社会治理现代化的背景下，制定新时代“十个没有”平安部门（单位）指导性标准需要重视以下几个方面：

（一）全面贯彻总体国家安全观，着力构建大安全格局

各部门（单位）是建设平安中国的重要力量，在维护国家安全和社会稳定等方面发挥着积极作用。因此，要坚定贯彻总体国家安全观，加强本单位（部门）的平安建设。一是坚持党对国家安全工作的绝对领导，坚持党中央对国家安全工作的集中统一领导，加强统筹协调，把党的领导贯穿到国家安全工作各方面、全过程，推动各级党委（党组）把国家安全责任制落到实处。二是坚持中国特色国家安全道路，贯彻总体国家安全观，坚持政治安全、人民安全、国家利益至上有机统一，以人民安全为宗旨，以政治安全为根本，以经济安全为基础，捍卫国家主权和领土完整，防范化解重大安全风险，为实现中华民族伟大复兴提供坚强的安全保障。三是坚持以人民安全为宗旨，国家安全一切为了人民、一切依靠人民，充分发挥广大人民群众积极性、主动性、创造性，切实维护广大人民群众安全权益，始终把人民作为国家安全的基础性力量，汇聚起维护国家安全的强大力量。四是坚持统筹发展和安全，坚持发展和安全并重，实现高质量发展和高水平安全的良性互动，既通过发展提升国家安全实力，又深入推进国家安全思路、体制、手段创新，营造有利于经济社会发展的安全环境，在发展中更多考虑安全因素，努力实现发展和安全的动态平衡，全面提高国家安全工作能力和水平。五是坚持把政治安全放在首要位置，维护政权安全和制度安全，更加积极主动做好各方面工作。六是坚持统筹推进各领域安全，统筹应对传统安全和非传统安全，发挥国家安全工作协调机制作用，用好国家安全政策工具箱。七是坚持把防范化解国家安全风险摆在突出位置，提高风险预见、预判能力，力争把可能带来重大风险的隐患发现和处置于萌芽状态。八是坚持推进国际共同安全，高举合作、创新、法治、共赢的旗帜，推动树立共同、综合、合作、可持续的全球安全观，加强国际安全合作，完善全球安全治理体系，共同构建普遍安全的人类命运共同体。九是坚持推进国家安全体系和能力现代化，坚持以改革创新为动力，运用法治思维，构建系统完备、科学规范、运行有效的国家安全制度

体系，提高运用科学技术维护国家安全的能力，不断增强塑造国家安全态势的能力。十是坚持加强国家安全干部队伍建设，加强国家安全战线党的建设，坚持以政治建设为统领，打造坚不可摧的国家安全干部队伍。

（二）全方位开展平安创建活动，打造平安稳定的社会环境

不仅要重视突破性的机制创新，也要重视常态化的机制运行。在纵横联动机制创新上，需要加强地方、部门联动融合，构建纵横交织的网状治理结构。一是构建条块结合新格局。厘清上级职能部门与乡镇（街道）之间的权责、属地管理与部门职责之间的边界，推动力量在基层整合、问题在基层解决。积极探索扁平化治理模式，提高快速响应、精准落地能力。二是构建部门协同新体系。按照“谁主管、谁负责”原则，建立健全职能部门平安建设权责清单，严格落实部门对分管行业领域安全风险防控监管职责。健全部门间信息互通、资源共享、工作联动机制，实现资源整合、力量融合、功能聚合、手段综合，形成联动融合、集约高效的工作体系。三是构建区域协作新模式。完善责任共担、合作共赢的区域安全协作新机制，努力实现重大安保任务联手、重大突发事件联处、突出矛盾风险联治。与此同时，在常态化的机制运行上，需要坚持以“预防为主、整建结合、重在落实”为中心，全方位开展“平安部门（单位）”创建活动。（1）加强领导，健全组织。实现平安建设领导小组全覆盖，组长、副组长、成员配置合理，囊括主要领导、分管领导和各科、室、所负责人，下设办公室，建立主要领导亲自抓、分管领导具体抓的工作机制。（2）提高认识，内强素质。定期召开了党组会议和全体干部职工大会，对活动进行动员和宣传。开展普法教育，组织干部职工学习相关法律法规。（3）落实责任，强化服务。逐级签订目标责任书，执行“一级抓一级，层层抓落实”的责任追究体系。与“学党史、悟思想、办实事、开新局”活动结合起来，加强机关效能建设，提高为民服务的质量和水平。（4）排解纠纷，消除隐患。在重点领域开展定期、集中和专项排查，及时、认真对待各种争议案件，做到矛盾纠纷预防、调处、化解有机统一。（5）内部防控，消除死角。定期对电器、线路等进行彻底排查，注意防火、防盗工作，加强对网络使用的监管，确保不发生安全泄密事件。

建设新时代“十个没有”平安部门（单位），需要立足部门（单位）治理实际，以习近平新时代中国特色社会主义思想为指导，深入贯彻习近平总书记关于建设更高水平平安中国的重要指示精神，全面落实中央、省委和市委关于平安建设的重要部署和要求，以构建社会主义和谐社会为目标，始终坚持“打防并举、标本兼治、专群结合”的方针，积极做好各种矛盾纠纷和不稳定因素的排查与化解工作，最大限度消除安全隐患，全力维护部门（单位）内部政治稳定，巩固和深化内部治安防控体系建设，努力开创部门（单位）平安建设工作新局面。

二、重点行业在平安建设中的作用

经国序民，正其制度。党的十九届四中全会深刻阐明了坚持和完善中国特色社会主义制度，推进国家治理体系和治理能力现代化的重大意义、总体要求、总体目标、重点任务和根本保证，为推进国家治理体系和治理能力现代化指明了努力方向。行业（领域）的治理体系和治理能力是国家治理体系和治理能力的重要组成部分。推进行业治理体系和治理能力现代化，是党的十九届四中全会精神在社会层面的生动实践。新时代“十个没有”平安建设，重在遵循因地制宜、实事求是的原则，坚持问题导向与重心下移，把与群众生活密切相关的重点领域、重点行业等纳入创建的范围。因此，在推进市域社会治理现代化的背景下，制定新时代“十个没有”平安部门（单位）指导性标准，需要重视行业治理的重要意义：

（一）行业参与共建共治共享是社会治理现代化的重要内容

行业（领域）治理是社会治理的重要方面，社会治理体系和治理能力现代化离不开行业（领域）治理的现代化。党的十八大以来，我国社会治理的理念思路、体制机制、方法手段不断创新，党中央对社会治理的经验总结和理论探讨日渐深入，对我国社会治理的规律性认识持续深化。无论是基层矛盾纠纷的化解、人际关系的修复、社会秩序的维系，还是广大城乡社区对疫情的成功防控，均充分说明社会治理的成效不仅关乎人民群众的身体健康、社会生活的安定有序、国民经济的稳健发展，也与人民群众的获得感、幸福感、安全感以及对公平正义的追求紧密相连。尤其是基层社会治理越有效，国家治理的基础就越坚实。“共建共治共享”，是社会治理制度的核心要义，三者相互交融、相互促进。

共建是社会治理的基础，强调各类主体共同参与社会建设。习近平总书记指出，治理和管理一字之差，体现的是系统治理、依法治理、源头治理、综合施策。这就要求社会治理既要本着政府、社会合作的原则，通过一系列的政策安排，为市场主体和各种社会力量提供更多的发挥优势的机会；也要增进党委、政府与以行业为代表的市场主体和社会各方的互信及沟通，打破简单的管理与被管理的关系，促进各类主体平等协商、合作互动。

共治是社会治理的关键，强调各类主体共同参与治理。党的十九届四中全会《决定》提出：“完善党委领导、政府负责、民主协商、社会协同、公众参与、法治保障、科技支撑的社会治理体系。”这一论述更加明确了各类主体在社会治理中的关系和地位，要求充分发挥各级党委的领导核心作用，强化各级政府的主体责任，增强社会各方参与社会治理的能力和活力。

共享是社会治理的目标，强调各类主体共同享有社会治理成果。习近平总书记指出，我们追求的发展是造福人民的发展，我们追求的富裕是全体人民共同富裕。改革发展搞得成功不成功，最终的判断标准是人民是不是共同享受到了改革发展的成果。因此，社会治理归根结底是增进人民福祉，实现公平正义，保障人民群众的合法权益，让全体人民（包括各行业各领域）共同享受发展和治理成果。

（二）行业是社会治理共同体的重要组成部分

社会治理共同体意味着社会治理的主体由单一走向多样，由单纯的政府负责转向多元主体共治，党委、政府、社会（特别是行业）、群众之间的关系会更加融洽，社会治理变得更具科学性、民主性和凝聚力。而实现

“人人有责、人人尽责、人人享有”的目标，还需深刻认识到：其一，全面贯彻以人民为中心的发展思想，把社会治理变成亿万人民群众共同参与的生动实践，是包括行业治理在内的社会治理现代化的必然要求。增强行业治理，有助于提升行业的公共责任意识，弘扬民族精神和时代精神，把社会主义核心价值观融入行业发展中，为塑造共同的理想信念、价值理念、道德观念做出贡献；同时，有助于通过有效的行业治理做好人民群众最关心、利益最密切的事情，让人民群众共享行业治理成果，使人民群众成为社会治理的最广参与者、最大受益者、最终评判者，也让行业在参与社会治理的过程中感受到人人有责、人人尽责、人人享有的重要性。其二，坚持党委、政府、群众自治组织、社会组织、各行各业、人民群众等对基层社会的共同治理，是将矛盾纠纷化解在基层，将和谐稳定创建在基层的重要前提。一个现代化的社会，应该既充满活力又拥有良好秩序，呈现出活力和秩序的有机统一；一个健康发展的社会治理共同体，也应该既心情舒畅又关系和谐，呈现出个人与集体的互利共生。行业作为社会治理共同体的一员，有责任改善服务水平、提升治理效率，推动其自身治理制度化、规范化、程序化，从而让社会治理共同体更具影响力和生命力。

第二节　平安部门（单位）建设典型案例

一、延安市中级人民法院：多措并举，提升诉源治理水平[①]

（一）加强“两个一站式”建设，不断满足人民群众便利诉讼服务需求

全市法院将加强“两个一站式”建设置于城市社会治理现代化大局中

① 本案例系课题组结合调研资料总结而成。

谋划和推进，为群众提供丰富快捷的纠纷解决渠道和一站式高品质的诉讼服务，全方位提升了群众的获得感、幸福感、安全感。

1. 工作背景

建设一站式多元解纷机制、一站式诉讼服务中心即“两个一站式”建设，这是最高法院为贯彻落实习近平总书记对司法为民一系列重要指示精神的司法实践探索。2019 年 7 月 31 日，最高法院发布《关于建设一站式多元解纷机制一站式诉讼服务中心的意见》，要求法院必须坚持以群众为中心，为群众构建丰富快捷的纠纷解决渠道，提供高品质的现代化诉讼服务。全市法院立足司法职能，以满足群众多样的司法需求为目标，着力加强服务集成，选择重点领域作为突破口，不断深化“两个一站式”建设。我院新建新诉讼服务中心服务功能区 1300 余平方米，涵盖了诉讼引导、业务窗口、诉讼调解繁简分流、自助诉讼服务、便民服务等功能区域。信访接待区面积 140 平方米，设有院长接待室、法官会见室和纪检值班室，院领导班子成员每周轮流接待来访群众，当事人与法官微信或电话提前预约，定点公开会见，全程录音录像留痕。办公辅助区面积近 400 平方米，用于 12368 诉讼服务热线和立案庭法官阅卷办公。全面实现了跨区域立案、线上调解、自助服务等现代化诉讼服务机制。

2. 主要做法

一是推进全功能、立体化诉讼服务中心建设。我院党组成立诉讼服务中心建设领导小组，印发《实施方案》，依据“功能优先、因地制宜、方便诉讼”的原则，打造“厅网线”为一体的诉讼服务中心，突出立体化诉讼服务设计，畅通诉讼服务大厅、诉讼服务网、移动终端、12368 诉讼服务热线等多种渠道，设置智能法官留言系统、诉讼风险评估系统、自助诉服系统和智能法律服务机器人等电子设备。设立诉讼引导和辅导区，配备专业引导员。开辟诉讼服务各类二维码矩阵，告知诉讼所需材料和提供各类诉讼模板。增设跨域立案服务窗口、担保事务窗口、鉴定事务窗口，预留机动窗口，为当事人提供一站通办、一次通办的诉讼服务。已上线运行诉讼服务网、移动微法院，促进诉讼服务提档升级。目前网上立案、移动微法院均已正式开通，截至 2020 年 3 月 1 日诉讼服务中心恢复开放前，累计网上审查立案 134 件，邮寄审查立案 6 件，跨域审查立案 15 件，接受当事人线上诉讼咨询 719 人次，人民调解平台调解成功 1 件，努力让法官多做事、信息多跑腿、群众少跑路。

二是深入实施“最多跑一次”改革。以“一次办好”为目标，全面梳理诉讼服务“最多跑一次”项目清单，逐项制定标准化工作流程和一次性办理服务指南，加快实现“诉讼服务中心全覆盖、窗口办理最多跑一次”。充分发挥信息化科技效能，主动适应“互联网 +”时代要求，充分运用网络、移动通信等信息化手段，通过移动微法院，实现网上认证、引导、立案、诉讼费缴纳等一站式服务贯通。与市司法局联合下发了《关于开展律师调解试点工作实施方案》，并建立了律师名单库，在诉服中心设置律师工作室，实行坐班和电话值班，为涉诉群众答疑解惑，并参与诉前调解。设有院长接待室、法官会见室和纪检值班室，院班子成员每周轮流接待来访群众，当事人与法官微信或电话提前预约，定点公开会见，全程录音录像留痕。

三是完善集约化诉讼服务机制。完善社会力量参与诉讼服务机制，积极推进司法资源和社会资源的融合共享、互联互动，将能够由社会第三方辅助完成以及能够外包的服务性工作剥离出来，通过购买服务，由社会化专业化团队开展。如探索建立集约送达机制，在案件数量较多的宝塔区、吴起县、志丹县、洛川县等法院实施集约送达、外包送达，提高了诉讼效率。将法院事务性工作前置集约化，我院出台了《法官接见诉讼参与人制度》，在诉讼服务中心设置 6 个法官集中约见接待室，方便案件诉讼参与人在固定时间与法官见面沟通案件情况，解决见法官难问题，提高了办案效率。

3. 经验启示

一是“两个一站式”建设必须坚持党的领导，依靠相关职能部门的通力协作。建设一站式多元解纷机制、一站式诉讼服务中心是法院贯彻落实习近平总书记对司法为民做出的一系列重要指示、提升司法为民水平的实践探索，涉及行政、司法等多个部门、多重体系，必须坚持党的领导，建立各相关部门主动支持、协同配合的工作格局，将“两个一站式”建设纳入市域社会治理体系、诉源控制等建设中一并落实、一并推进，才能取得更大的实效。

二是“两个一站式”建设必须时刻牢记司法为民的宗旨。司法为民是社会主义法治理念的重要内容，是法院的工作宗旨，是广大法官干警必须时刻遵循的司法理念和价值追求。“两个一站式”建设的最终目标是为人民群众提供丰富快捷的纠纷解决渠道和一站式高品质的诉讼服务，全方位提升人民群众的获得感、幸福感、安全感。要实现这一目标，就必须时刻坚持司法为民的宗旨，切实提升诉讼服务水平，更好地维护群众的利益。

三是“两个一站式”建设必须以雄厚的资金和充分的专业人才为支撑。“两个一站式”建设以智慧法院建设为基础，需购买社会化服务，对资金需求较大，需要形成稳定的财政投入机制，提供稳定的经费保障。同时，专业的信息化人才的多寡直接决定着建设的质量与效率，必须及时解决在机构、人员方面的困难，一方面加强对法院内部相关技术人员的业务教育培训，增强自身实力。同时，加强与社会信息网络机构的合作，及时更新技术参数，保证建设的先进性和前瞻性。

四是“两个一站式”建设必须加大宣传推广力度。现代化的诉讼服务中心和多元解纷机制对于群众而言系近年来的新生事物，群众对其了解不够导致不敢应用，不会应用，使得其实际效果大打折扣。因此，必须加大宣传推广力度，通过报纸杂志、电视网站、微博微信、新闻客户端等各类媒体，全面宣传多元解纷和诉讼服务的典型经验和做法，及时回应社会关切，自觉接受社会监督，广泛凝聚社会共识，营造良好氛围。

（二）全力攻坚基本解决执行难，努力保障人民群众胜诉权益实现①

近年来，全市法院紧盯基本解决执行难工作目标，不断加大执行攻坚克难力度，探索创新执行工作制度机制，以严格、规范、公正、文明的执行实现胜诉当事人的合法权益，有力维护了司法裁判的权威。

1. 工作背景

“执行难”是近年来人民群众尤其是胜诉当事人反响最为强烈、社会各界广泛关注的热点难点问题，也是影响司法公正的突出问题。有效解决“执行难”，对于实现胜诉当事人权益、维护法制权威和提升社会治理水平具有重大意义。2016 年 3 月，最高法院院长周强在十二届全国人大四次会议上向全国人民庄严承诺：“用两到三年时间基本解决执行难。”延安法院在各级党委的坚强领导下，对标最高法院《工作纲要》，制定工作时间表、路线图，夯实各级工作责任，强化执行联动威慑，加大执行工作力度，突出强制执行硬措施、硬手段，创新保障执行工作良性循环的制度机制，及时兑现胜诉权益，增强群众司法获得感。2016 年以来，全市法院共执结各类案件 35984 件，向当事人兑付执行款共计 102. 22 亿元，分别是 2012—2015 年四年总和的 4. 6 倍和 6 倍，完成了“基本解决执行难”的目标任务。2019 年，中院被最高法院、人社部表彰为全国“基本解决执行难”工作先进单位。

2. 主要做法

一是强化责任担当，加强领导凝聚合力。市委、市政府“两办”先后印发《关于进一步强化执行联动威慑机制的意见》《关于加快推进失信被执行人信用监督、警示和惩戒机制建设的实施方案》，市委政法委会同中院下发了《实施方案》，明确将解决执行难问题纳入平安建设考核体系，压实了各级各部门的工作责任。两级法院均成立了由院长任组长的“基本解决执行难”工作领导小组。中院先后 12 次专题研究执行工作，确立院

① 参见中共延安市委平安延安建设领导小组编：《贯彻落实习近平新时代中国特色社会主义思想延安社会治理实践案例选编》，内部资料，2020 年 4 月，第 8—12 页。

长和班子成员分别包抓基层法院制度，对工作进度缓慢、措施不力的法院及时约谈批评。中院执行局采取网络实时监测、随机抽查考核、重点案件督办、编发专题通报、现场督查指导等措施，确保每一个法院顺利通过“基本解决执行难”第三方评估验收。全市增配执行法官干警21名，执行法官两批入额50人，累计投入700余万元配齐执行指挥车和执行单兵装备，改造升级了执行指挥中心，提高了工作效率，强化了工作保障。

二是紧抓办案主业，重拳出击形成威慑。突出强制执行，持续开展“一打三反”、涉民生案件集中执行、执行“攻坚”等专项行动，逐案制订执行方案，夯实办案责任，穷尽执行措施，严厉制裁规避、抗拒、妨害和不协助执行行为，有效执结了一批长期未结的积案和“骨头案”；会同公安机关开展了追查逃债被执行人专项行动，从省内外追获逃债被执行人12名；每年春节期间开展“不让老赖回家过年”专项执行行动；持续开展涉执行公职人员专项执行行动，会同纪检监察、组织人事部门集体约谈公职人员370名。强化联动惩戒，会同检察、公安机关发布《关于严厉敦促被执行人主动履行生效法律文书的通告》，加大失信被执行人公开曝光力度，及时向最高人民法院“黑名单”库和省市公共信用信息平台推送失信被执行人信息，最大限度压缩其生产生活空间；发布惩治“老赖”典型案例，组织开展案件执行网络媒体直播，形成督促履行义务的强大法律和舆论压力，520名被执行人主动履行了义务。注重因案施策，持续开展全市法院“院长公开大接访”活动，有效解决“信访不信法”问题，化解了一批执行信访案件；采取提级执行、异地执行等方式，执结20余件涉党政机关案件；启用“天眼”查控系统，推行悬赏执行、律师调查措施，落实财产申报制度，拓宽查人找物途径；建立减刑、假释工作与执行工作联控机制，将财产刑执行和刑事附带民事赔偿履行情况作为核准减刑、假释的重要条件，促使服刑被执行人及时履行义务。

三是勇于改革创新，健全机制提升效能。优化执行管理体系，建立健全执行团队化管理、案件繁简分流、裁执分离、集约查控模式，实行案件分段执行机制，通过网络查控组、法律文书制作组、送达组、办案组分工协作执行，执行质效明显提升。规范执行行为，建立执行工作指挥督办平台，完善执行案件流程管理系统，强化办案节点管控，启用系统短信推送功能，及时向当事人公开案件流程节点信息和执行工作动态。制定了《执行指挥工作管理细则》《终本案件审查结案、定期评查、后续管理规定》等制度，全方位考核提升执行水平。创新工作机制，建立执行工作警务化机制，两级法院建立司法警察参与执行工作机制；引入多家保险公司为困难当事人提供财产保全担保，有效降低群众诉讼成本；推行“一案一人一账户”案款管理机制，实现执行案款专户管理、独立核算、及时兑付；实行网上司法拍卖，拓宽变现渠道，累计为申请人节约拍卖佣金 808.9 万元。

3. 经验启示

一是解决执行难问题必须坚持党的领导，依靠各级各部门的大力支持。解决执行难是人民法院落实十九届四中全会精神，提升司法能力和参与社会治理的重大课题，“基本解决执行难”离不开各级党委的坚强领导以及各级各部门的大力支持，由“基本解决执行难”向“切实解决执行难”迈进，更需要党的领导和各界的支持，将执行工作置于市域治理体系和社会诚信体系建设中一并落实、一并推进，才能取得更大成效。

二是解决执行难问题必须时刻不忘司法为民的宗旨。司法为民作为社会主义法治理念的重要内容，蕴含了人民法院、人民法官的“人民”属性，是广大法官干警必须时刻遵循的司法理念和价值追求。“基本解决执行难”初步打通了司法为民的“最后一公里”，要真正实现执行案件的良性循环，必须时刻坚持为民司法的宗旨，才能维护好胜诉当事人权益，让人民群众在执行工作中有更多的获得感。

三是解决执行难问题必须立足于办案质效和队伍素养的整体提升。案件质量是人民法院的生命线，直接决定着生效裁判的权威。执行队伍的能力素质是解决执行难的基础条件。延安法院近年来一手抓办案质效大提升，持续开展“办案质效大提升”活动，严格落实司法责任制，规范案件办理流程，有效提升了案件质效；一手抓队伍素养大提升，全方位加强法官干警政治思想和业务教育培训，坚持以延安精神塑魂育人，切实推进廉洁司法建设，为“基本解决执行难”提供了有效支撑。

四是解决执行难必须借助现代科技信息的支持。现代科技信息手段，特别是社会诚信系统、失信被执行黑名单推送、信息化执行系统的建立，给法院执行模式带来重大变革，为破解人员查询、财产查控等老大难问题提供了技术支撑。信息化建设只能强化不能弱化，要借助科技手段，有效解决传统执行工作查人找物、资产变现、部门协作等方面存在的难题，为解决执行难插上智慧的翅膀，提供强大的智力支持。

（三）深化“两说一联”机制，推动矛盾纠纷多元化解

1. 工作背景

近年来，全市法院坚持把非诉讼纠纷解决机制挺在前面，以深化“群众说事、法官说法”机制建设为抓手，着力构建多元化纠纷解决格局，加强诉源治理，着力预防减少诉讼。延安法院深化“两说”机制建设经验连续多次写入最高法院工作报告。

2. 进一步健全“两说”格局

一是拓宽“说事”范围。着眼健全基层社会治理体系，市中院下发了《关于进一步推进“两说”机制建设的意见》，使“两说”机制在化解矛盾纠纷、参与基层治理、促进乡村振兴中发挥了更大作用。拓展“两说”平台，将“群众说事”的内容由矛盾纠纷引导延伸至村、社区经济社会发展、公共事务管理、社会保障评定等领域，使大量涉及群众生产、生活的事务能在第一时间得到民主协商和依法化解，通过拓宽基层依法治理领域促进诉讼的减少。目前，全市“群众说事室”已达到2600多个，加上广大人民调解员和驻村包联干部的努力，为多元化解纠纷、推动社会治理重心向基层下移，提供了广阔平台和坚实基础。富县“两说一联+”机制获评全国2019城乡社区发展治理创新案例。

二是扩大“说法”主体。积极推动党委政法委整合资源，将检察官、警察、律师和各类调解组织纳入“说法”主体，推进构建“法官说法”与行政调解、行业调解、人民调解等定向联结机制，选聘特邀调解员 287 名，会同相关部门确定律师作为第三方开展调解和涉诉信访化解工作。黄龙县法院开展“四警包村、服务群众”机制。志丹县法院推行主动服务、联动化解机制，实现了“说法”主体由单一向多元转变，形成多方联动化解纠纷、预防减少诉讼的局面。安塞区、志丹县、黄陵县 3 个法院受案数总体下降，中院、宝塔区、吴起县法院案件增幅在 10% 以内。子长市法院杨家园则法庭在村委会设立工作室，法官及时下村“说法”，法庭 2019 年受案 68 件，仅占全院受案数的 2%。2019 年以来，全市法官参与“说法”772 场次，使“两说”机制在化解矛盾纠纷、参与基层治理、促进乡村振兴中发挥了更大作用。同时，中院将法官说法与智慧法院建设有机结合，在诉讼服务中心使用智能法律服务机器人，提供具备人机互动的法律咨询和诉讼引导服务，并在全市法院官微“法律咨询”模块同步上线，为群众提供便捷法律服务。

三是拓展“两说”平台。中院出台了《关于全面深化多元化纠纷解决机制的意见》，将“两说”机制由村、社区扩大至辖区石油煤炭企业、非公经济组织及学校、医疗、林果业、保险、道路交通、劳动争议等领域，搭建了覆盖面更广的“两说”平台，形成多元化解纠纷合力。中院指导甘泉县法院超前谋划服务保障大峡谷旅游产业发展的务实举措，及时成立了“大峡谷景区巡回法庭”，并在景区设立法官工作室，现场解决游客诉求，受到游客好评。富县、洛川县、黄陵县、甘泉、宜川县法院与果业管理、司法行政等部门联动协作，完善苹果营销纠纷快速处理机制，每年在苹果销售时节，专门派出若干果业纠纷巡回法庭，分别进驻苹果交易市场，发现纠纷及时介入、现场调解，被群众亲切地称为“苹果法庭”。2019 年化解苹果购销合同纠纷 293 案，涉及案款 2588. 3 万元。

3. 经验启示

延安全市法院坚持和发扬陕甘宁边区人民司法优良传统，把党的群众路线运用于司法实践当中，坚持司法为民公正司法，深化“两说”新机制，各项工作取得新的成效。

一是拓展“两说”新机制，助推基层治理新变化。延安两级法院以弘扬延安精神为己任，充分发挥职能作用，不断探索参与社会治理的路径和办法，推出了“群众说事，法官说法”工作机制。这一机制把村民自治与法治手段、法治思维相结合，把法律与道德相结合，把法律与乡规民约相结合，是新形势下对马锡五审判方式的继承和发展，得到了社会各界的高度肯定。2014 年 7 月，最高人民法院将这一机制向全国推广，并连续写入最高人民法院工作报告。

近年来，延安法院立足构建共建共治共享的基层社会治理格局和保障乡村振兴战略实施，将“群众说事、法官说法”机制推向“群众说事、法官说法、干部联村”的“两说一联 +”新阶段，即将“说事”范围拓宽到农村、社区经济社会发展多领域；将“说法”主体从法官扩大到公安、检察、司法、律师及法律工作者多行业；将“干部联村”由过去单一干部联村，延伸到由部门下派的联村干部、第一书记以及乡镇驻村干部组成驻村工作队，实行县级领导包乡镇、部门单位包村组和党员干部包农户的工作机制，逐级解决群众的所需所盼，把协商民主、依法治理真正落实到基层。

二是深化“两说一联 +”为群众提供丰富诉讼服务。随着时代的发展，科技的发展不断给司法工作汇入新的力量。“两说一联 +”机制也进入新的发展时期。不同于马锡五当年“三个板凳一张桌”搭起来的法庭，延安市两级法院传承“马锡五审判方式”的基本精神，大力推进现代化的司法便民改革，已全部建成了现代化科技法庭，公众坐在家里便可“旁听”案件；登录诉讼服务网，案件办理进度一目了然；扫描二维码，执行案件信息随时随地可查。

延安全市两级法院普遍在诉讼服务中心设立速裁庭，推行繁案精审、简案快审；完善人工服务、网上服务和 12368 热线服务“三位一体”的诉讼服务体系，落实民事诉讼最后一问和司法救助案件归口办理机制，为群众提供一站式、全方位诉讼服务。宜川、洛川、富县、黄陵法院适时组建巡回办案组，深入果区和旅游景区开展法律咨询，在现场调处纠纷，从源头化解矛盾，被群众亲切地称为“苹果法庭”“旅游法庭”。

“和事佬”调解室是延安市洛川县旧县镇政府面对当前干群脱节沟通难、矛盾纠纷调处难、信访积案化解难的现状，结合实际在认真调研和不断摸索的基础上组建而成。它吸纳了当地一批了解社情民意、工作经验丰富、群众威望较高的老支书和老党员，入百家门、聚千家意，说百姓的话、办群众的事，化解了大量矛盾纠纷，规范了乡村治理秩序，搭建起了党委、政府和人民群众之间的纽带和桥梁。

为切实缓解办案压力，洛川县法院旧县法庭主动与“和事佬”调解室建立联动协作机制，对于婚姻家庭、邻里关系、机动车交通事故责任纠纷等案件，在征得当事人同意的情况下，委托“和事佬”调解室先行调解。对于“和事佬”调解室未调解成功的案件，可转入诉讼程序，以便于提高诉讼效率，节约司法资源。同时，由法庭负责“和事佬”调解室工作人员的日常业务培训，根据工作需要可派法官参与案件的调解工作。旧县法庭充分发挥和运用了“两说一联＋”机制，减少了当事人讼累，妥善化解了多起矛盾，深受群众的普遍赞誉。

三是创新“两动”机制主动化解矛盾纠纷。为深化“两说一联＋”，扎实开展“十个没有”平安创建活动，延安市志丹法院创造性地提出了“主动服务、联动化解”的“两动”矛盾纠纷多元化解机制，主动开展法律咨询、法律宣传、法治教育，联动化解涉案量大、涉及人数众多的婚姻家庭、民间借贷、侵权和道路交通矛盾纠纷，全面提升人民满意度和审判质效。近年来，该院成立了家事联席会议，设置了家事审判合议庭、家事法庭和家事调解室，用“两动”措施化解家事纠纷。对于一般家事纠纷由立案庭委托妇联、司法局、调解委员会进行诉前调解，并对婚姻纠纷设置一定的婚姻调解冷静期，进行诉中调解或者委派调解，最大限度维护家庭和谐、社会稳定，取得明显成效。“两说一联＋”机制在化解矛盾纠纷、参与乡村治理、推进乡村振兴中发挥出更大作用。

二、延安市人民检察院：综合发力，深化检察机关参与社会治理的途径①

（一）坚持以人民为中心，积极办理司法救助

1. 背景情况

习近平总书记指出：“为人民谋幸福，是中国共产党人的初心。我们要时刻不忘这个初心，永远把人民对美好生活的向往作为奋斗目标。”中国特色社会主义进入了新时代，人民检察事业也进入了新时代，随着人民对法治需求的日益增长，只有为人民群众提供更优质的检察服务，才能让检察工作深入人心，并焕发持久的生命力。2018 年 4 月初，最高人民检察院印发了《关于在全国检察机关开展“深入推进国家司法救助工作”专项活动的通知》，要求各级检察机关按照《关于建立完善国家司法救助制度的意见（试行）》明确救助对象范围，积极开展救助工作，并将贫困户、未成年人、军人军属、残疾人等四类人群作为重点救助对象，健全工作机制，积极予以救助。《通知》强调，要通过开展专项活动，实现“三个全面”的目标：即全面实现工作经常化、全面扩大救助规模、全面完善工作机制，实现司法救助工作的可持续发展。延安市检察机关立足检察实际，探索建立了完善的司法救助办理体系。2018 年以来，全市共办理司法救助 132 件 158 人，发放救助金 100 万余元，其中，救助贫困户 40 户，未成年人 20 人，残疾人 1 人。

2. 主要做法

一是坚持“六个一”机制，畅通群众申诉渠道。制定“群众来信件件有回复”工作规定，明确信访第一责任人责任，安排专人专员，严格按照第一时间接收、第一时间处理、第一时间流转、第一时间交办、第一时间

① 本案例系课题组结合调研资料总结而成。

核查、第一时间回访的“六个一”工作机制，及时审核材料，建立台账，录入系统，规范办理，尤其针对司法救助申请开通了“绿色通道”，对于符合救助条件的，均在七日内受理并程序性回复，三个月内办结并实质性答复；由于特殊原因未办结的，每月向申请人告知办理进度。

二是坚持检察长接访，擦亮群众诉求表达“窗口”。检察长接待群众来信来访，是检察机关了解社情民意的主要途径，是密切检群关系、维护社会稳定的一项重要举措。坚持每周二的检察长接待日制度，安排检察长、副检察长、专职委员以及业务部门负责人参与到司法救助工作申请、审核、发放、督办中，及时掌握申请人动态，确保高效救助。延安市人民检察院检察长刘惠生在办案过程中发现刑事被害人任某死后，其家庭丧失了主要劳动力，任某之妻师某既要抚养三个未成年子女，又要照顾生病的公婆，日子过得格外艰难。2018 年 6 月 15 日，刘惠生检察长在延川县人民检察院 12309 检察服务中心接待了师某，在查阅了她的相关材料、询问了相关情况后他认为，应当将国家司法救助工作融入精准扶贫工程，申请人师某情况属于因案致贫，符合国家司法救助条件。经过检察机关的积极申报和协调，仅一个月，办案人员就将司法救助金 1.8 万元送到了师某手中，师某接过救助金一再道谢，检察机关的关怀让她有了重新生活的信心。延安市检察机关救助师某的事迹先后被陕西检察网、陕西传媒网、《延安日报》宣传报道。

三是坚持案件公开听证，主动接受社会监督。坚持“能听证、尽听证”的原则，邀请人大代表、政协委员、人民监督员、律师等社会不同行业的代表参与到案件公开听证中，让申诉人的请求、检察办案细节置于公众监督之下，不断提升办案透明度。2020 年 4 月 26 日，李某来到富县人民检察院 12309 检察服务中心申请司法救助。富县人民检察院受理该案后，对李某申请司法救助的原案审判、实际损害、赔偿及家庭生活状况进行了调查核实。经查，2018 年 5 月 3 日，李某在装修干活时受伤，后被鉴定为一级伤残。富县人民法院判赔后，曹某、郭某、鲁某一直未向李某支付赔偿金，李某向法院申请强制执行，因三人无履行能力，至今无法执行。李某一家共五口人，靠李某打工维持家庭主要生计，由于伤情严重，李某丧失了劳动能力和自理能力，生活十分困难。2020 年 4 月 29 日，富县人民检察院召开全市首例司法救助案件公开听证会，邀请人民监督员、政法机关以及社会各界代表共同参与。在介绍完案情及审查情况后，参会代表一致认为应当给予李某司法救助。富县人民检察院依法对民事侵权案件原告人李某发放救助金 1 万元。

四是加强沟通协作，助力脱贫攻坚工作。将司法救助融入脱贫攻坚工作中，加强与扶贫部门信息对接，对在扶贫领域遇到因案致贫、因案返贫的困难户，符合条件的及时建立档案，提供司法救助，充分发挥司法为民、司法扶贫的特色优势。2019 年 5 月 23 日，冯某向黄龙县人民检察院提出司法救助申请，经实地考察了解，社区服刑人员冯某属在册精准扶贫户，由于 2018 年核桃受灾，收入微薄，家中有四位老人需要赡养，父亲患有脑梗，常年卧病在床，母亲手有残疾，患有高血压，常年需要吃药。黄龙县人民检察院审查后认为冯某符合国家司法救助条件，给予救助金，并针对冯某家庭缺乏资金和劳力的情况，扶持其发展畜牧养殖并扩大规模，聘请专业人员上门传授养殖技术，现今冯某养殖的森林猪已达上百头，经济效益可观。

3. 经验启示

（1）完善工作机制是办理司法救助工作的内动力。坚持“六个一”、检察长接待、公开听证、外部协作等工作机制，不断转变固有思维模式，创新工作方式，加强内外联动，形成司法救助“多方作战”的工作合力。

（2）扶志并扶智是办理司法救助工作的关键点。司法救助最重要的是帮助申请人树立重新生活的信心和志气，为此，要深化与司法、扶贫、民政、工会、妇联、残联多部门的联系，注重通过教育、技能培训、工作救助等方式进行多方面、多渠道救助。对于因犯罪侵害，心理受到重创的被救助人，邀请专业机构心理咨询师进行心理疏导，帮助其恢复心理健康。

建立回访档案，不定期回访，确保救助效果。

（3）坚持以人民为中心的司法理念是贯穿司法救助工作的主旋律。牢固树立人民检察为人民的司法理念，坚持把人民群众的获得感和满足感作为办理司法救助工作的核心点，在坚持公平、公正、及时、合理原则的同时，依法帮助更多群众脱贫解困。

（二）聚焦生态环境保护，加大公益诉讼办案力度[①]

1. 背景情况

2015 年 2 月 13 日，习近平总书记在陕甘宁革命老区脱贫致富座谈会上强调，要发挥两个明显优势（能源、特色农产品和特色文化旅游资源优势，城镇化发展和基础设施建设还有很大空间）和破解一个明显制约（生态环境整体脆弱）。2017 年 5 月 26 日，习近平总书记在十八届中央政治局第四十一次集体学习时强调，推动绿色发展，建设生态文明，重在建章立制，用最严格的制度、最严密的法治保护生态环境，健全自然资源资产管理体制，加强自然资源和生态环境监管，推进环境保护督察，落实生态环境损害赔偿制度，完善环境保护公众参与制度。

近年来，延安市经济持续发展，各项社会事业全面进步，综合实力不断提升，但延安面临的一个明显制约，就是延安的生态环境整体脆弱。党的十八大以来，延安忠实践行习近平生态文明思想理念，把退耕还林作为经济社会可持续发展的长期战略任务，在红色圣地延安掀起一场绿色革命，生态环境得到很大的改善，但生态脆弱的情况依然没有得到根本的扭转，盗伐、滥伐林木和破坏林地案件数量逐年上升。2017 年 6 月 27 日，全国人大常委会审议通过了《关于修改〈中华人民共和国民事诉讼法〉和〈中华人民共和国行政诉讼法〉的决定》，正式确立了检察机关提起公益诉讼制度，延安检察机关率先推行公益诉讼制度。环境公益诉讼工作开展以来，全市检察机关深入贯彻落实习近平生态文明思想，践行绿水青山就是

① 参见中共延安市委平安延安建设领导小组编：《贯彻落实习近平新时代中国特色社会主义思想延安社会治理实践案例选编》，内部资料，2020 年 4 月，第 13—19 页。

金山银山的理念，全面贯彻落实中省市和上级检察机关的决策部署，认真履行法律赋予的公益监督职责，严格依法扎实开展公益诉讼工作，奋力打造检察公益诉讼延安样板。

2. 主要做法

一是坚持以人民为中心的执法思想。聚焦群众痛点难点焦点问题，突出办理人民群众反映强烈、社会影响面大的案件。针对石油污染，延安市检察机关主导召开了甘肃庆阳及陕西延安、榆林两省 3 市 12 县区检察院“防治石油污染、保护生态环境”公益诉讼联席会议，协商出台《跨区域石油污染防治及公益诉讼工作协作实施办法》，摸排线索 161 件，发出检察建议 132 份，提起诉讼 12 件；针对生态环境保护领域多发的滥伐、盗伐林木等违法犯罪，部署开展了“守护绿水青山、建设美丽延安”专项活动，保护退耕还林成果，守护生态延安；针对水污染防治，积极配合水务、环保等部门部署开展“携手清四乱，保护母亲河”专项活动，就水环境、水资源、水污染、水灾害四个方面存在的问题进行跟踪监督，抽调人员对大气污染治理、水污染治理、危废处置、油煤气环境等进行专项检查，通过公益诉讼手段监督有关部门履职，推进污染治理。活动开展以来，共摸排案件线索 180 件，发出检察建议 165 份，起诉 1 件。通过办理公益诉讼案件，督促恢复、复垦被非法改变用途和占用的林地、耕地、湿地等各类土地 2800 余亩；督促治理恢复被污染水源地面积 120 亩，清理污染和非法占用的河道 390 公里，清理被污染水域面积 55 余亩；督促清除各类生活垃圾、固体废物 5.5 万吨，取得了良好的政治效果、社会效果和法律效果。在办理“5·27”北洛河石油污染案件中，充分发挥公益诉讼一体化办案机制优势，经过调查取证、鉴定评估，依法向生态环境损害赔偿权利人发出督促履职检察建议，通过与生态环境部门、污染企业共同磋商达成共识，涉事企业支付生态环境损害赔偿金及修复金 462.73 万元，此案入围生态环境部“生态损害赔偿磋商十大典型案例”。这些工作的开展为全市营造“水清、河畅、岸绿、景美”的生态环境起到了积极的推动作用。

二是不断优化组织机构与队伍建设。在延安市委和陕西省人民检察院的领导下，全市两级检察机关不断加强公益诉讼组织机构和队伍建设。2019 年内设机构改革后，两级院全部设立职能部门开展公益诉讼工作，其中，市检察院单设第五检察部、宝塔区检察院单设第四检察部，其他市县区院设立第二检察部独立开展公益诉讼工作。同时，全市检察机关还坚持把公益诉讼队伍建设放在首要位置，按照“五个过硬”“四个铁一般”的要求，对干警严格要求、严格教育、严格管理、严格监督，努力建设高素质的公益诉讼队伍。目前，全市公益诉讼部门共有检察人员 98 人，其中员额检察官 41 人，占全市检察机关员额检察官的 18.7%，硕士学历人员占比 6%，本科学历占比 68%，45 岁以下年龄人员占比 72%，队伍建设呈现出政治化、专业化、年轻化的特点。

三是依靠人大及其常委会的监督支持，加强与相关部门的协同配合。公益诉讼工作开展以来，全市检察机关共向市、县区两级人大及其常委会专题报告、汇报公益诉讼工作 30 余次，邀请代表委员专题视察公益诉讼工作 12 次，组织代表委员旁听公益诉讼庭审 6 次。市人大常委会 2018 年 8 月 30 日通过的《延安市退耕还林成果保护条例》，以立法形式对公益诉讼予以支持。黄龙人大常委会出台《关于加强检察建议工作的决议》，为检察机关推进公益诉讼工作提供了有力的法律保障和监督支持。市县两级检察院分别与纪委、监委联合出台了《关于建立公益诉讼案件协作配合机制的意见》。不断完善与行政机关工作联系机制，加强与环保、国土、林业等部门的沟通联系，积极推进两法衔接平台建设，制定执法线索双向移送协作机制。宜川、志丹、吴起、黄龙等 13 个县院与相关行政执法部门会签文件，建立了执法信息共享、案件线索移送、检察建议落实及公益诉讼案件办理等工作机制。通过发出诉前检察建议促进行政机关主动履职、依法行政，办理的 1384 件行政诉前程序案件中，行政机关已纠正违法或者履行职责案件数比例达 87%。在公益诉讼刚开始实行时，宜川县人民检察院发现辖区内有 304 亩退耕还林地被非法毁坏，种植的是苹果树和其他经济作物，生态环境遭到破坏。为了切实保护生态环境，维护国家和社会公共利益，2017 年 11 月，检察机关依法向法院提起行政公益诉讼，请求法院判决县林业局依法履行监督管理职责，恢复被破坏的生态环境，法院当庭对检察机关的诉讼请求予以支持。该案宣判后，县林业局非常重视，及时制订了被毁林地修复方案，并责令违法行为人按被毁林木面积的 2 倍在被毁地块和异地进行恢复补植，共计补植 608 亩。

四是创新制度机制保证办案质量。在推进公益诉讼工作中，结合延安实际，积极探索公益诉讼工作机制创新，市检察院成立了公益诉讼办案指挥中心，对全市案件办理工作统一协调指挥，形成了市院统筹协调、审批报备和跟踪指导，县区院落实办案责任，保障办案质量的高效运行机制。志丹县院为了进一步强化检察建议的刚性、提升司法公信力，率先向行政机关公开宣告送达检察建议；黄陵县院在办理破坏生态环境资源类公益诉讼案件的同时，与县林业局共建“生态修复基地”；子长县院加强与公安、食药、林业等行政执法部门的协作，借助“外脑”调查取证，提升专业化水平；宜川、黄龙县院建立聘请公益监督员制度，有效加强线索收集和宣传引导。

3. 经验启示

一是环境公益诉讼要以习近平生态文明思想为指导。习近平总书记指出：“生态文明建设功在当代、利在千秋。我们要牢固树立社会主义生态文明观，推动形成人与自然和谐发展现代化建设新格局。”检察机关是保护国家利益和社会公共利益的一支重要力量，公益诉讼制度是对这一论断的生动实践，其价值目标就是保护国家利益和社会公共利益。在此背景下，检察机关必须把公益诉讼工作放在“四个全面”战略布局和推进国家治理体系现代化大格局中去谋划，牢固树立开展公益诉讼是检察机关的应尽之责，通过完善多元化的线索发现机制、一体化的工作联动机制、专业化的办案机制、智能化的法律监督机制等，推动公益诉讼制度落地见效。

二是环境公益诉讼须完善制度和机制保障。构建科学合理规范的制度机制，才能更加有力有效地保护生态环境。严格管控体系，实行透明常态化监管，让制度成为刚性约束和不可触碰的高压线，坚决用最严格的制度、最严密的法治护蓝增绿、保护生态。延安检察机关公益诉讼在保护圣地生态环境中主动争取党委、人大常委会的理解和支持，市委、市政府及各县区党委、政府分别出台了支持检察机关开展公益诉讼工作的意见。市人大常委会制定出台了《延安市退耕还林成果保护条例》。市检察院及 13 个县区院分别与纪委、监委联合出台了《关于建立公益诉讼案件协作配合机制的意见》。宜川、志丹等 13 个县院与相关行政执法部门会签了文件，为推进检察公益诉讼提供了有力保障。

三是环境公益诉讼必须与相关部门通力协作。保护生态环境是一项十分复杂的系统性工程，事关经济社会发展全局，涉及各部门各个方面。检察机关保护公益的目的与行政机关是一致的。延安全市检察机关以检察公益诉讼为平台，逐步建立起法律监督与行政执法同频共振、协调治理的模式，为全市打好污染防治攻坚战、加强生态环境保护提供了坚强的法治保障。

四是环境公益诉讼须动员社会各界广泛参与，形成保护合力。线索来源是公益诉讼的首要问题，目前线索少，原因是群众对公益诉讼不太了解。习近平总书记说："绿水青山就是金山银山，要让老百姓知道保护环境就是促进了经济发展。"保护环境不只是检察机关的工作，更需要社会公众广泛参与。为了更好地发挥各界代表监督评议、建言献策的作用，全市检察机关每年定期召开"检察开放日"活动，邀请部分省市县人大代表、政协委员和国家机关、律师、媒体代表座谈交流，面对面听取与会代表意见建议。宜川、黄龙县院在基层群众中聘任了公益监督员，积极发动群众、紧密依靠群众，充分吸纳群众意见建议，依法依职权全面开展公益诉讼工作，有效解决了生态环境、资源保护等领域的突出问题。

总之，近年来延安生态环境遭到破坏的问题日益凸显，盗伐、滥伐林木和破坏林地案件数量逐年上升。延安检察机关牢固树立"绿水青山就是金山银山"的理念，聚焦"保护生态环境"这个核心，以习近平生态文明思想为指导，坚持以人民为中心的执法思想，不断优化组织机构与队伍建设，加强与相关部门的协作配合，探索建立制度机制保障创新，加大公益诉讼办案力度，有力地促进了延安生态环境保护。

三、延安市公安局：统筹智慧治理、专项治理，为安全稳定保驾护航①

（一）“智慧公安”助力社会治理迈上新台阶

1. 背景情况

2019 年 1 月，习近平总书记在中央政法工作会议上指出，“要推动大数据、人工智能等科技创新成果同司法工作深度融合”。习近平总书记的重要讲话精神，为公安科技信息化和大数据建设应用工作指明了前进方向，提供了根本遵循。延安市公安机关按照改革强警、科技兴警的要求，坚持统筹规划，深化基础建设，强化实战应用，公安大数据智能化建设应用取得明显成果，有力推进“智慧公安”的建设。

近年来，随着信息化、智能化时代到来，社会治理工作同过去相比发生了历史性变化，如何适应新时代公安社会管理工作，成为当前重大社会课题。2018 年以来，延安市公安局锚定现代化发展方向、紧盯技术前沿，抓住基础信息化建设有利契机，大力推进科技强警工程，在一些重点领域、关键环节取得了突破，一批基础建设的红利相继释放、一批科技创新的成果投入实战、一批便民利企的应用上架运行，实现了传统警务向“智力 + 警力”“人力跑 + 数据跑”“机制联 + 系统联”相结合的智慧警务新模式的转变，极大地提升了维护稳定、打击犯罪、防范隐患、化解矛盾、服务群众的效能。

2. 主要做法

一是高标准建设信息警务网络。严格按照中、省标准，建成“情指行

---

① 参见中共延安市委平安延安建设领导小组编：《贯彻落实习近平新时代中国特色社会主义思想延安社会治理实践案例选编》，内部资料，2020 年 4 月，第 21—24 页。

一体化”实战综合研判平台，建立“5 + N”工作机制，落实“重点人员”层级管控，发出各类预警指令 8 万余条，扫描查处漏洞隐患 400 余处，全天候阻断黑客、病毒攻击，夯实了情报主导安保维稳工作基础，有效防范了敌对势力窃取信息数据，有力维护了全市意识形态领域安全。

二是全市域推进大数据警务模式。在全省率先完成对县级公安机关的“情指行一体化”实战平台查询授权，实现了对辖区居民户籍、社保、教育、医疗、出行、虚拟身份信息等200 多类数据的碎片化采集和智能汇聚，提升了预防犯罪、侦查打击和服务群众的效能。2019 年，全市公安机关利用公安大数据合成作战，破获各类刑事、治安案件 1000 余起；利用监管场所信息数据关联比对，破获刑事案件 14 起，抓获涉案人员 19 人；利用科技手段开展民生解难救困行动 47 起，搜寻解救失联人员事件 34 起，处理各类交通违法行为 25 万余起。大数据警务模式在扫黑除恶、平安建设、社会稳定等工作中发挥了巨大作用。

三是多维度服务民生发展。上线运行“互联网 + 公安政务服务”平台，353 项公安业务实现互联网上预约办理，做到“不见面审批”。2019 年，网上办事服务 77.8 万件，不见面审批 10247 次，兑现了公安机关“马上办、网上办、掌上办”的服务承诺。在交管业务服务上，投资建设了社会事业边界接入公安网平台项目，打通了驾校、机动车检测站、4S 店机动车上牌等企业与公安信息网的连接，实现“就近考”“就近办”，方便群众办理有关民生事项。

四是强有力助推执法规范化。对县（分）局 15 个执法办案中心、142 个执法办案区进行智能化升级改造，实行刑事案件和行政案件讯（询）问过程高清双盘刻录，以信息科技化手段堵塞执法管理监督漏洞，依托人脸识别、视频监控、智能手环等感知设备，实现了办案过程全留痕、可追溯，异常情况全监测、可预警，形成安全闭环，倒逼民警进一步规范执法，有力提升了执法质量和案件办理质量。2019 年，全市公安机关刑事案件批准逮捕数同比增长 22.2%，移送起诉数同比增长 41.2%，取得了良好的法治效果和社会效果。

五是全方位推进平安建设。党的十八大以来，全市累计投入5.6亿元，构建立体化社会治安防控体系，共安装视频监控摄像头36406台，接入公安视频专网1950路，升级建设公安检查站8个，安装智能卡口自动比对报警系统50个，智能系统120个，视频监控人脸识别系统15个，实现了区域探测监控、重点卡口和重点人员管控、网上办案全覆盖，成效逐年显现。全市八类暴力刑事案件发案由2015年以前的年均400多起下降到2019年的年均200余起，占比从6.9%下降到5.3%；盗窃案件从2015年的发案3686起下降到2019年的2798起，占比从63.5%下降至44.5%；砸车玻璃盗窃案件、社会面聚众斗殴、持械伤害案件下降超过50%。社会治安形势持续向好，人民群众的幸福感、获得感、安全感得到进一步提升。

六是精准化助力疫情防控。新冠肺炎发生以后，市公安局主动担当，将智慧警务技术充分运用于疫情防控，研发推行延安“一码通”二维码人员核验系统，着力解决居民反复填报登记个人信息问题，为公安机关侦查打击、追捕逃犯提供鲜活数据支撑。“一码通”累计注册用户163万余人，确定重点关注人4人，医学观察70人，密切接触人421人，破获虚假出售口罩、防疫物资电信诈骗等涉疫情案件10起，抓获违法犯罪嫌疑人14名。智慧公安在疫情防控和恢复经济生产中发挥了重要作用，赢得了各级党委、政府的充分肯定，受到了广大人民群众和社会各界的一致好评。

3. 经验启示

（1）坚持党政统筹找准目标定位是建设好“智慧公安”的关键。公安信息化建设是多层面多部门业务、信息、手段的高度融合。要坚持党委、政府的统筹领导，切实强化部门协作，汲取人民群众广泛参与的社会力量。要找准市、县两级公安信息化建设定位，将其融入部、省两级公安信息化建设体系中，避免重复建、分散建等问题。要结合公安工作实际，不能局限于单个、零散的“微创新”，而是从服务实战、方便工作、解决实际需求的角度出发，开展科学完备的公安信息化体系建设。

（2）抓好基层基础建设是实施“智慧公安”的根本。公安信息化建设不可能毕其功于一役。要充分把握当前和长远的关系，加快全市公安机关执法办案场所、公安监管场所、警务实战训练基地等基础建设，推进已有业务用房功能提档升级，筑牢公安机关反恐防暴、安保维稳工作基础。要积极与本地“大数据”“信息化”科技公司合作，利用其现成资源和先天优势，通过“警民融合”“警企融合”途径，为公安信息化建设提供服务。

（3）培养信息化警务人才是提升“智慧公安”的核心。要统筹现有信息化警务人员资源，通过“以案说法”等形式，定期开展宣讲、讲座，提升现有警务人员的能力。要积极与信息化产业领头企业合作，采取公安提供平台、企业输出技术的“共商、共建、共享”模式，成立“实验室”“工作站”等做法，共同开展公安信息化建设应用人才的培养。

总之，延安市公安机关抓住大数据警务战略机遇，坚持改革强警、科技兴警，加快基础建设和强化实战应用，开展智慧公安建设，在打防管控多个方面为社会治理注入科技新动能，助推公安工作实现高质量发展。

（二）“扫黑除恶”筑牢延安人民生命财产安全根基①

1. 背景情况

扫黑除恶专项斗争是社会治理的重点工作。延安市认真贯彻落实习近平总书记重要指示精神和中央、省安排部署，深入推进扫黑除恶。2020年是扫黑除恶专项斗争的决胜之年和收官之年。延安市委和市扫黑办确定“深化平安建设、决胜扫黑除恶、助力全面小康”的活动，要求各市区、县围绕扫黑除恶的中心，以服务为大局的理念，充分发挥职能作用，搞好普法宣传，夯实平安延安建设和扫黑除恶的群众基础，促进延安经济社会高质量发展。延安在扫黑除恶的工作中取得了瞩目的成就，为新时代“十个没有”平安建设贡献了巨大的力量。在自上而下的高压态势前提之下，随着时间的推移和空间的改变，开展扫黑除恶斗争深入民心，黑恶势力违

---

① 本案例系课题组结合调研资料总结而成。

法犯罪行为渐渐得到遏制，扫黑除恶治理工作也逐渐形成常态化长效机制。

2. 主要做法

一是打出扫黑除恶专项斗争组合拳。深挖彻查黑恶势力，扩大专项斗争成果。延安市强力推进“六清”行动，在线索清仓、案件清洁、逃犯清零、黑财清底上均取得了巨大的胜利。坚守“命案必破”原则，狠抓命案积案攻坚。2020 年上半年，延安市共侦破现行命案 7 起，破案率为 100%，在命案积案攻坚上成效显著，宝塔、黄陵攻克 3 起 20 年前的命案积案，抓获本地命案积案逃犯 1 名，协助外省破获 1 起命案积案，抓获外省命案积案逃犯 6 名。健全反诈长效机制，提高反诈工作水平。召开全市打击治理电信网络新型违法犯罪工作会议，夯实党委、政府责任，优化金融、银行、互联网领域综合整治方案，全面加强各级公安反诈中心建设，全方位开展防范电信网络诈骗宣传。

二是以新时代“十个没有”为抓手，创建平稳社会环境。全面落实安全防范主体责任，重点强化校园周边治安管控、有力推进“三个百分百”目标任务和“高峰勤务”“护学岗”工作，健全完善中小学、幼儿园内部安全管理机制，对全市中小学幼儿园教职工开展背景审查工作。在平安景区建设中严厉打击“黑导、黑车、黑社”，强化涉旅单位治安管控及人防、物防、技防设施建设，净化景区治安环境，维护圣地旅游形象。在平安交通建设中，大力实施平安文明交通七大提升工程，推进事故多发点段治理，全市交通事故四项指数全部下降，道路交通安全形势持续平稳。

三是坚持和发展新时代枫桥经验，完善多元化纠纷解决体系。坚持“预防走在排查前，排查走在调解前，调解走在激化前”，结合“枫桥式公安派出所”创建、“百万警进千万家”活动，“标三实”基础信息集中采集、社会治安突出问题和混乱地区集中整治等工作，大力推进“两说一联”“定期回访制”等机制建设，组织民警深入社区、乡村、家庭、企业、行业等，广泛开展调查走访活动，全面排查涉及群众切身利益的资源纠纷、经济纠纷、劳资纠纷、房屋拆迁、土地征用、医患纠纷；全面排查群众身边的家庭婚姻矛盾、邻里纠纷；全面排查对社会不满、长期上访特别是扬言报复社会的人员，及时发现新的矛盾纠纷和不稳定因素。对排查出的问题，建立调处工作台账，及时汇总、认真分析研判总结规律，为党政决策提供第一手资料。积极会同有关部门建立健全人民调解、行政调解、司法调解“三调联动”网络，充分发挥治保会、人民调解委员会等基层组织作用，动员社会组织调解志愿者等参与矛盾纠纷大走访、大排查、大化解工作。

四是坚持治安问题为导向，强力推进一体化乱点整治。延安市对“黄赌毒”违法犯罪进行专题安排部署，对高发、易发的重点区城、行业、场所进行不间断、无死角的巡查打击整治。针对特种行业乱象，紧紧围绕“强化线索摸排、加大案件侦办、加强管理整治、强化日常监督”四方面重点内容全面分析当前本地区宾馆、酒店、典当开锁、机修、印刷、刻章、废旧物品回收、歌舞、KTV、桑拿洗浴、足浴等传统重点行业场所、重点部位及民宿、网约房、3D 打印、电竞酒店等新业态、新形势、新规律、新特点，彻查工作中存在的突出问题和薄弱环节。根据工作实际开展了印章行业管理突出问题专项治理工作，全市 14 个县（市、区）公安局、分局均已参照市局成立了工作专班，细化了工作方案，持续推进专项治理工作稳步开展。

3. 经验启示

第一，坚持党的领导，确保正确目标方向。在中央统一指挥领导下，强化党抓扫黑除恶刑事政策攻势不放松。延安市开展“无黑无恶”专项活动，取得了较为显著的效果。尤其是新时代“十个没有”的平安建设，让延安市的社会治理上升到一个新台阶。当前，延安市黑恶势力表现形势依然复杂，基层政权受到其渗透的情况依然存在，黑恶势力获取公司、企业合法外衣，依然在危害着人民群众的生命财产和合法权益。在思想上要绷紧弦，切不可有丝毫的松懈，始终抓住扫黑除恶专项斗争各项工作不放松，进一步通过扫除黑恶专项斗争活动，营造良好社会风尚，净化政治生态，赢得党心民心。要构建遏制黑恶势力长效机制，认真贯彻落实党中央对扫黑除恶的决策部署，推进常态化遏制黑恶势力长效机制建设，并保障制度的执行力，确保三年专项斗争行动收官之年取得全胜，将扫黑除恶专项斗争融于推进国家治理体系和治理能力现代化之中，作为促进党和国家长治久安的重要举措来实现，确保专项斗争始终沿着正确方向健康深入发展。

第二，坚持依法公正办案，严格执行政策法律。深入开展"六清"行动，加快推进挂牌督办案件办理，把好案件事实关、证据关、程序关和法律适用关，做到不枉不纵、不错不漏，确保把每一起案件都办成铁案，出台《关于办理恶势力刑事案件若干问题的意见》等相关法律政策文件，分批下发指导性典型案例，提高广大干警、检察官、法官把握法律政策界限、依法办理案件的能力和水平。

第三，坚持依靠人民群众，形成浓厚的正义氛围。让人民群众积极检举涉黑涉恶违法犯罪，坚持以人民为中心的扫黑除恶总路线，始终把打击锋芒对准人民群众深恶痛绝的各类黑恶势力犯罪活动，坚定地维护老百姓行使权利和履行义务，始终做到人民群众痛恨什么就铲除什么，人民群众厌恶什么就打击什么。

第四，构建遏制黑恶势力长效机制，坚持督导巡查强大推动。掀起强大工作攻势，明确党政司法部门压实职责分工，发挥制度的执行力，延安市各级党委扫黑办，开展督导巡查制度，并进行"回头看"，对所辖区实现了全域覆盖，在扫黑除恶专项斗争中，进一步执行党对扫黑除恶工作的统一指挥领导，各项工作责任要落地压实，明确政府主体责任分工，强化政法机关直接责任，覆盖纪检监察机关监督责任，分清行业部门监管职能责任，夯实监督执纪机关的问责执行力。在打击黑恶势力工作力度上要再加大，在线索摸排上精准打击，确保涉黑恶线索"双清零"目标，依法加大司法攻势、政策攻势和政治攻势。同时，创设特派督导专员制度，进驻管辖区域进行扫黑除恶督导，紧盯大要案件和突出乱象，狠抓督导线索不放松，不断促进重点问题整改到位①。

第五，坚持统筹推进战略，确保蹄疾步稳前行。延安市采取构建遏制黑恶势力长效机制，扫黑领导机构围绕三年目标，制定阶段性“施工图”，确保每个阶段都有主攻方向、重点任务，蹄疾步稳、有序推进。采取“蹲一域带一片”调研活动，组织开展微服私访、随机调研与定期预定期巡查，及时了解专项斗争新情况、新问题、新经验，提出有针对性的新要求、新举措、新规划，不断增强工作预见性、创造性、前瞻性。

第六，实现常态化管控，遏制黑恶势力发展趋势。坚持铲除滋生黑恶势力的社会土壤，加强遵纪守法扫黑除恶政策宣传力度，提高公众对扫黑除恶工作的知晓度和参与率，加大扫黑除恶专业人才的培养力度，增加资金投入和装备技术现代化建设，完善高素质、高科技专业队伍培训常态机制，提高扫黑除恶参战人员的业务能力和政治素质，加强形成全国扫黑除恶工作统一战线，强化扫黑除恶工作程序合法的工作常态化机制，坚决拥护和执行党对打击黑恶势力的刑事政策和刑事立法，全面推进打击和治理黑恶势力的能力和水平。

（三）“立体化”构建社会治安防控体系②

1. 背景情况

随着城市不断的转型发展，现存社会关系和利益格局被逐渐打破，潜藏在社会中的一些隐性矛盾与当前呈现出来的显性冲突相互作用，并且交织在一起，一些新生的社会事物和行业层出不穷，形成了错综复杂的态势，对社会治安防控提出了新的课题。在现代科技迅猛发展的情况下，互联网、大数据、区块链、人工智能等科学技术全方位融于社会治理的时空角落，当前延安社会治理防控与全国治安体系一样，社会治安形势总体上是健康的、稳定的、可控的，维护社会治安稳定运行已经进入防控风险期。广大人民群众对社会安全价值的需要相应上升为第一需要，延安社会

---

① 陈华杰：《办理涉黑罪案应注意的若干问题》，载《法治社会》2016 年第 1 期。

② 本案例系课题组结合调研资料总结而成。

治安防控体系在社会治安风险识别、评估和防控上具有制度健全、评估准确、防控有效的优势，基本实现了警力、财力、智力与民力的最优组合，也实现了专门机关与群众路线的最佳结合、网络虚拟与社会治理的有效防范、防控有形措施与思想无形力量的有效统一、专业防控与多部门联动防控有机结合、静态防控与动态防控的互动衔接，从而在根本上保障了社会治安的好转，为社会主义现代化建设提供了稳定、良好、安全的社会环境。

近年来，延安市构建和完善点线面立体融汇相结合、人防物防技防交叉贯穿相结合、严厉打击与防范管控互治相结合、网上布控与网下追踪联动相结合的立体化社会治安防控体系。以宝塔区为例，宝塔区贯彻落实《中国共产党政法工作条例》有关规定和省市政法及平安建设工作有关精神，深化新时代“十个没有”平安建设，秉持融合治理的思路，以信息化、数字化、智能化为突破口，依托现有的新时代数字治理融合指挥中心，成立了综治维稳指挥中心，按照“一套人马、两块牌子、三驻调度、四实运行、三大融合”的模式，不断通过融合来高度聚集能量、升级治理能力，全力实现整合社会治理资源、创新社会治理方式的目的。

2. 主要做法

第一，综治维稳指挥中心始终坚持“融合发展”的思路，提出了“一体两翼”的总框架。一体，是融合指挥调度平台，将人工智能、视频巡查、全民城管、阳光政府、数字宝塔等信息系统以眼睛、鼻子、耳朵、嘴巴、脸的形式进行连接，利用“城市云脑”做好数据分析、答复监管、形势预判。两翼，一是立足服务，打造“宝您满意”智慧民生系列应用；二是立足管理，通过三大融合来打造融合指挥平台。2019 年 1 月，综治维稳指挥中心和百度、阿里、华为、腾讯合作，推出了包含智慧乡村、掌上社区、全民城管、流量商圈、数字宝塔、阳光政府、信用街区、一码通行、一键办税、指尖 e 家的十大智慧民生系列应用，打通信息化服务基层民生的最后一米。

第二，机制融合，打通数字治理“血脉”。由区委书记、区长，区委、区政府分管领导及政法委、城管执法局有关领导组成三级指挥机构。推行“三驻调度”工作法：一是常态进驻，中心现有公安110、市场监管12315、物业中心、司法局12348法律援助热线常态进驻；二是紧急进驻，如遇各类灾情灾害、公共安全、急难险重等情况，防火、应急、消防等部门实行紧急抽调；三是阶段进驻，结合大数据和经验分析，例如在开学、供暖等期间，教体、住建等部门实行阶段抽调。“三驻调度”工作法以紧扣实际实用，突出实战实效的作用，通过各类机制的创建与融合，打通了城乡治理的“血脉”，建立了“上下贯通、左右联动”的工作格局。

第三，智能融合，提升数字治理“内功”。一是社区服务管理“一张图”。按照“网格化”管理的要求，对全区524个小区信息实现“一张图”服务与管理，蓝、橙色分别代表的是新、老旧小区，再把小区的基本信息、管理者的基本信息也就是网格长、巷长、区长信息都纳入视频巡查系统，方便视频巡查。二是智能抓拍系统“提质效”。建立了基于人工智能技术的智能抓拍系统，例如打架斗殴、车辆肇事等行为，机器人自动抓拍并报警，可以选择立案或直接处置。对于抓拍的一些不规范行为，如乱停乱放、乱倒垃圾、张贴野广告等行为，建立了月曝光制度，在媒体上公开揭短亮丑、警示教育，达到了改陋习、树新风的目的。三是云视讯系统“一线指挥”。将市委组织部智慧党建云视讯系统汇聚指挥中心，覆盖全区18个乡镇、42个社区、320个村组，共370个会议终端。综治维稳指挥中心成为一个延伸的一线指挥部，杜绝了聚集开会造成的交叉感染，保证政令畅通。除此之外，还将城市气象系统、雨水灾情系统、防火预警系统等智慧系统全面融合汇入中心，为社会治理提供全方位、多角度的数据沉淀和分析辅助，让“智管”实至名归。

第四，市区融合，形成数字治理“合力”。共有三种融合方式：一是12345市民热线市区融合。率先将市12345平台的全域功能延伸至宝塔区，宝塔区也可通过12345热线为市民答疑解惑，做到了市区“一号对外”，实现数据的互联、互通、互认。二是GIS平台市区融合。依托全市时空地理“一张地图、一个平台、一套数据”，做好大数据分析。例如，针对违章建筑问题，通过卫星与无人机航拍数据，定期对辖区影像进行对比分析，自动巡查和识别违章建筑。目前已提交 204 处违建核查成果，实现了对违章建筑的智能监管与有效处置；将公交车、出租车的数据上传，通过每 10 秒钟的数据刷新，实现对交通资源的及时调配。三是公共视频平台市区融合。结合腾讯热力感应图，全方位常态化巡查城区、广场、公园等人流密集区。例如，在热力感应图上，发现有红色突显，根据精准定位后再结合公共视频，如发现人群聚集或有其他突发性群体事件，立即通知就近工作人员劝导疏散。如遇有违法人员在事后有拒不承认违法事实等类似情况时，记录仪还可对执法现场进行全过程记录，轨迹回放，特别是现场人员如遇有紧急突发情况，也可通过 SOS 一键连线功能，直连现场、视频对话，做到第一时间掌控信息、研判现场、指挥调度。

目前，中心已经建立了“卫星定位 + 无人机航拍 + 智能抓拍 + 视频巡查 + 执法记录仪 + 人工处置”的多维度融合工作模式，对社会治理中的以上问题进行实时巡查、及时治理，实现“细管”。延安市已多次承担省、市重要会议的现场观摩和服务保障，多次接待来自友好市县区的考察学习，先后被人民日报、人民网、新华网等国内 31 个网站及陕西日报进行两次的整版宣传报道。先后荣获了“2019 年全国民生示范工程”“2019 年全国城乡社区发展治理创新十佳案例奖”“2019 年全国创新社会治理典型优秀案例”“2019 第九届中国大数据应用金铃奖——数据服务奖”“2019 年度数字陕西建设优秀成果和最佳实践案例奖”。

3. 经验启示

一是提高立体化社会治安防控体系的法治化水平。（1）提升干部群众的法治意识。法治是维护社会治安秩序最好的选择，法治不仅能为社会治安防控体系建设提供制度的保障和权力的供给，而且还能够规范和保证治安防控手段的合法化，更能够保证治安防控建设过程执法者的权威，最大限度地保证权力行使的公信力，确保维护社会治安秩序的过程和结果，能够得到最广大人民群众的接受、认可和拥护。（2）运用法治思维，规范立体化社会治安防控体系建设。要始终坚持将社会治安防控体系的建设和运行纳入法治轨道，严格按照法律的规定和授权进行治安防范和打击控制，做到依据合法、主体合法、方式合法、手段合法、程序合法。（3）运用法律手段，推进社会治安综合治理。紧紧围绕加强社会治安防控体系建设的总体需要，推动相关法规、规章的立、改、废、释和相关政策的制定完善工作。以重大的问题为导向，突出矛盾纠纷预防化解等社会治安综合治理领域的重点、难点问题，结合当前社会上的热点等社会现象，针对在邮件和快件寄递、物流运输安全管理、网络安全管理、流动人口管理、特殊人群服务管理、危险物品销售管理、公共安全事件等方面的问题，加大法治保障力度。

二是提高立体化社会治安防控体系建设的社会化水平。（1）完善指挥处置机制，提升各级效能。结合深化机构改革，进一步理顺市县镇三级在社会治理中的权责关系，构建市级统筹主导、县级组织实施、镇街抓好落实的工作格局。健全跨县区风险联动处置机制，建立市、县主管部门牵头，相关部门紧密协作的跨领域风险综合治理格局，实现情报信息联通、重大安保任务联手、重点人员联管、重大突发事件联处、突出矛盾风险联治全面推进市县镇三级综治中心规范化建设，达到有专门机构、有专职人员、有固定场所、有专项经费的“四有”标准。（2）发挥社会组织协同作用。“警力有限，民力无穷”，要充分利用经济、行政等各种手段，有效整合现有的社会资源，积极培育社会组织，调动最广大的人民群众、社会各行各业、各单位部门共同参与、投放到社会治安管理当中，有效缓解因警力不足而产生的社会治安缺管漏控的治理难题。大力支持工会、共青团、妇联等人民团体和群众组织参与社会治安防控体系建设，为其发挥作用提供有利的社会环境和条件。（3）整合社会力量参与自治。通过积极的政策引导，使广大人民群众自觉参与到维护社会治安的具体工作中去，让各种影响社会治安稳定的不利因素，都能在以人民为主的战争中实实在在地消失掉。(4) 实现社会管控网格化。精细划分网格。按照“点片结合、属地管理、分类指导、方便服务、健全组织、全面覆盖”原则，统筹考虑管理内容、人口数量、管理幅度、居住集散程度、力量配置等因素，科学划分基本单元网格、责任网格、纵向到底、横向到边、不留死角，构建“属地成网、网中有格、格中有责、责任到人、管理到位、服务到家”的管理网络，逐步实现全市城乡和社会治理一张网。

三是提高立体化社会治安防控体系建设的信息化水平。(1) 建立综治信息化工作平台。以“平安延安”建设需要为导向，搭建起具备信息采集、事件处理、综合统计、研判分析、视频集成、考核评估等功能的信息化系统平台。通过采用“互联网 + 政务”方式，利用现代科技手段，对影响国家安全、社会稳定、治安状况和群众安全感的各类社会矛盾和问题信息进行集成，搭建纵向包含市、县区（经济区）、镇（街道）、村（社区）、网格 5 级，横向连接各级综治委成员单位的信息化体系，实现与中央、省综治信息化综合平台互联互通。同时，规范相关数据字段，达到数据交换、关联比对、互通共享标准，并将其接入“平安延安信息系统”。(2) 推动信息资源共建共享。以公安信息化建设为基础，全面整合公安机关内部各警种、社会各有关部门和社会力量的信息资源，努力构建集信息互通、资源共享、统一指挥、快速反应、整体联动的立体化社会治安防控体系。通过建设这种信息资源共享与应用的管理平台，实现对社会治安综合治理的有效管控。(3) 情报信息的研究与应用。整合相关部门的情报信息资源和社会信息资源，积极推进公安大情报信息平台建设，综合银行、电信、工商、住建、供水、供电等各方面信息接入公安大数据中心，使其与警用平台和各业务应用系统实现无缝对接，利用云计算等现代科学技术，强化人、事、物在时空中的关联，为防控实战提供有力支撑。加强情报信息的分析研判。通过对海量信息筛选加工的深度挖掘，开展对社会治安形势发展的整体研判、动态监测，能够有效发现企事业单位、房屋、公共场所及重点区域、时段、重要的时间节点等安全防范的薄弱环节，对违法犯罪的一些苗头性情况及其可能引发的不良反应提出预警信息。

四、延安市司法局：推动法治乡村建设，提升公共法律服务水平

（一）推广“两个三”工作法，推进法治乡村建设[①]

1. 背景起因

2014 年 4 月 21 日，习近平总书记听取司法部工作汇报并做出重要指示，强调“要坚持把全民普法和守法作为依法治国的长期基础性工作”，要“创新宣传形式，注重宣传实效”。2017 年 10 月 18 日，习近平总书记在党的十九大报告中提出要继续“坚持全面依法治国”，并针对“三农”问题提出“实施乡村振兴战略”，进而要求健全自治、法治、德治相结合的乡村治理体系。2020 年 2 月 5 日，习近平总书记在中央全面依法治国委员会第三次会议上强调：“加强法治乡村建设是实施乡村振兴战略、推进全面依法治国的基础性工作。”“要教育引导农村广大干部群众办事依法、遇事找法、解决问题用法、化解矛盾靠法，积极推进法治乡村建设。”

农村（社区）是社会的基石。建设法治乡村，维护基层社会的和谐稳定，离不开法治宣传教育和公共法律服务的助力。延安市司法局认真贯彻习近平总书记的要求，充分发挥法治宣传、法律服务工作职能，积极面向农村（社区）群众提供优质高效的普法宣传、公共法律服务，努力为推动实施乡村振兴战略、建设法治乡村贡献力量。“七五”普法规划实施以来，全市乡村法治建设稳步推进，但在实践工作和调研中，也发现了农村（社区）普法、法律服务工作中存在着一些短板和薄弱环节。主要表现在：一是工作力量不足。基层普法工作、法律服务专业人员短缺问题凸显，工作责任难夯实。二是工作方法粗放。基层普法宣传和法律服务工作大多采取“大水漫灌”的方式，注重了面上的工作，难以做到精准服务。针对工作

① 陕西省委政法委、陕西省委平安办、西北政法大学编：《平安陕西建设创新案例选编》（上），陕西人民出版社 2021 年版，第 248—254 页。

中存在的农村（社区）普法宣传工作不充分、公共法律服务资源供需不平衡的实际情况，延安市司法局收集问题、寻找对策，经过仔细梳理、认真研究、总结分析，从一村、一户入手，形成了“两个三”工作法，并在全市基层村组和社区推广，破解了农村（社区）普法宣传和法律服务工作中的瓶颈，为推动法治乡村建设提供了有效路径。

2. 主要做法

一是配备“三个人”，明确基层法治宣传教育和法律服务工作“谁来干”。

三个人，即法治副主任、法律顾问、法律明白人。延安市司法局在全市开展创建标准化民主法治村（社区）活动，为每个村（社区）配备一名法治副主任，负责本村（社区）农民的法治宣传教育，夯实农村（社区）基层普法责任的根基。推行“一村（社区）一法律顾问”工作全覆盖，为每个村选派一名法律顾问，打造城区半小时、农村一小时法律服务圈。通过有针对性的指导和培训，在每个家庭中培养一名法律明白人，努力使每个家庭都有一名懂法律常识、知晓法律维权渠道的“明白人”，消除普法盲区，打通普法服务群众最后一公里。

二是制作“三张卡”，明确基层法制宣传教育和法律服务工作“怎么干”。

三张卡，即法律服务联系卡、法律援助卡、普法菜单卡，延安市司法局以县（市、区）为单位，制作“三张卡”，下发到农村（社区）每户家庭中，面向农村（社区）群众发放一张法律服务联系卡，向群众明确告知本村普法和法律服务责任人的姓名、联系方式，让群众在有法律需求时随时得到帮助；在充分调研群众法律需求的基础上，推广“菜单式普法”宣传方式，根据本地实际情况制作普法菜单卡向基层群众发放，努力做到精准普法，满足群众个性化的法律知识需求。各县（区）将“12348”法律援助热线升级为普法热线，持续加大法律援助工作宣传力度，面向农村（社区）普遍发放法律援助卡，选调业务能力强、工作热情高的优秀法律服务工作者值守热线，畅通基层普法宣传教育和法律援助渠道。

三是“两个三”综合发力，助力法治乡村建设不断取得新的成效。

“三个人”和“三张卡”共同构成“两个三”工作法，在这一工作法中，“两个三”有机结合，综合发力，促使延安市法治乡村建设不断取得新成效、新进展。

首先，工作任务进一步明确。全市“三张卡”统一了模板格式，设置了普法微信公众号二维码、照片、常见法律问题、法律服务范围、司法局工作职能等板块，基本涵盖基层群众法律服务需求。“两个三”工作法推广以来，各县区都结合各自工作特点，扩充入户“三张卡”的内容，进一步提升法律宣传和法律服务的精准性，真正使“三张卡”看得明白、用得方便。吴起县、黄陵县在入户发放“三张卡”的同时，同步编印发放《法在农村》《法治宣传农村篇》《社区学法宣传册》等漫画宣传册，将法律知识图文并茂地展现给老百姓。

其次，工作责任进一步夯实。延安市司法局把“两个三”工作法落实情况纳入年度普法工作要点，明确了各县（区）依法治县（区）办、司法局的实施主体责任，确保广大群众知晓本村（社区）的三个普法责任人，使群众解决问题靠法有保障，确保每个家庭的三张卡片入户，让群众遇事找法心中有底。延川县建立了法律联系人到村值班服务制度，通过一次一记、一村一卷的工作日记和台账，确保法律联系人在人口较多和经济活跃的村（社区）服务 1 天，川道村半个月至少到村服务 1 天；山区和较偏远村每个月至少到村服务 1 天，使较少的法律专业人员为更多的群众提供了法律服务。

再次，工作效果进一步强化。延安市司法局要求各县（区）把落实好“两个三”工作法，以此作为年度目标责任考核，迎接全省、全市普法验收的工作中的必查项目，上下一心补齐短板，共同推动全市法治宣传教育工作取得新的成就。2017 年 7 月，宝塔区临镇镇付家湾村村民委员会因蒙华铁路项目征地补偿款分配问题引发村民之间纠纷，该村法治副主任、法律顾问立即介入，对征地补偿款、村民委员会等法律问题逐一进行解答，圆满化解了一起可能发生的集体上访事件。2018 年，吴起县白某不堪忍受丈夫的家庭暴力，通过家里的“普法联系卡”向法治副主任和社区法律顾问寻求帮助，法律顾问为其申请了法律援助。事后白某感慨道，自己不幸遇到了失败的婚姻，但又幸运地遇到了那三张卡片和热心的法律工作者，保护了自己的合法权益。

据统计，“两个三”工作法推广以来，全市共入户发放“三张卡”42 万余份，明确村（社区）法治副主任 1927 名，培训“法律明白人”35.6 万人，确定法律顾问 613 人。全市共发放宣传册（页）59 万余份，为农村（社区）群众提供法律咨询、开展法律体检和服务共计 7800 人（次）、开展法律讲座 2400 余场（次），提供法律援助 2100 余件，解答法律咨询 1.5 万人（次），制作宣传标语、悬挂横幅 5200 多条，受教育群众 40 余万人。

3. 经验启示

第一，坚持问题导向是根本。“两个三”工作法紧扣农村（社区）普法宣传和公共法律服务工作中的问题，准确把握“谁来干”和“怎么干”的核心，分别从人和事两个方面制定了具体的措施，明确了实实在在的抓手，补齐了农村（社区）普法宣传和公共法律服务短板，做到了有的放矢、精准施策。

第二，有效整合资源是关键。“两个三”工作法紧盯法治乡村建设工作中普法宣传教育和公共法律服务工作重点，通过有效整合司法行政资源，依托“三张卡”，将普法微信、微博、快乐普法和“12348 法网”相关服务平台的法律知识宣传到户，依靠“三个人”将法律援助、公证、律师、司法鉴定等法律服务普惠到人，使普法宣传和公共法律服务有效融合，打出了一套司法行政“组合拳”，产生了“一加一大于二”的效果。

第三，服务法治乡村是目的。“两个三”工作法紧贴群众切身利益，坚持通过入户、到人等“接地气”的方式，增强普法宣传、法律服务工作的针对性和实效性，通过加大普法力度、完善法律服务体系，让农村（社区）群众“找得到法”“用得到法”“信得过法”，使以人民为中心的服务理念得到全面贯彻落实，为提升基层群众法治观念、引导农民群众积极投入法治乡村建设奠定了坚实基础。

总之，法治乡村建设是全面依法治国的重要基础，是乡村振兴战略的必然要求，也是坚持和发展新时代“枫桥经验”、打造共建共治共享社会治理格局的重要内容。延安市司法局大力弘扬延安精神，传承司法为民的优良传统，落实“传承红色基因、建设法治延安、创造美好生活”的工作思路，针对农村（社区）普法宣传工作不充分、公共法律服务资源供需不平衡的问题，通过整合司法行政服务资源，形成并推广了以“一村三个人、一户三张卡”为主要内容的“两个三”工作法，取得了显著成效。“两个三”工作法有力呼应了人民群众的需求，促进了法治乡村建设，对市域社会治理现代化也起了积极的推动作用。

（二）推进公共法律服务体系建设，为群众提供更加普惠的法律服务①

1. 背景情况

2019 年 1 月，习近平总书记在中央政法工作会议上强调，要深化公共法律服务体系建设，加快整合律师、公证、司法鉴定、仲裁、司法所、人民调解等法律服务资源，尽快建成覆盖全业务、全时空的法律服务网络。2019 年 3 月，习近平总书记主持召开中央全面深化改革委员会第七次会议，审议通过了《关于加快推进公共法律服务体系建设的意见》，进一步为加快建设覆盖全业务、全时空的法律服务网络做出了顶层设计，指明了努力方向。

2012 年 7 月，国务院印发了国家基本公共服务体系“十二五”规划，对建设公共服务体系的目标任务提出明确要求。党的十八大和十八届三中全会对加强公共服务体系建设、推进基本公共服务均等化做出决策部署。2019 年 7 月，中办、国办印发了《关于加快推进公共法律服务体系建设的

---

①　参见中共延安市委平安延安建设领导小组编：《贯彻落实习近平新时代中国特色社会主义思想延安社会治理实践案例选编》，内部资料，2020 年 4 月，第 25—29 页。

意见》，要求推进公共法律服务体系建设，更好地满足广大人民日益增长的美好生活需要。近年来，我市公共法律服务体系建设不断发展，取得了明显成效，但仍然存在平台建设不完善、服务资源不均衡、资金保障不充分等薄弱环节。为了补齐司法行政公共法律服务领域存在的短板，我市出台了《延安市建立公共法律服务体系实施方案》，整合律师、公证、法治宣传、法律援助、人民调解、司法鉴定等法律服务资源，着力打造市、县（区）、乡镇（街道）、村（社区）公共法律服务“四级网络”，不断提升公共法律服务水平。

2. 主要做法

一是健全法律服务网络，四级实体平台全面覆盖。市司法局以一厅式办公、一站式服务为标准，在市、县（区）建立公共法律服务中心，在乡镇（街道）依托司法所建立法律服务站，在农村（社区）建立法律服务联系点或设立联络员，形成市县乡村纵向到底的“四级网络”。截至 2019 年年底，全市共建立市、县（区）公共法律服务中心 14 个，121 个乡镇（街道）设立公共法律服务站，1784 个村、143 个社区设立公共法律服务工作室，实现了公共法律服务全覆盖。

二是统筹法律服务资源，“12348 延安法网”全面建成。2019 年 6 月，我市整合法律咨询、法律援助、人民调解、司法鉴定、公证服务、律师服务、行政复议、仲裁和法律职业资格考试等各类法律服务资源，建成了“12348 延安法网”。该网横向集“12348”实体平台、网络 WEB 平台、微信公众号、触摸屏四位一体，纵向建立市、县、镇三级服务架构，直接面向群众提供普遍性、公益性、可选择的全方位公共法律服务。

三是明确法律服务重点，公共法律服务“最后一公里”全面打通。把农村（社区）群众作为重点服务对象，针对公共法律服务资源供需不平衡的实际情况，全面推行“一村（社区）一法律顾问”工作，为每个村（社区）选派一名法律顾问，打造城区半小时、农村一小时法律服务圈，打通了公共法律服务最后一公里。同时面向农村（社区）群众发放法律服务联系卡，推广“菜单式”服务，让群众随时得到法律帮助。截至2019年年底，全市512名律师、基层法律服务工作者、志愿者与1784个村、143个社区签订法律服务协议，实现了村（社区）法律顾问全覆盖。

四是拓宽法律服务渠道，服务保障大局能力全面提升。助力法治政府建设，围绕市委市政府中心工作，相继出台了《关于在全市各级政府及政府工作部门普遍建立法律顾问制度的意见》《关于推行法律顾问制度和公职律师公司律师制度的实施意见》等文件，为党委政府在重大决策方面提供法律建议和意见。全市29家律师事务所、2家法律援助中心为全市110个党政机关担任法律顾问，为依法决策、依法行政提供法律服务，有力助推了法治政府建设。助力维护社会大局稳定，加强人民调解网络建设，探索建立人民调解、行政复议和仲裁协调配合机制，充分发挥公证事前防范、律师办案调解、法律援助助弱济困、司法鉴定技术规范的作用，形成化解社会矛盾纠纷的合力。截至2019年年底，累计调解矛盾2868件、受理行政复议199件、受理仲裁案件335件、办理法律援助案件3350件、办理鉴定业务3221件，推进了基层矛盾纠纷化解，维护了社会大局稳定。

五是创新法律服务方式，公共法律服务质效全面提升。在推进公共法律服务体系建设中，各县区司法局结合各自实际，探索出了行之有效的方法和经验。黄龙县结合“一村（社区）一法律顾问”工作，推行“四警包村”，整合公、检、法、司四部门工作力量，为村民提供全方位的法律服务。宝塔区坚持“一个宗旨”（便民惠民利民）、抓好“两个结合”（法治宣传、人民调解）、构筑“三大平台”（实体、热线、网络）、完善“四项机制”（公共法律服务平台运行、管理、保障、考评四项机制），形成了“1234”服务模式。

3. 经验启示

（1）坚持党的领导是推进公共法律服务体系建设的根本保证。党的领导是各项事业发展的坚强核心，公共法律服务体系只有在党的领导下，才能得到充分全面健康发展。习近平总书记对加强公共法律服务体系建设做出重要指示，中办、国办印发了《关于加快推进公共法律服务体系建设的意见》。加强公共法律服务体系，就是要以习近平总书记重要指示精神为指导，以贯彻《意见》精神为主线，加大工作力度，细化工作措施，确保各项目标任务落地落实。

（2）坚持统筹推进是公共法律服务体系建设的基本要求。公共法律服务体系涵盖政府、社会、公众法律需求的方方面面，必须整合各方资源，坚持统筹推进。市司法局从构建覆盖城乡的实体平台入手，统筹推进“12348 延安法网”和“12348”热线平台建设，整合司法行政系统法律服务资源，加快三大平台融合发展，把实体平台作为接待群众的窗口，把热线建设成为服务群众的“公共法律服务专线”，为群众提供了一站式、全方位、全时空的法律服务。

（3）坚持以人民为中心是公共法律服务工作的出发点和落脚点。人民群众对法律服务的需求日益增长，公共法律服务工作必须始终坚持以人民为中心的发展思想，顺应群众新期盼，满足群众新需求。市司法局把法律服务的触角进一步向广大农村群众延伸，积极推行“一村（社区）一法律顾问”工作全覆盖，打通了公共法律服务最后一公里。通过发放法律服务联系卡，为广大群众提供“菜单式”的法律服务，极大地方便了广大群众的不同法律需求，有效地解决了基层农村社区法律服务人才短缺、广大群众寻求法律帮助渠道不畅的短板。

总之，近年来，根据司法部、省司法厅关于加强公共法律服务三大平台建设的安排部署，市司法局大力加强公共法律服务体系建设，加快实体、网络、热线三大平台融合发展，通过健全法律服务网络、统筹法律服务资源、明确法律服务重点、拓宽法律服务渠道，实现了四级实体平台全覆盖，打通了公共法律服务“最后一公里”，为广大群众提供了优质便捷的法律服务。

五、延安市信访局：创新工作机制，完善社会治理体系①

（一）背景情况

2017 年 7 月，习近平总书记对信访工作做出重要批示，要求各级党委、政府和领导干部坚持把信访工作作为了解民情、集中民智、维护民利、凝聚民心的一项重要工作，千方百计为群众排忧解难。要切实依法及时就地解决群众合理诉求，注重源头预防，夯实基层基础，加强法治建设，健全化解机制，不断增强工作的前瞻性、系统性、针对性，真正把解决信访问题的过程作为践行党的群众路线、做好群众工作的过程。延安市坚持以人民为中心的发展思想，扎实践行习近平总书记重要指示，全力打造“阳光信访”“法治信访”“责任信访”。

党的十八大以来，习近平总书记就加强和改进人民信访工作提出一系列新观点新论断，系统回答了信访工作是什么、信访形势怎么看、信访工作怎么干等重大理论和实践问题，形成了习近平总书记关于加强和改进人民信访工作的重要思想，是做好新时代人民信访工作的根本遵循。2019 年，全市各级各部门以“重点领域、重点群体、重点问题、重点人员信访矛盾化解攻坚战”为抓手，扎实开展信访基础业务全面提升年、信访领域乱象整治和控制赴省进京越级上访专项治理活动，层层夯实了信访部门首接、责任部门化解、行业领域监管、问题属地稳控、领导干部包案接访责任，推动化解了一大批群众反映强烈的突出问题和重点信访案件，群众赴省、进京和到非接待场所信访等各项指标同比大幅下降，工作质效显著提升，信访秩序持续好转，总体呈平稳可控态势。

（二）主要做法

一是坚持推行信访工作领导责任机制。各级各部门认真落实党政主要领导负总责、分管领导具体负责、其他领导“一岗双责”的信访工作责任

---

① 参见中共延安市委平安延安建设领导小组编：《贯彻落实习近平新时代中国特色社会主义思想延安社会治理实践案例选编》，内部资料，2020 年 4 月，第 30—36 页。

制。2019 年以来，市委、市政府先后 10 次召开会议安排部署信访维稳工作，主要领导、分管领导批示批办信访事项 130 多件次，8 次到市信访局调研、坐班接访。省委常委、市委书记徐新荣同志 3 次主持召开全市信访联席会议，交办信访案件，研究突出信访问题。各县区、部门高度重视信访工作，上下一心，形成了齐抓共管的工作格局。

二是坚持推行各级党政领导干部包案接访机制。2019 年，市信访联席会议先后交办重点信访案件 5 批 114 件，落实 16 名市级党政领导干部带头包抓，目前已办结 102 件，正在办理 12 件，办结率 89%，典型做法和成功经验在中央信联办简报上刊发。各县区向乡镇、部门交办 50 批 451 件，累计化解 417 件，化解率 92.46%。市级党政领导先后坐班接访 32 次，累计接待来访群众 33 批 126 人次，受理信访问题 28 件；县区党政领导干部先后接访群众 47 批 123 人次，受理信访问题 27 件。

三是坚持推行“最多访一次”机制。扎实推进阳光信访建设，实行群众来信、来访网上受理办理，大力推广宝塔区线上访民情、线下解民忧，“智慧信访”服务和网上信访诉求代理代办以及安塞区信访驿站“1+3+X”工作模式等典型做法，力争让群众最多访一次。2019 年通过网上受理来信 678 件、投诉 1495 件，纳入满意度评价 2858 件。全市信访事项及时受理率 99.98%、按期办结率 99.81%、群众满意率 99.07%、群众参评率 74.35%，网投占比率为 74.38%，同比提升 33.58%。

四是坚持推行信访矛盾事前介入机制。实行信访工作关口前移，市县信访部门每周五研判下周信访形势，参与重大项目、重点工程、重要决策风险评估，从源头上预防治理。经常组织信访干部深入信访问题突出的地方开展下访，提前介入矛盾隐患，掌握情况，了解政策，做出有理推定，明确群众诉求是否合理，及时和责任单位沟通反馈。积极参与重大项目、重点工程、重要决策风险评估，听取社会各界和群众的意见，从源头上预防矛盾问题产生。2019 年，市信访局领导班子成员先后带案下访 60 余次，深入县区问案督办 30 余次，接访群众 300 多批次，推动解决突出信访问题

48 件；全体信访干部累计深入重点县区、部门、乡镇下访 100 余次，协调化解信访案件 22 件，组织开展信访听证评议 13 次。

五是坚持推行重大活动期间信访维稳机制。中省市重大会议和活动期间，强化矛盾排查、积案化解、属地稳控、值班劝返和信息预警工作，圆满完成了全国“两会”、亚洲文明对话大会、第二届“一带一路”国际合作高峰论坛、省“两会”等重要节点的维稳值班任务。特别是新中国成立 70 周年大庆和党的十九届四中全会期间，实现了“零进京”的工作目标，被评为全省驻京劝返先进集体。先后服务保障了中央扫黑除恶督导组、中央巡视组在延督导巡视，全国退耕还林还草工作会议、文化传承博览会、西北五省（区）第二十六次人大财经工作座谈会等 10 余次重大会议，20 多次重要接待活动，确保市委全会和市“两会”的有序顺利进行。

六是坚持推行涉访重点人员属地稳定工作“双交办、双考核、双问责”机制。市委、市政府成立了加强属地稳定和依法处理工作专班，对长期赴省、进京到非接待场所上访的重点人员，由市信访联席办向属地党委政府交办，市公安局负责向属地公安机关交办；市公安局、市信访联席办对公安系统和属地党委政府依法处理违法信访行为开展季度考核；对属地稳定和依法处理工作不力的单位，市信访联席会议、市委政法委分别启动追责问责程序，追究相关单位和责任人的责任。2019 年，先后交办重点人员 68 名，依法处置违法信访人员 59 人次。

（三）经验启示

一是各级重视是前提。坚持以习近平总书记关于加强和改进人民信访工作的重要思想为指导，市委、市政府率先垂范，高度重视信访工作，高位推动疑难信访问题解决，切实把信访工作作为推动解决信访群众反映实际问题的重要渠道。通过定期召开信访联席会议，分析研判信访形势，落实领导包案，市、县、乡镇三级党政领导干部到指定场所接访，以及综合运用经济、行政、法律、帮扶救助等手段，推动一大批信访案件和久拖不决的老大难问题得到妥善化解，不仅维护了信访群众的合法权益，增强了群众的获得感，也有力维护了全市大局稳定。

二是排查化解是基础。全面推行信访网格化管理模式，建立了市、县区、乡镇、村、组五级信访网格，配备了网格员，对重点信访人群和上访苗头进行监测，掌握动向，灵通信息，逐级报告。将矛盾纠纷排查化解工作融入网格之中，建立了以网格员为核心的“I+X”联动工作机制，在网格中察民情、访民意、解民忧，使网格成为信访维稳的第一道防线和掌握社情民意、化解矛盾纠纷、源头预防治理的综合平台。大力推行“枫桥经验”“两说一联”“九平式调解”模式，运用积案化解联合会商、疑难信访案件救助、听证评议以及群众说事、法官说法、干部联村多种形式，引入“两代表一委员”、律师、乡贤能人等参与化解矛盾纠纷、积案难案。真正做到诉求合理的解决到位，诉求无理的思想疏导到位，生活困难的帮扶救助到位，行为违法的依法处理。

三是解决问题是核心。解决问题是做好信访工作的硬道理，对群众反映的各类矛盾问题，始终坚持“群众利益无小事，要和群众有感情”的态度，务实创新，按“有理推定”，从化解积案上寻求突破，真心诚意解决问题。加强房地产开发、城市建设、物业管理、企业改制、劳动保障、集资融资、涉法涉诉等重点领域风险防范，加大行业监管、整治力度，从源头上预防和治理。紧盯重点群体落实相关政策，开展个性化工作，因案因人施策，全力化解信访矛盾，减少不稳定因素。压实重点问题化解责任，针对多年积累下来的“骨头案”“钉子案”和梳理出的重点信访问题，全部实行领导包案推动化解，下大气力、紧抓不放，一件一件做、一个一个解。

四是阳光信访是导向。随着互联网、大数据、人工智能的高速发展，网上信访逐步取代走访是大势所趋，深入探索“互联网+信访”模式，全力推进信息化、科技化是新时代信访工作的必然要求。充分发挥网上信访信息系统平台作用，着力打造网上信访主渠道，方便群众反映诉求，降低信访成本，引导群众更多地通过网上反映诉求、提出建议，变“上访”为“上网”，逐步减少走访、越级上访。运用现代科技再造信访工作流程，实行信访网上投、事项网上办、结果网上评、问题网上督、形势网上判的“一网式”信访综合管理服务机制，有效提升信访工作科学化、精细化水平。探索建立信访大数据，加强对社情民意新动向、新特点的分析和对各种风险研判，及时发现带有普遍性、趋势性的问题，提出改进工作、完善政策的建议，进一步提高服务党委和政府科学决策的能力和水平。

五是创新机制是保障。推进国家治理体系和治理能力现代化，推进社会治理共同体建设，完善信访制度的体制机制是关键，信访工作六项机制还需在工作实践中不断完善提升，着力打造更高水平的“阳光信访”“法治信访”“责任信访”，用做好信访工作的实际行动支持和服务全面深化改革大局。同时，紧扣提高社会治理社会化、法治化、智能化、专业化水平，把信访工作置于加强和创新社会治理大局之中，着力打造共建共治共享的社会治理格局。

总之，信访是反映社情民意的晴雨表、温度计和信息库。信访工作是联系人民群众的桥梁和窗口，是化解社会矛盾的减压器和安全阀。近年来，延安市各级深入学习习近平总书记关于加强和改进人民信访工作的重要思想，创新推行了信访工作六项机制，通力解决人民群众反映强烈的突出矛盾和问题，为推进基层社会治理和维护社会稳定探索出了新路径。

第三节　平安行业（领域）建设典型案例

一、杜甫川小学创建新时代“十个没有”平安校园的实践①

（一）背景情况

新时代“十个没有”平安校园建设将宏大的平安中国建设落实到具体

① 本案例系课题组结合调研资料总结而成。

的微观领域，架起了中央与基层密切联系的桥梁，是中国之治的有益探索。新时代“十个没有”平安校园建设具有以下特征：

其一，治理主体是教育局或学校，其他关涉单位是配合单位。这种正当性的根据在于学校被治理主体的特殊性，对治理主体要求更严。教育系统工作者具有较高教育的专业性和实践性，符合治理的素质要求，因此在治理主体上，教育局和学校成为平安校园建设的治理主体。

其二，治理客体是群众最恨、最烦、最急的社会问题。坚持问题导向、结果导向是新时代推进社会治理与平安建设的基本逻辑。校园治理中，至今仍然存在着群众反响强烈的问题，这些问题因地理原因呈现出差异性。平安校园建设标准问题是难点和痛点，有学者研究了校园安全标准，诸如学生用品标准、校车及交通管理标准、卫生与健康标准，[①] 具有借鉴作用，但“十个没有”不仅重视标准问题，还更侧重协同性、预防性、重点性。

其三，受益群体主要是学生。学生是校园场域中最大群体，学校的存在根基在于学生能德智体美全面发展，没有安全的环境，没有良好的教育，是不可能有学生的全面发展的。因此，学生的教育及与之有关的安全环境是“十个没有”重点关注的内容。

其四，建设目标是提升人民群众的满意度。群众的满意度集中表现在问题解决的实效上，新时代“十个没有”平安校园建设的目标即是学校无矛盾或者矛盾不上交，从而提升人民群众的幸福感。具体目标即是解决学校存在的微观问题，预防于矛盾未发生之时，解决于刚发生之时，从而提升基层治理的效能。

延安新时代“十个没有”平安校园建设涉及大中小各个办学层次和全市学校，每个层次和区域的学校在平安建设中虽有不同，但仍有许多共性特征。以延安市宝塔区杜甫川小学平安校园建设为例，延安市宝塔区杜甫

---

① 赵燕、周玉洁、郭敬东：《校园安全标准化促进“平安校园”建设》，载《标准实践》，2018 年第 7 期。

川小学创建于2013年7月，截至2021年，有教学班56个，在校学生3120人，教师168人。平安校园创建工作开展以来，杜甫川小学坚持“做最好的自己，追求精致教育”的办学目标，将新时代“十个没有”融入安全、德育、教学等各项工作中，全面开展平安创建工作，取得了实实在在的成效。

（二）主要做法

1. 周密安排计划，强化组织保障

杜甫川小学严格按照市级文件要件，周密安排，明确责任，强化组织保障。为深化平安校园建设，实现“十个没有”目标，杜甫川小学成立了“十个没有”工作领导小组，校长和党支部书记任组长，副校长任副组长，成员为中层管理干部及各班主任；并制发了杜甫川小学《深化平安校园建设，实现“十个没有”目标活动的实施方案》，方案提出，以创建平安校园为目标，让家长放心、学生放心、老师舒心，打造校园周边百米安全带，实现“十个没有”：一没有校园欺凌现象；二没有食品安全问题；三没有学法普法盲点；四没有邪教传播行为；五没有巡逻监控盲区；六没有流动商贩摊点；七没有非法经营门店；八没有寻衅敲诈勒索；九没有侵害师生案件；十没有师德失范行为。

2. 加强领导，明确责任分工

首先根据“十个没有”的内容，确定承诺人，也就是责任人，并承诺相关内容，公布联系方式，并对外公布。具体见下表：

序号	承诺内容	承诺事项
1	没有校园欺凌现象	坚决杜绝校园暴力。要加强学生法制和思想道德教育，严格校规校纪，杜绝打架斗殴事件和严重伤害事件发生
2	没有食品安全问题	严格食品卫生管理。严格执行《食品卫生法》《学校卫生工作条例》，配合卫生部门开展食品安全督查，把好食品安全观，厉行节约，确保师生的饮食安全
3	没有学法普法盲点	创设科学、积极的教育氛围，巩固教育成果，通过课堂、课外实践活动、板报、标语、专栏，通过“国旗下的讲话”等多形式多渠道学习、普及法律知识

续表

序号	承诺内容	承诺事项
4	没有邪教传播行为	加强学生养成教育，开展班队会主题实践活动，教育引导学生树立正确的世界观、人生观、价值观，杜绝邪教在学校传播
5	没有巡逻监控盲区	加强安全管理，定期排查，坚持24小时值班，对监控摄像头检查维修，保障校园监控全覆盖，预防校园盗窃案件的发生，保障学校财产及广大师生员工的人身安全、财产安全
6	没有流动商贩摊点	抓好校园周边环境的整治，扼制流动商贩摆摊设点在校园周边经营。消除安全隐患。建立健全群防群控的工作机制，努力为广大师生营造安全有序的工作学习环境
7	没有非法经营门店	坚决杜绝校园内出现任何盈利性经营门店。发挥少先队作用，引导学生树立良好的消费观，通过学生带动家长影响社会，实行部门互动
8	没有寻衅敲诈勒索	利用国旗下讲话，主题班队会，主题讲座，正确引导学生树立正确的价值观，讲文明、守纪律，不出现违反学校规定的行为，做一名合格的小学生
9	没有侵害师生案件	加强校园保卫力量建设。组建学校安全保卫护校队，负责学校的安全工作，主要是防火、防盗及学校的治安综合治理工作。对发生在校园及周边，侵害师生人身、财产权利的刑事和治安案件，及时上报由公安机关处理
10	没有师德师范行为	加强师德师风建设，强化师风教育，爱岗敬业、尊师重教、以人为本，做新时代合格的人民教师

其次是具体细化平安校园“十个没有”措施。第一和第三个“没有”标准建设中，具体细化为学习《教育法》等法律知识的同时，还组织学习《小学生守则》，采取讲座、专题辅导以及成立“少年警校”等的方式实现预定任务目标。第二个“没有”标准创建中，坚持把好源头关、从业人员关、运行关、清洗关、卫生防疫关，规范操作程序，实现没有食品安全问题的目标。第四个“没有”标准建设中，学校通过班队会、主题实践、国旗下讲话、专家讲座的形式，教育全校师生树立正确的世界观、价值观、人生观。第五个“没有”标准建设中，通过不断加大安保力度，定期巡逻，发挥人防、物防、技防的作用，实行24小时值班制，排查安全隐患，做好监控岗记录，做到人防、物防、技防全覆盖。在第六、第七个“没有”标准建设中，学校坚持校内校外一起抓，实行学校说事，执法部门说

法联校、综合治理，实现上述两个“没有”目标。在第八个“没有”标准建设中，正面引导学生树立正确的价值观，讲文明、守纪律，不出现违反学校规定的行为。在第九个“没有”标准建设中，通过讲座、答辩、专题辅导等活动，强化师生安全保护意识，加强门卫管理，定期巡逻，做到“两说一联”与公安、交警等部门携手共建。在第十个“没有”标准建设中，要加强师德师风建设，强化岗位培训。当然上述目标的实现是共同参与的结果，杜甫川小学调动家长的积极性，让家长走进来，关注和支持学校发展，建立“家长、学校、社会”三位一体工作机制，共同创建平安校园。

3. 实行部门联动，完善协作机制

按照延安市《实施方案》的规定，“十个没有”平安校园建设治理主体包括配合主体，重点任务是解决校园及周边安全问题。宝塔区为打造校园周边百米安全带，实现“十个没有”平安校园建设，通过部门联动的方式，将区文旅局等单位共同纳入平安校园建设中来，制定“杜甫川小学平安校园建设责任公示牌”，该公示牌包括责任单位、平安校园建设任务等，悬挂到校园门口，并写明宝塔区委政法委的监督电话；同时悬挂宝塔区责任督学公示牌，显示督导事项，并设有区教育局的监督电话；悬挂万花派出所扫黑除恶专项斗争领导小组的举报内容及举报电话，通过让群众知晓的方式，让群众监督。

“杜甫川小学平安校园建设责任公示牌”具体责任单位及建设任务见下表：

序号	责任单位	平安校园建设任务
1	万花派出所	维护校园及周边治安秩序，打击涉校违法犯罪，指导校园安全防范工作
2	区市场监督管理局	监督校园及周边食品、药品安全，定期检查校园内外食堂从业人员健康情况
3	区文旅局	规范校园周边文化市场秩序
4	区城管局	净化校园周边环境，禁止摆摊设点
5	万花山乡	对辖区学校进行属地管理，配合相关部门开展校园及周边整治工作

续表

序号	责任单位	平安校园建设任务
6	交警二大队	维护校园周边及上学、放学等重点时段的交通秩序
7	杜甫川小学	开展新时代“十个没有”平安建设，配合相关部门开展校园及周边整治工作

此外，由宝塔区检察院派检察官到杜甫川小学担任法治副校长，进行普法宣传，实现“检察+学校”协同创新，切实消除校园欺凌、学法普法盲点。杜甫川小学还将“两说一联”即“群众说事、法官说法、干部联动”机制引入校园安全纠纷的化解过程中，既加强了校园与政法机关的协作配合，又实现了矛盾纠纷的及时化解。

通过上述措施，杜甫川小学学生的文明礼仪、学习习惯、综合素质得到了提升；家长的监管意识、家校合作意识得到进一步加强；区委、区政府各部门支持学校的力度进一步加大，学校安全保障措施得到进一步完善，学校办学环境、育人环境得到进一步优化。学校也因此相继被评为陕西省实施素质教育优秀学校、陕西省平安校园、陕西省“六五”普法先进集体、延安市文明校园、延安市平安校园、延安市未成年人思想道德工作先进集体。

（三）经验启示

1. 为制度建设注入红色资源和文化智慧

延安新时代“十个没有”平安建设来源于陕甘宁边区红色文化和成功的治理经验。在“十个没有”平安校园的建设中，善于挖掘治理经验，将地方特有的文化资源与平安建设实际结合起来，成为延安平安校园建设取得成效的一大法宝。而新时代“十个没有”平安校园建设的经验表明，在校园治理中，要特别加强中华优秀传统文化和红色文化的教育，帮助学生树立正确的人生观、世界观、价值观。可以通过参观红色革命旧址，积极参与模拟情景，让学生们感受革命年代的精神世界和人的崇高价值观，引导学生增强爱国主义，投身到祖国的伟大建设当中。

2. 将标准化建设作为平安校园建设的前置性工作

新时代“十个没有”平安校园建设前期工作中最重要的是标准化的建设。“十个没有”内容的提出，实际上就是平安校园建设的标准化。标准具有促进社会治理、规范治理秩序的一面，也有其局限性，表现为标准所强调的一致性、统一性和基层治理多元化、多样化之间的矛盾、标准的地方性与标准的普适性之间的矛盾、标准的工具理性与法的价值理性之间的矛盾。① 因此，在标准确定上，需要坚持实体条件和程序条件来确定标准，在平安校园建设中，要重视没有安全事故这一无论何时都要强调和努力实现的实体条件。在程序设置上，要通过监督电话、监督信箱、微信公众号广泛征求教师、学生、家长以及其他社会主体的意见和建议，提升标准的科学性、民主性。

3. 持续强化平安校园长效机制的制度根基

没有科学合理的制度，就不可能有长效机制的构建。要形成“预防制度 + 纠纷化解 + 监督治理”模式，促进平安校园长效机制的形成。首先，要坚持和发展新时代“枫桥经验”，针对校园平安建设的标准化及治理的协同性，形成可操作性、可评估的、可行性的预防制度。其次，在矛盾出现后，能通过治理主体与被治理主体以及行业等协会组织共同遵循既有的高效纠纷解决机制，快速便捷地处理矛盾。最后，行使监督权，及时发现制度漏洞和执行刚度，追究责任人员，实施建议促进，提高治理效能。通过这一模式，能有效地将矛盾发现于未发生之时；矛盾一旦出现，也能确保“矛盾不上交，就地化解”。

4. 紧抓监督检查环节贯彻平安建设制度

就创新监督检查方式而言，延安“十个没有”平安校园的监督主体是广泛的，如杜甫川小学，监督主体不仅仅是区教育局，还包括区委综治办和政法委、社会监督，还包括市教育局、市委综治委和政法委的监督。在

① 褚宸舸：《基层社会治理标准化研究——以“枫桥经验”为例》，载《法学杂志》2019 年第 1 期。

下一步的制度建设过程中，要创新行业监督、区域监督、市综治委和政法委的监督方式，通过定期监督和不定期监督的方式，利用县区、行业相互交叉的监督方式，发现制度执行的短板和症结。对于短板和症结要认真地分析，吸收优秀的做法，及时完善制度；对消极应对的，在目标责任考核、问责方面给予惩戒，并进行不称职的星级命名。将表现优秀的单位列为观摩点，并给予评级命名，颁发相应星级平安建设单位。在监督检查“十个没有”平安学校建设时，可以引入第三方监督单位，坚持延安精神，坚持实事求是的思想路线，考察课间、课上及放学后学生的现实表现，多走访家长、教师、学生及周边群众，了解学校在“十个没有”标准落实的成效，协同第三方共同做好监督检查工作，扎实推进“十个没有”平安校园建设。

二、延安大学附属医院创建新时代“十个没有”平安医院的实践①

（一）背景情况

为贯彻落实中共中央办公厅、国务院办公厅转发《中央政法委员会、中央社会治安综合治理委员会关于深入开展平安建设的意见》和《中共延安市委政法委员会、延安市社会治安综合治理委员会关于深入开展创建“平安延安”活动的实施意见》（延市办发〔2016〕4号）等文件精神，从2016年开始，延安医疗集团总医院（延大附院）总体谋划，从洛川分院试点先行，然后总医院采取多措并举，扎实推进新时代“十个没有”平安医院建设工作，全面贯彻落实“预防为主、打防结合、标本兼治、重在治本”的方针，医院平安建设水平不断提升，医患纠纷大幅下降。自开展“创建平安医院，实现十个没有”以来，该院没有发生影响社会稳定的重大事件，没有发生重大社会影响的恶性案件，没有发生重大火灾、交通和

① 本案例系课题组结合调研资料总结而成。

治安责任事故，没有发生因就医患者不满意而激化矛盾的群体性事件，较好地落实了市委、市政府平安建设的工作要求，因表现优秀，2019 年延大附院获“延安市平安建设先进集体”。2019 年，延大附院进一步做出了“八个支撑”的工作部署，组合发力，强化新时代“十个没有”平安医院建设。

（二）主要做法

1. 坚持党建引领做支撑，统领“十个没有”

院党委积极发挥把方向、管大局、做决策、促改革、保落实的领导作用，坚持党建工作和医院中心工作一起谋划、一起部署、一起考核。坚持以全面从严治党为根本遵循，围绕“奋力打造陕北区域医疗中心、努力铸就陕北人民健康丰碑”的发展战略和“全面建成更有特色、更有水平的大学附属医院”和“百姓信赖、职工满意、同行业领先的区域医疗中心”的总体发展目标，以“十个没有”平安医院创建活动为载体，深入推进党的政治建设、思想建设、组织建设、作风建设、制度建设、反腐倡廉建设，为医院的改革发展提供坚强保障，实现了党建工作和医疗业务工作相互促进、全面提升。

2. 坚持综合治理做支撑，推进“十个没有”

一是延大附院按照“第一要务抓发展、第一责任保平安”的要求，制订 2019 年继续开展“创建平安医院、实现‘十个没有’”的活动实施方案，并与各科室签订了“平安医院”和“消防安全”两个目标责任书，成立了以书记、院长为组长的创建“平安医院”领导小组，设立“平安医院”“扫黑除恶”办公室，指定专人负责，从组织上得到了保障。

二是召开院党委专题会议，组织全院职工学习省、市卫健委和延安大学等上级部门下发的《关于依法严厉打击黑恶势力违法犯罪》的相关文件和宣传资料，向全院各科室编印了《延安大学附属医院扫黑除恶专项斗争应知应会手册》，提高了大家对扫黑除恶专项行动的认识。

三是狠抓消防安全，延大附院保卫部多次组织全院职工开展消防安全知识培训与学习，提高职工的消防安全意识，有效降低了安全隐患，并做好安全巡查记录，制定消防、反恐等安全工作应急预案及演练。坚持人防、物防、技防相结合原则，安装摄像头581个，监控设施基本达到区域全覆盖。科室实现24小时值班，使医院的安全隐患得到大幅度降低，切实助推“十个没有”创建工作。

3. 坚持“两说一联”做支撑，充实“十个没有”

在市、区两级党委政法委的指导下，延大附院建立“两说一联”工作室，成功将“两说一联”的先进经验和机制“嫁接”进医院。这一便民联动平台、机制的建立，在化解医患矛盾和纠纷中起到了讲道理、明事理、促和谐、化矛盾的重要作用。“两说一联”机制在加强平安医院创建、落实“十个没有”工作建设方面发挥了积极的促进作用。从外联医调委的工作实践看，第三方的介入为医院在医疗诊治过程中出现的信息不对称、化解处理医患矛盾纠纷具有十分重要的意义，也为延安市医疗系统平安建设创造了成功经验。

4. 坚持智慧医院做支撑，保障“十个没有”

延大附院“惠民、惠医、惠管理”的智慧医院建设，全力保障了平安医院建设和新时代“十个没有”创建工作。医院已逐步完成了智慧床旁、移动护理、医保自助缴费、移动患者就诊平台、智能导诊及医保脱卡支付、App预约、自助打印检验报告单和影像胶片、5G物联网基地等建设，同时医疗集团内远程心电连接延安、榆林48所县级医院、乡镇卫生院及社区卫生服务中心，实现远程心电会诊等。智慧医院建设不断优化服务流程，改进服务方式，提升服务绩效，让患者少跑腿、医生更便捷、管理更科学，极大地改善了患者的就医体验和获得感。

5. 坚持学科建设做支撑，提升“十个没有”

延大附院将2019年确定为“学科建设主题年”，医院以“五大中心”（创伤救治中心、危重孕产妇救治中心、危重新生儿救治中心、胸痛中心、卒中中心）工作为重点，坚持“上承规范、下强基层、纵向到底、横向扩展”的原则，扎实推进专科联盟建设工程。选择有培育前途的临床科室申报省级重点专科、重点学科和学校重点学科，在人力、财力、物力等方面全力支持，培育一批支柱学科，促进医院的医疗质量和发展内涵不断提升。

6. 坚持文化建设做支撑，促进“十个没有”

在精神文化、物质文化、制度文化、行为文化、职业荣誉感文化等多个层面与“十个没有”相互融合，利用横幅、LED、院报、网站、微信等平台，对“十个没有”活动内容进行了广泛宣传，全面提高了广大职工对创建工作的认识度和参与度。

7. 坚持优质服务做支撑，实现“十个没有”

院党委高度重视优质服务专项活动，召开专题会议安排部署。坚持优质服务理念，让服务感动患者、让服务留住患者。不断改善就医环境、优化医疗服务流程，减少患者就医等待时间，切实改善患者就医感受，不断提升医院服务能力，赢得患者的信赖和满意，用实际行动践行“十个没有”创建工作。

8. 坚持集团建设做支撑，辐射“十个没有”

集团总医院要求各个分院，根据市委、市政府、延安大学、市卫健委及《延安大学附属医院创建平安医院，实现“十个没有”活动方案》等文件精神，结合各分院实际，积极开展创建工作，取得了良好的效果。其中，洛川分院在2016年作为全市医疗卫生行业示范点，举行了全市的现场观摩会，并于2017年荣获“延安市平安建设先进集体”。此项活动，在全面深化集团一体化管理、辐射带动各分院开展平安医院创建工作的同时，有效提高了各分院的规范化建设和医疗服务质量。

9. 分解“十个没有”目标，严格贯彻执行

在“十个没有”平安医院的建设过程中，延安大学附属医院十分重视制定或完善制度，通过权利与义务的规定，规范医院的医务人员、行政人员、后勤保障人员的行为，提升服务水平。延安大学附属医院细化了“十个没有”平安医院建设的具体任务，见下表：

序号	“十个没有”内容	具体内容
1	没有非法执业	1. 依法登记取得医疗机构执业许可证书，并定期校验；2. 执业人员按相关法律法规取得相应资质；3. 在国家医疗卫生法律、法规、诊疗规范的框架内开展诊疗活动
2	没有推诿病人	1. 有效落实首问、首诊、首诉负责制和转诊、转科制度，合理分流病人；2. 设急诊绿色通道，保障急、危、重症病人及时有效救治；3. 有专门的病人投诉接待科室、门诊综合服务台、便民服务措施
3	没有违规收费	1. 执行国家、省、市物价收费相关政策，透明收费、合规收费；2. 规范药品耗材购销和使用，严格按照国家基本药物执行零差价销售；3. 组织人员认真学习和掌握医疗服务价格规范
4	没有商业推销	1. 规范全院招标采供工作，严格执行“阳光采购”；2. 严禁医务人员和从业人员在药品、器械、设备等采供活动中，利用职务索取、收受贿赂
5	没有红包回扣	1. 加强医德医风建设，认真落实行业“九不准”；2. 严格执行《职业医师法》第三十七条第十款的规定，严禁利用职务之便索取、非法接收患者钱物；3. 组织人员认真学习法律法规，规范执业行为
6	没有歧视患者	1. 做好病人隐私保护；2. 落实“三无病人”管理；3. 落实医患沟通制度、病人关怀制度等
7	没有不合格药物、器械	1. 落实相关机构制度建设，相关组织围绕合理用药参与治疗、开展监测和评价工作；2. 规范的抗菌药物临床应用管理、分级管理、重点药物监测管理、合理用药奖罚制度等；3. 重视临床药学专业的学习和培训
8	没有安全隐患	1. 安全隐患排查制度；2. 消防安全管理；3. 水电暖气安全管理；4. 院内及周边治安管理
9	没有医疗责任事故	1. 健全的医疗安全管理机构，完善的安全管理制度；2. 医疗风险防范管理；3. 医疗事故、医疗纠纷管理办法，危急值报告制度；4. 组织医疗质量和安全知识培训；5. “两说一联”工作室建设
10	没有绺窃、盗窃	1. 院内巡逻、巡查制度；2. 监控系统建设；3. 警务室建设

上表在每一个标准后面都细化了至少三项以上的具体标准或目标。此外，延安大学附属医院又针对医院组成人员的分类主体进行了创新，创新了“十个没有”科室目标和“十个没有”医务人员目标。

“十个没有”科室目标为：一是没有推诿病人；二是没有安全隐患；三是没有违规收费；四是没有医疗事故；五是没有过度医疗；六是没有违

规私自采购医药产品；七是没有医药推销；八是没有争名夺利；九是没有环境脏乱；十是没有仪表仪容不规范者。

“十个没有”医务人员目标为：一是没有推诿刁难；二是没有不文明用语；三是没有不合理用药检查；四是没有私收费；五是没有违纪违法；六是没有脱岗；七是没有参与赌博；八是没有私自在外坐诊、介绍处方及病人；九是没有歧视患者；十是没有红包回扣。

“十个没有”科室目标和“十个没有”医务人员目标是“十个没有”平安医院再建设的细化，与“十个没有”平安医院的总体目标共同构成一个清晰合理的标准体系。

（三）经验启示

1. 重视领导机构建设，强化组织保障

延安新时代“十个没有”平安医院建设的经验表明，组织保障是抓好综合治理的重要支撑。党的领导和党的建设是平安医院建设的“灵魂”。延大附院在平安医院建设的过程中，形成了以书记、院长为组长的创建“平安医院”领导小组，其他院级领导为副组长，涉及科室为组成人员，设立“平安医院”办公室，指定专人负责。在组长人选上，将党委负责人和行政负责人任命到小组组长当中。在组长领导下，加强党的领导和党的建设，带好队伍，建好班子，团结好干部，形成合力，一体推动“十个没有”平安医院建设。

2. 重视目标责任分解，强化执行落实

积极发挥目标责任制的指挥棒作用，将“十个没有”平安医院建设具体内容纳入其中，使其作为考核的重要部分，使医院广大党员干部能充分认识到平安医院建设的重大意义，对推动平安医院建设具有积极作用。延安大学附属医院结合医院实际情况深化“十个没有”内涵，将每项内容进一步细化，工作要求和任务更加明确；全院一盘棋，统一安排部署，分解任务、划分责任、强化措施、狠抓落实，确保平安医院创建，巩固、提升各项工作顺利推进。积极组织和动员全院各科室行动起来，依靠齐抓共管的合力，以服务广大患者为宗旨，完善医院社会治安防控体系，为患者、职工营造和谐舒适的就医环境和工作环境。尤其是医院与各个科室签订“平安医院”目标责任书，通过“目标责任书”的签订强化各个主体的责任，提高了各个主体履职的积极性和主动性。

3. 提高医疗服务水平，强化源头治理

检验患者是否满意、医院是否平安的关键是医疗效果好坏。医疗效果的取得与医院医疗服务水平的提升密切相关。提高医院的服务水平，不仅仅要提高医生的技术水平，更需要全方位地提供服务，包括120服务、电话和网上咨询服务、停车服务、就医服务、透明便捷服务、纠纷解决服务等，这就涉及各医院各个主体的职责和动力。为了提高“全方位、无死角”的服务水平，需要制定或完善服务标准，将其融入“十个没有”中，通过制度的方式，推动服务标准的贯彻落实。与此同时，为了保障医疗服务水平稳步提升，还需要加强源头治理，尤其是医院要与政法机关形成合力，建立医患纠纷人民调解机制和诉调对接制度，在调解时注重边调解边沟通，既注重实体条款，也注重精神疏导，方便快捷地解决医患纠纷；此外，也要依法严厉打击各类涉医违法犯罪，特别是对持刀或爆燃物等危险物品伤害医务人员等恶性违法犯罪行为，要依法快侦快办，坚决打击处理，震慑违法犯罪行为。

三、延长石油枣园宾馆与新时代“十个没有”平安酒店的实践[①]

（一）背景情况

《延安市社会治安综合治理委员会　中共延安市委政法委员会　关于全面深化新时代“十个没有”平安建设的意见》（延市综治委发〔2018〕10号）提出了开展“十个没有”平安酒店（宾馆）创建活动，在市公安

① 本案例系课题组结合调研资料总结而成。

局的牵头引领下，全市各宾馆和酒店紧扣“标准化、全覆盖、有特色、见实效”的“十二字要求”，为了实现“发案减少、事故下降、秩序良好、社会稳定、群众满意”目标，围绕解决各类治安问题、安全隐患和违规经营问题下足功夫，到2019年年底，全市累计创建平安酒店149个，打造成为社会治理的特色品牌。

酒店行业与群众生活密切相关，而且矛盾纠纷多发易发，治安问题也相对较多，平安酒店创建中列出“十个没有”问题清单，着力解决群众反映强烈的突出问题。2020年以来，在市委市政府及省公安厅的正确领导下，全市各级公安机关履职尽责，不断完善机制，夯实基础，开展“十个没有”平安酒店创建活动，取得了显著成效。制定下发了《延安市公安机关深化“十个没有”平安酒店创建活动实施方案》，通过坚持问题导向，列出问题清单、加强基础摸排、突出监督检查等方式，及时发现并解决了旅管业管理过程中存在的各类问题。

延安市的酒店结合自身情况制定“十个没有”的具体内容，各具特色。以延安枣园宾馆为例，延安枣园宾馆是由陕西延长石油（集团）有限责任公司投资10亿元，按照五星级标准精心打造的现代国际化豪华商务酒店。宾馆位于延安市枣园路中段风情街，枣园、杨家岭和王家坪等革命旧居群中心，宾馆占地141亩，总建筑面积6.8万平方米。枣园宾馆是中国国宾馆协会副主席成员单位，2017年被中国饭店协会授予“国际饭店业十家精细化管理饭店”和“2017年优秀品质饭店”，被中国会议酒店联盟评为“2017年全国优秀会议酒店100强”。为了“弘扬延安革命传统、创建圣地‘十个没有’”，更好地开展“平安酒店”创建活动，延安枣园宾馆成立了领导机构，制订了实施方案，明确了目标任务，落实了具体措施。

（二）主要做法

1. 明确工作思路，形成联动机制

枣园宾馆确立了总的工作思路——“三个结合，全面提升”。就是把“十个没有”平安酒店创建与宾馆“党建文化”“6S管理”和“营运服务水平提升”三者结合起来。以“党建文化”引领“十个没有”平安酒店创建，以“6S 现场管理”加强“十个没有”平安酒店创建，以“营运水平”和“服务质量”的提高来检阅“十个没有”平安酒店的创建成效。反过来，再以“十个没有”平安酒店创建促进党建文化工作，提升“6S 管理”标准，体现营运管理和服务质量，使上述四项工作形成联动机制，深度融合，互相给力，共同提升。

2. 重视执行工作，确保制度实施

按照总思路，枣园宾馆党政班子带领员工分四个步骤展开工作：一是组织动员。宾馆成立了创建领导小组，制订创建“十个没有”平安酒店工作实施方案，明确责任和义务，并大力宣传教育引导。二是全面落实措施，保证创建方案落到实处。以“十个没有”平安酒店创建为目标，党建文化、6S 管理、营运管理等各套机构各项工作齐抓共管，不断推进。三是检查验收，在内部自查自纠推进基础上，宝塔区“十个没有”平安城市创建现场会在枣园宾馆召开，枣园宾馆被评为“十个没有”平安酒店创建示范单位，又被陕西省公安厅和社会综合治理委员会授予“平安单位”。四是巩固成效并全面提升创建水平。“十个没有”平安酒店创建工作有力地推动了宾馆经济效益和社会效益的提升。开创了宾馆经营管理工作的新局面。

3. 打造七大亮点，提升治理水平

一是依托先进的软硬件设施和多种宣传渠道进行创建“平安酒店”、实现“十个没有”活动宣传，通过 LED 屏滚动播放、固定宣传牌集中展示、微信公众号全方位宣传，使全体干部员工和广大宾客都能对此次活动的重要意义和“十个没有”的具体内容了然于心。二是注重培训，聘请专业培训机构对全体员工进行服务、礼仪、专项技能、安全管理等方面的培训，通过落实培训内容，规范了服务标准，提高了员工的服务水平，提升了企业品牌形象。三是贯彻“预防为主，防消结合”的工作方针，在相关单位的指导下建立了延安市第一批微型消防站，使延安枣园宾馆具备扑灭初级火灾的能力。同时，与治安大队、枣园派出所、消防支队紧密协作，堵住了安全漏洞，排除了安全隐患。四是本着对广大消费者负责的态度，狠抓环境卫生治理，落实食品安全责任制，健全各项规章制度，杜绝违规登记、欺客宰客等损害消费者权益的事件发生。五是积极配合公安机关认真落实拒绝“黄、赌、毒”的宣传工作和加强安保力度，给宾客创造了安全健康的消费环境。六是将创建“平安酒店”、实现“十个没有”活动纳入宾馆的6S管理工作体系之中，以加强现场管理为主线，以规范管理、提高员工素质为目标，以强化制度与标准化管理为重点，在搞好试点的基础上，稳步推行“‘平安酒店’创建、实现‘十个没有’目标”活动管理工作，将创建工作与宾馆常规管理相融合并实现常态化，从而进一步推进了“十个没有”目标的实现，优化了接待服务环境，提升了员工素质和工作效率，保障了宾馆的安全文明经营。七是将创建“平安酒店”与党建、企业文化相结合，以党建促经济，以文化聚力量，以品牌提效益，以安全做保障，构建党建、文化、品牌、安全“四位一体”治理体系，探索出了一条以党建文化品牌建设助推企业效益提升的好路子。

（三）经验启示

1. 建立长效机制，促进和谐发展

新时代“十个没有”平安酒店创建工作的最终目标是实现酒店和谐与发展，推动企业的长治久安。而这一目标的实现需要制度的保障与支持，只有在企业内部形成一个长效的平安保障制度，那么一个“平安企业、平安发展”的局面才能出现。枣园宾馆以“人”“物”“技”三防为手段，不断完善防控网络。在“人”防上，一是明确在整个综合治理体系中，专班领导和成员各司其职、各尽其责，形成了条块结合、专业管理、上下联动的工作格局。二是狠抓了综治工作的宣传、教育工作。利用例会、晨会、专题学习、宣传栏等形式进行安全、法制教育，以此增强酒店员工遵纪守法意识和积极参与综治工作的自觉意识。三是完善了综治工作的各项规章制度。依据上级的要求和综治工作的实际，酒店进一步健全和完善了综治工作的各项制度，如安全、消防相关追责制度，依法治理工作制度，员工矛盾纠纷调解制度，综治工作检查督办制度等，这些制度在综治工作的实践中起到了规范和约束作用。枣园宾馆通过建立规范的综治工作档案和台账，全过程地记载了综治工作的全部信息，使制度的执行与台账的运转形成了良性互动。在“物”防上，枣园宾馆加强了对重点部位的安全管理，加大了消防器材和设备更换的投入，为有效防控奠定了扎实的基础。在“技”防上，构筑了比较完善的防控体系，利用物联网、移动互联网、云平台、大数据、人工智能等技术手段，帮助酒店提高安全生产管理水平，落实酒店安全生产主体责任，收到比较好的防控效果。

2. 强化督促检查，确保平安发展

枣园宾馆始终按照新时代“十个没有”平安酒店实施方案，充分发挥职能作用，把创建平安酒店的理念、创建平安酒店的措施融入实际工作中，突出重点工作，把握重点环节，采取“月督查、季分析、半年小结、年终总评”办法，推动“平安酒店”创建工作不断向纵深推进。强化“平安酒店”创建的督促检查，酒店领导小组经常深入各部门进行检查指导，发现安全隐患，及时提出限期整改要求，并跟踪督促各部门认真落实。对在创建过程中存在的困难和问题，特别是各部门中出现的影响酒店安定稳定的苗头性、倾向性的热难点问题，始终保持在第一时间了解情况、掌握实情，第一时间帮助部门查摆问题、剖析原因、制定对策，第一时间协调相关部门认真加以解决，第一时间向部门反馈办理情况，第一时间向主管领导汇报暂时难以解决的问题，最大限度地把矛盾化解在萌芽状态，把不稳定因素消除在起始阶段。

3. 改善服务水平，实现良性发展

枣园宾馆专门组建专班，进行诚信监督，负责以下内容：一是依照《消费者权益保护法》制定相关制度，保证消费透明化。二是负责监督消费透明化的实施情况，监督工作人员是否秉承公平交易原则，有无欺客宰客现象。三是督促全体成员认真仔细、真诚友好地服务每一位客人。具体而言，所有服务人员均须做到以下几点：第一，守法守规，自觉遵守国家的法律法规、行业行规，树立讲信誉重服务的良好形象。第二，文明经营，遵守社会公德，重视精神文明建设，尊重客人宗教信仰和民族风俗，提供健康、高效、合法文明的经营项目。第三，优质服务，突出酒店特色，弘扬圣地延安革命精神，坚持以人为本，顾客至上。热情待客用敬语，人人使用普通话，服务主动有耐心，规范操作讲礼仪。第四，公平交易，对客一视同仁，平等服务，童叟无欺，遵守职业操守行业行规。第五，接受监督，自觉接受社会各界的监督，加强行业自律，面对客人投诉，应主动配合相关职能部门调查，妥善处理，有则改之，无则加勉。

总之，延长石油枣园宾馆在将安全管理向经营管理领域延伸靠拢、深度融合的过程中，全面提升了综合治理水平，为建设“五位一体”新延安，创造和谐稳定的社会环境做出了应有的贡献。

第六章
新时代平安中国建设延安实践的成效

《中共中央关于党的百年奋斗重大成就和历史经验的决议》中，展现了平安中国建设取得的显著成就："党着眼于国家长治久安、人民安居乐业，建设更高水平的平安中国。""加强和创新社会治理，使人民获得感、幸福感、安全感更加充实、更有保障、更可持续。"踏上全面建设社会主义现代化国家新征程，《中华人民共和国国民经济和社会发展第十四个五年规划和2035年远景目标纲要》明确提出"统筹发展和安全，建设更高水平的平安中国"。在以习近平同志为核心的党中央坚强领导下，平安中国建设阔步前行，必将助推"中国之治"迈向新的境界，续写"两大奇迹"新的篇章。

第一节　追求综合治理的目标

延安市新时代"十个没有"平安建设，是在传承党在延安时期社会治理宝贵经验、大力发扬新时代"枫桥经验"的基础上，立足于延安政治、经济、历史、文化和社会实际，进行的卓有成效的社会治理探索。它在新时代的形势下将革命文化特别是延安精神融入社会治理、带动西部地区和革命老区社会治理的发展、丰富新时代“枫桥经验”的科学内涵、创新和完善具有中国特色的新时代社会治理制度等方面，均产生了积极影响，为进一步推进社会治理体系与治理能力现代化提供了“延安样本”。

一、将延安精神融入新时代平安建设全过程

2016 年 7 月 1 日，习近平总书记在庆祝中国共产党成立 95 周年大会上的讲话中强调：“文化自信，是更基础、更广泛、更深厚的自信。在5000 多年文明发展中孕育的中华优秀传统文化，在党和人民伟大斗争中孕育的革命文化和社会主义先进文化，积淀着中华民族最深层的精神追求，代表着中华民族独特的精神标识。”党的十九届四中全会《决定》指出，“坚持共同的理想信念、价值理念、道德观念，弘扬中华优秀传统文化、革命文化、社会主义先进文化，促进全体人民在思想上精神上紧紧团结在一起”是我国国家制度和国家治理体系在文化制度方面的显著优势。

革命文化是中国近代以来尤其是五四运动以来，在中国共产党领导人民进行的谋求国家独立、民族解放的伟大斗争中培育和创造的一系列思想理论、精神品格、价值追求和精神力量，如红船精神、井冈山精神、长征精神、南泥湾精神、延安精神等，它不仅是马克思主义与中国革命实践相结合的重要文化成果，也是中国精神在革命年代的集中表现，既展现出中华民族独立自主、顽强不屈、坚忍不拔、实事求是的民族气节和精神面貌，同时又承载了全国各族人民对中国共产党领导下的民族解放事业的普遍支持和对美好生活的殷切期盼。

从“民惟邦本，本固邦宁”到“全心全意为人民服务”，从“为天地立心，为生民立命，为往圣继绝学，为万世开太平”到“革命理想高于天”，从“富贵不能淫，贫贱不能移，威武不能屈”到“敢于斗争敢于胜利的大无畏的革命英雄主义”，从“格物致知”到“实事求是”，从“天行健，君子以自强不息”到“自力更生、艰苦奋斗”等，充分说明了革命文化在融合、吸收马克思主义经典理论的同时，也深深植根于中华民族悠

久厚重的历史传统和博大精深的优秀文化，是在新的革命斗争的形势下对中华优秀传统文化的再生再造和凝聚升华。

与此同时，无论是“热爱祖国、无私奉献，自力更生、艰苦奋斗，大力协同、勇于登攀”的两弹一星精神、“万众一心、众志成城，不怕困难、顽强拼搏，坚忍不拔、敢于胜利”的抗洪精神、“万众一心、众志成城，不畏艰险、百折不挠，以人为本、尊重科学”的抗震救灾精神、“敢闯敢试、敢为人先、埋头苦干”的特区精神、“特别能吃苦、特别能战斗、特别能攻关、特别能奉献”的载人航天精神，还是在抗击新冠肺炎疫情的斗争中形成的以“生命至上，举国同心，舍生忘死，尊重科学，命运与共”为内涵的抗疫精神，都是社会主义先进文化的重要精神内核，也都是对革命文化的传承和发展。

因此，革命文化和中华传统优秀文化、社会主义先进文化一起，都是中华民族在求生存、谋发展的奋斗历程中产生的，是凝聚中华儿女共同智慧的伟大创造，也是中华民族理性思维的结晶，其中的红色资源、红色传统、红色基因更是社会主义先进文化不断丰富的宝贵资源。所以，革命文化对今天的中国特色社会主义实践特别是社会治理实践有着积极的借鉴意义。特别是以“实事求是、理论联系实际、全心全意为人民服务、自力更生艰苦奋斗”为内涵，以“解放思想、实事求是”为本质的延安精神，是革命文化在延安时期的杰出代表，也具有普遍的跨越时空的影响力，与新时代的中国精神以及社会治理的价值追求相互贯通。

习近平总书记多次指出，“革命传统资源是我们党的宝贵精神财富”，“要把红色资源利用好，把红色传统发扬好，把红色基因传承好”。2020 年 4 月，他在陕西考察时继续强调：“延安精神培育了一代代中国共产党人，是我们党的宝贵精神财富。要坚持不懈用延安精神教育广大党员、干部，用以滋养初心、淬炼灵魂，从中汲取信仰的力量、查找党性的差距、校准前进的方向。”新时代“十个没有”平安建设发扬了延安精神以及延安时期党领导社会治理的优良传统，坚持群众路线，始终把群众的满意度作为建设工作的出发点和落脚点，发挥人民群众的主体作用，通过干部与群众的密切结合，化解矛盾纠纷、防范打击犯罪、维护公共安全、革除陈规陋习、树立良好风尚，让人民群众真切感受到建设活动为党风、政风、民风所带来的好处，形成全民参与、全民建设的热闹景象；同时，坚持实事求是的工作态度，针对各行业、各领域的治理特点，分别制定具体的建设内容、推进措施和评价标准，破解各类根深蒂固的沉疴旧疾，努力提升全市社会治理水平。

譬如，在建设新时代“十个没有”平安村方面，聚焦“治理有效”的目标，将扫黑除恶与社会治理有机结合，要求各村基层党组织坚强有力，战斗堡垒作用发挥良好，软弱涣散党组织全面整顿，辖区内无农村宗族派系争斗干扰基层建设、黑恶势力把持基层政权等问题，村（社区）“两委”成员无违法犯罪和“村霸”等涉黑涉恶问题；治安防控到位，乱象整治到位，重点人员服务管理到位，辖区内无刑事案件和重大治安案件发生，无涉“黄赌毒”、滥开滥采、乱修乱建等乱点乱象；矛盾纠纷排查化解到位，辖区内无非正常信访案件发生；新时代“十个没有”平安创建全覆盖；辖区内人民群众对平安建设及扫黑除恶的满意率、知晓率均达到95%以上。这些标准与“一没有家族势力；二没有吸贩毒品；三没有聚众赌博；四没有封建迷信；五没有邪教传播；六没有乱砍（开）乱挖；七没有矛盾激化；八没有非正常上访；九没有村干部违法违纪；十没有刑事案件”的“十个没有”标准紧密衔接，互为补充。

经过周密细致、紧贴实际、有的放矢的部署与推进，新时代“十个没有”平安建设工作不断取得斐然成效，在努力重现延安时期“十个没有”良好社会风气的同时，赢得了人民群众的高度认可和支持，生动诠释了新时代社会治理实践与延安精神的高度融合与创新发展。因此，新时代“十个没有”平安建设不仅进一步充实了中国特色社会主义社会治理制度的内容，也成为革命文化融入新时代社会治理的典范。

二、为其他地区的平安建设提供了生动范本

党的十八大以来，随着全面建成小康社会、全面深化改革、全面依法治国、全面从严治党战略的贯彻落实，我国经济社会迅速发展，在各项有关民生和社会治理的领域取得了举世瞩目的成就。然而，人民日益增长的美好生活需要和不平衡不充分的发展之间的矛盾依然存在，我国各地区特别是中东部地区与西部地区不均衡发展所带来的巨大差距依然存在。正如2016年7月20日，习近平总书记在银川主持召开东西部扶贫协作座谈会上强调，“西部地区特别是民族地区、边疆地区、革命老区、连片特困地区贫困程度深、扶贫成本高、脱贫难度大，是脱贫攻坚的短板”。2020年5月中共中央、国务院印发《关于新时代推进西部大开发形成新格局的指导意见》进一步提出：“西部地区经济社会发展取得重大历史性成就，为决胜全面建成小康社会奠定了比较坚实的基础，也扩展了国家发展的战略回旋空间。但同时，西部地区发展不平衡不充分问题依然突出，巩固脱贫攻坚任务依然艰巨，与东部地区发展差距依然较大，维护民族团结、社会稳定、国家安全任务依然繁重，仍然是全面建成小康社会、实现社会主义现代化的短板和薄弱环节。”

具体到社会治理领域，西部地区和革命老区普遍面临三大问题：

一是社会治理观念尚未彻底完成由“政府管理”向“社会治理”的转变。习近平总书记指出：“治理和管理一字之差，体现的是系统治理、依法治理、源头治理、综合施策。”由于我国有着长期的实行计划经济的历史，国家对社会生活各个领域进行全面管控，所以，在相当长的一段时间内，社会主要依靠党委、政府直接管理，管理的方式以行政命令为主，法律法规的作用不够明显，行业章程、乡规民约、社区公约等社会规范适用空间狭窄，且社会规范本身受到制定程序混乱、发展水平不一、内容参差不齐等掣肘。即使在“社会治理”观念提出之后，许多地区依然无法摆脱单纯依靠行政命令处理社会问题的习惯，导致法治化程度与中东部地区存

在较大距离。

二是社会治理的多元力量参与不足。社会治理不仅仅是党委政府的责任，也是全社会多元力量的共同责任。正如 2020 年 8 月 24 日，习近平总书记在主持经济社会领域专家座谈会时强调："要完善共建共治共享的社会治理制度，实现政府治理同社会调节、居民自治良性互动，建设人人有责、人人尽责、人人享有的社会治理共同体。"与中东部地区相比，西部地区和革命老区的社会组织发展缓慢，社会力量参与治理的途径、空间均非常有限，以致社会治理的水平难以满足多样化的经济社会发展趋势，专门性治理人才匮乏、治理资源稀缺等问题仍然突出。

三是社会矛盾多发，社会稳定任务繁重。习近平总书记指出："平安是老百姓解决温饱后的第一需求，是极重要的民生，也是最基本的发展环境；人民安居乐业，国家才能安定有序。""社会治理的重心必须落实到城乡社区，夯实平安建设根基。"由于经济基础的相对薄弱，许多地方的治安案件、刑事案件持续保持着一定的规模，而电信诈骗等新型案件也向西部地区和革命老区渗透，人民群众对这些严重影响生活质量和社会秩序的违法犯罪行为深恶痛绝。平安是极为重要的民生，每一起与人民群众利益密切相关的治安案件、刑事案件，都直接或间接地影响到社会稳定与国家安全，这些问题对社会治理能力的提升提出迫切要求。

平安稳定是改革发展的基本前提。进入新时代，如何增强社会治理观念，提高社会治理水平，保障社会安定有序，确保群众安居乐业，以良好的社会环境助力经济社会的发展，以有效的社会治理促进乡村振兴、脱贫攻坚，是摆在广大西部地区和革命老区党委政府面前的重要课题。延安市推进新时代"十个没有"平安建设，正是对这一时代课题的成功解答。首先，延安市积极推行由"管理"到"治理"的观念转变，时刻牢记"时代是出卷人，我们是答卷人，人民是阅卷人"，在制订计划和进行工作部署之前，广泛征求群众意见，将影响群众幸福感、安全感的短板和底板问题作为必答题，列入每项建设活动的"十个没有"清单，将每一份清单视为一份考卷，将每一份考卷视为一面“问题墙”。其次，明确建设单位责任分工，确定每项建设项目的“领卷人”，把谁来管、谁来干、怎么干、干到什么程度、出了问题谁负责作为承诺内容挂牌公示，接受群众监督。再次，针对“十个没有”涉及的治安问题、消防隐患、管理漏洞、监管盲区、矛盾纠纷等“卷面”内容，各建设单位与公安、消防、工商等部门联合应考，将整改责任落实到人到岗，定期开展“大扫除”，同时加强治安管理、安全监管、重点人群管理等制度建设，不断完善社会治理长效机制。此外，要求建设单位每年年终召开述职评议会议，向社会通报建设活动开展情况，接受人民群众的现场评议。

与此同时，延安各单位的服务意识普遍提升。譬如，延安市宝塔区枣园派出所发挥干部联系群众的优势，为社会组织提供场所和力所能及的服务，还将传承红色基因与创新社会治理相结合，建成便利群众生产生活的“张思德四队”：一是张思德义务调解队。以责任心强、工作经验丰富的离退休老民警担任首席调解员，同时协调司法所、地方法庭、村委会等部门及律师、“两代表一委员”和老党员等，组成矛盾联调专班，根据矛盾纠纷的不同类型，分别采取不同的调解措施，形成“两说一联”即“群众说事、警官说法、干部联动”矛盾联调机制。二是张思德义务巡逻队。以“专群结合、依靠群众”为工作方针，以辖区商户、志愿者为主体组建50人的张思德义务巡逻队，巡逻队在派出所指导下，全面开展巡逻防控、护校安园、现场救护、便民服务及门店、柜组联防等工作。三是张思德义务服务队。发动干警和社区干部、人民群众，针对无户籍人员、孤寡老人、紧急情况办证问题，开展上门服务、预约服务、邮寄服务、24小时服务。四是张思德义务宣传队。以民警、旧址讲解员、商场工作人员、物业小区、民间艺人、热心群众等为主体，组成义务宣传队，结合不同工作场景，开展形式多样且群众喜闻乐见的平安宣传工作，向老百姓宣传防盗、防抢、防诈骗、消防安全、便民服务等各类公安业务工作。这些工作得到群众的一致肯定和赞赏。

正由于“十个没有”直面社会治理领域存在的各种问题，从最基层的村（社区）和行业、单位抓起，从人民群众最关心的小事着手，一个个问题逐步解决，一个个标准逐步完善，既推动了社会治理能力的进步，也提升了人民群众的安全感、获得感、幸福感。因此，新时代“十个没有”平安建设成为延安社会治理体系与治理能力现代化的大势所趋、工作所需、群众所盼，更为全国各地特别是西部地区和革命老区的社会治理创新提供了生动范本。

三、极大地丰富和发展了新时代“枫桥经验”

新中国成立以后，浙江枫桥干部群众创造了“发动和依靠群众，坚持矛盾不上交，就地解决”的“枫桥经验”，至今仍发挥着积极的治理效能，被誉为全国政法综治战线的一面旗帜，成为基层社会治理的“中国方案”的重要元素和组成部分。2019 年 10 月，中国共产党第十九届四中全会召开，“枫桥经验”首次以中共中央全会审议通过的形式写入《决定》，这是“枫桥经验”由基层社会治理样本上升为党和国家制定政策、做出决策的重要依据和基本经验的标志，同时意味着“枫桥经验”成为凸显中国特色社会主义制度优势、体现国家治理体系和治理能力现代化方向的基本经验。党的十八大以来，“枫桥经验”进一步上升为新时代“枫桥经验”，并在继承传统、与时俱进的进程中实现以“党建统领、人民主体、三治融合、四防并举、共建共享”为主要内容，以构建自治、法治、德治相融合的基层社会治理体系和打造共建共治共享的社会治理新格局为目标的伟大创新，为全国范围内的推广发展积累了丰富的实践基础和经验智慧。

2013 年 10 月 11 日，习近平总书记就坚持和发展“枫桥经验”做出重要指示，强调各级党委和政府要充分认识“枫桥经验”的重大意义，发扬优良作风，适应时代要求，创新群众工作方法，善于运用法治思维和法治方式解决涉及群众切身利益的矛盾和问题，把“枫桥经验”坚持好、发展好，把党的群众路线坚持好、贯彻好。此后，习近平总书记多次在调研和座谈中强调坚持“枫桥经验”对社会治理的重要性。2020 年 3 月 30 日，习近平总书记在浙江安吉调研时指出，“发源于浙江的‘枫桥经验’，它在各个时期都是适用的”；2020 年 4 月 23 日，习近平总书记在陕西调研时，继续强调“加强和创新社会治理，坚持和完善新时代‘枫桥经验’”。2020 年 9 月 1 日，习近平总书记在湖南省长沙市主持召开基层代表座谈会并发表重要讲话，再次强调：“要加强和创新基层社会治理，坚持和完善新时代‘枫桥经验’，加强城乡社区建设，强化网格化管理和服务，完善社会矛盾纠纷多元预防调处化解综合机制，切实把矛盾化解在基层，维护好社会稳定。”

新时代“枫桥经验”之所以被誉为基层治理的范本，就在于其符合当前中央有关基层社会治理的决策以及经济社会发展的规律。

首先，为了群众、相信群众、发动群众和依靠群众是新时代“枫桥经验”的核心要义。形成于 20 世纪 60 年代的“枫桥经验”是浙江省绍兴市诸暨枫桥的干部群众创造的一系列行之有效的矛盾化解方式和人民内部矛盾解决办法，反映出人民群众在面对基层问题时的聪明才智和首创精神。新时代“枫桥经验”同样产生于中国特色社会主义基层治理实践中，是党和群众运用集体智慧共同处理基层问题的重要成果。

其次，党的领导、人民主体地位、多元主体参与、共建共治共享等现代治理元素在新时代“枫桥经验”中体现得淋漓尽致，新时代“枫桥经验”不仅没有脱离党的领导和群众路线，反而结合时代需要发展加强了党的领导。

再次，新时代“枫桥经验”弘扬了中华优秀传统文化，对于享誉中外的调解文化即法治的“东方经验”大有发展。新时代“枫桥经验”中，各式各样的调解组织发挥着不容小觑的积极影响，是调解文化镶嵌着立足国情、融汇古今、交融中西的新特征，对维护基层治理秩序，确保人民安居乐业大有裨益。

最后，新时代“枫桥经验”更加注重自治、法治、德治的融合，而且善于运用法治思维和法治方式解决涉及群众切身利益的矛盾和问题，充分发挥数字治理、智慧治理的作用，进一步丰富了全面深化改革、全面建成小康社会、全面依法治国的实践。这些因素综合交织，使新时代“枫桥经验”高度符合市域社会治理现代化的发展趋势，也更容易发挥典型经验的示范意义。

新时代“十个没有”平安建设在传承红色基因的同时，发扬了“枫桥经验”，其重视社会治理的顶层设计，充分把握历史潮流，尊重经济社会发展规律，坚持党的领导、群众路线和人民主体地位，发挥人民群众参与治理的主动性和创造力，稳步构建矛盾纠纷多元化解机制，逐渐完善乡规民约、社区公约、行业章程等社会规范，持续丰富基层社会治理的制度供给，不断展现化解矛盾纠纷、预防社会冲突、维护安全稳定的治理功效等，均与“枫桥经验”的核心要义和价值追求高度吻合。

特别是延安干部群众在新时代“十个没有”平安建设中，不折不扣贯彻落实习近平总书记关于政法工作的重要论述，聚焦社会矛盾新变化、社会发展新形势、社会治理新任务，在传承中创新，在创新中发展，将关系社会稳定、公共安全、基层治理的各个行业和各个领域都纳入建设范围，激活基层平安“细胞”，让平安建设工作通达“神经末梢”，就地化解矛盾纠纷、就地解决社会问题，赋予了延安时期的“十个没有”和新时代“枫桥经验”以新的内涵，使建设活动契合时代特征、体现延安特色、满足群众要求。

譬如，延安市子长市公安局在创建“枫桥式公安派出所”的过程中，实行“五个坚持”，即坚持党建引领，坚持人民主体地位，坚持自治、法治、德治相融合，坚持人防、物防、技防、心防并举，坚持共建共享，对标“十个没有”平安建设标准，本着小事不出小区、大事不出社区、矛盾不上交、就地化解的原则，将矛盾纠纷第一时间移交调解室处理，形成了从接收、调解、执行到跟踪、化解的矛盾纠纷“一体化”调处工作机制；同时，根据时代发展潮流，主动顺应主城区经济社会发展特点，坚持公安工作信息化、数字化，深化智慧警务应用，着力推进“智慧安防小区”工程，配合网格化建设，加速社会治安防控体系建设，形成了党政领导、部门联动、公安负责、全民参与的治安防控格局。

在延安干部群众的共同努力下，新时代“十个没有”平安建设活动取得显著成绩，有效推进了市域社会治理现代化，实现了全市社会治安满意率、平安建设知晓率、政法队伍形象满意度“三个提升”，刑事治安案件、信访案件、公共安全事故“三个下降”目标，荣获全国、全省社会治安综合治理优秀市荣誉称号，2017 年捧回了“长安杯”，2020 年被评为全国“创新社会治理”优秀案例。这些成效充分说明了新时代“十个没有”平安建设是具有生命力和影响力的成功的社会治理实践，极大地丰富和发展了新时代“枫桥经验”。

第二节　体现系统治理的思维

党的十九届四中全会通过的《中共中央关于坚持和完善中国特色社会主义制度、推进国家治理体系和治理能力现代化若干重大问题的决定》中提出了“加强和创新社会治理，完善党委领导、政府负责、民主协商、社会协同、公众参与、法治保障、科技支撑的社会治理体系”的重要任务①。党的十九届六中全会通过的《中共中央关于党的百年奋斗重大成就和历史经验的决议》高度评价了党领导社会治理和平安建设的做法及成效，指出：“党的十八大以来，我国社会建设全面加强，人民生活全方位改善，社会治理社会化、法治化、智能化、专业化水平大幅度提升，发展了人民

① 《中共中央关于坚持和完善中国特色社会主义制度　推进国家治理体系和治理能力现代化若干重大问题的决定》，载于《人民日报》2019 年 11 月 6 日。

安居乐业、社会安定有序的良好局面，续写了社会长期稳定奇迹。”① 延安实践，是党的十八大以来，党领导社会治理和平安建设的一个缩影。它的做法与成效，赢得了人民群众的认可，也充分释放出有益于民生、有益于社会、有益于国家的治理效能。整体而言，在全面建设社会主义现代化国家的新征程上，延安实践对我国的社会治理和平安建设有着以下几个方面的借鉴价值。

一、加强党对社会治理与平安建设的领导

强化党的领导，突出党建引领作用。党建工作是基层社会治理的重中之重。创新基层社会治理，根本在于通过加强党的建设，把党的领导深深根植于人民群众之中，发挥党与人民群众的智慧与合力，使党的执政基础坚如磐石。目前，我国城乡社区治理的法治化、规范化、程序化、科学化水平迅速提升，治理模式也出现多样化发展，“党建 +”治理模式在诸多模式中脱颖而出，并在公共服务、公共管理、公共安全、党风廉政建设等领域以及解决基层群众生产生活困难和问题的过程中发挥了积极作用，不少地方还注意将科技与党建相结合，将“智慧党建”融入社会治理，使“党建 +”治理模式展示出契合时代发展需求、保障人民根本利益、体现中国特色社会主义制度优越性等特征。延安市在新时代“十个没有”平安创建中，坚持“党建领航”，将人民群众喜闻乐见的新媒体、新平台、新事物融入社区党组织的建设和社会治理创新中来，实现了坚守全心全意为人民服务的宗旨与不断提升城乡社区党建工作水平、增强社会文明和谐程度相统一。

当前，要进一步强化党组织领导核心作用，加强党对社会治理与平安建设的全面领导。尤其要健全党总揽全局、协调各方的领导制度体制，始终把党的领导贯穿于社会治理的全领域、全过程、全环节，引导社会各方

① 《中共中央关于党的百年奋斗重大成就和历史经验的决议》，载于《人民日报》2021 年 11 月 17 日。

参与社会治理创新，确保社会治理创新工作始终沿着正确的方向推进，形成推动社会和谐发展、抵御各类风险挑战、保障社会稳定的强大合力。同时，要不断健全党组织领导社会治理和平安建设工作机制，加强各级党组织领导社会治理和平安建设工作制度建设，研究解决区域社会治理重点难点问题，将社会治理和平安建设工作贯穿到规划、决策、执行、监管各领域各环节，推动社会治理与平安建设融入经济社会发展全过程。就各级党委而言，应加强平安建设工作领导小组工作力量，完善平安建设工作协调机制，充分发挥党委政法委职能作用，统筹政法系统和相关部门资源力量，推动社会治理创新发展。就基层党组织而言，应加强基层组织建设，推动全面从严治党向基层延伸，有力提升基层党组织的领导力、统筹力、组织力；以激发基层活力为导向强化群众自治，督促基层民主自治组织即村（居）委员会严格落实“小微权力清单”和村务财务公开制度，推动基层社会实现良法善治，既和谐有序又充满活力。

二、全面贯彻以人民为中心的发展理念

党的十八大以来，以习近平同志为核心的党中央团结带领全国各族人民砥砺前行、开拓创新，不断发展和完善民生保障制度，努力提升社会治理能力和治理水平，取得了一系列举世瞩目的成果。如期打赢脱贫攻坚战、全面建成小康社会，实现了第一个百年奋斗目标。事实雄辩地证明，坚持以人民为中心，是我们党经过长期实践探索形成的一条弥足珍贵的社会治理经验；实现好、维护好、发展好最广大人民根本利益，是加强和创新基层社会治理的出发点和落脚点；通过有效治理，让人民群众获得感、幸福感、安全感更加充实、更有保障、更可持续，促进人的全面发展和社会全面进步，是推进社会治理现代化题中应有之义。延安市新时代“十个没有”平安建设完美践行了中国共产党所主张的“全心全意为人民服务”的宗旨，在实践上推动了强调“民惟邦本、本固邦宁”的中华优秀传统文化与强调以人为本的红色文化有机融合，在方式上做到了党委领导与人民

群众广泛参与有机统一，在逻辑上实现了党委政府对服务群众、确保群众幸福安康和社会长治久安与人民群众对美好生活的向往的高度吻合，因此，新时代“十个没有”平安延安建设不局限于一个反映一方治理成效的地方性经验，而是与党的宗旨以及中华优秀传统文化、红色文化、社会主义先进文化相呼应的具有创新性、发展性、朴素性和普遍性的经验。

当前，要继续深化社会治理和平安建设实践，持续丰富以人民为中心的法治思想的基本内涵。其一，要密切聚焦人民群众的现实需求，坚持问题导向、目标导向、结果导向，从人民群众最盼、最急、最关心的事情抓起，着力解决与群众利益息息相关的公共安全、权益保障、公平正义问题，做到人民群众参与治理实践、评判治理成效、共享治理成果。其二，尊重并发挥人民群众的首创精神，激发群众的治理智慧，持续保持干部群众同心同德、共谋治理的优良传统，理性面对复杂多变的社会治理形势，成功破解社会治理中存在的各种痼疾和难题，不断满足人民群众日益增长的美好生活需要，切实增进人民福祉。其三，扩大公众有序参与。创新群众参与社会治理组织形式，不断拓宽群众参与社会治理的制度化渠道，更好地广纳民智、广聚民力，做到过程让群众参与、成效让群众评判、成果让群众共享，形成新时代群众路线的新路径。既要创新网络问政平台建设，深化文化教育、医疗卫生、环境保护、社会保障、公用事业等重大民生决策事项民意调查和听证制度，切实保障人民群众知情权、建议权、监督权、评议权；又要提高公众参与社会治理与平安建设的能力和水平，通过职工议事会、民主协商会、民主恳谈会等形式，多渠道听取社会各界群众的意见建议，推动各项社会事业健康发展。

三、坚持共建共治共享　拓展新时代社会治理新局面

党的十八大以来，我国经济实力、科技实力、综合国力不断提升，经济运行总体平稳，经济结构持续优化，脱贫攻坚成果举世瞩目，生态环境明显改善，人民生活水平显著提高，国家安全和社会和谐稳定基础继续夯

实。这些成就来之不易，是在我们党团结带领全国各族人民审慎面对错综复杂的国际形势、认真落实艰巨繁重的国内改革发展稳定任务、成功抵御新冠肺炎疫情严重冲击的背景下逐步取得的。但是，我国发展不平衡不充分问题仍然突出，城乡区域发展和收入分配差距较大，我们仍需持续不懈地加速社会治理创新，增进民生福祉，努力实现人的全面发展和全体人民共同富裕。延安市的新时代“十个没有”平安建设遵循社会治理规律，引导机关、企业、学校、群团、社会组织以及人民群众等多元主体参与社会治理和平安建设，聚焦社会治理和平安建设负面清单特别是困扰人民群众安居乐业的难点痛点、短板漏洞，充分发挥共治合力，打出解决各类问题的组合拳，坚持市级统筹主导、县级组织落实、村级执行到位，形成了群策群力的新时代“十个没有”平安建设共同体，使“平安联创、治安联防、矛盾联调、信息联通、问题联治、违法联打”成为延安实践的制度优势，也为人民群众实现对美好生活的向往奠定了社会治理与平安建设基础。

当前，要积极顺应亿万群众的期盼，完善共建共治共享的社会治理制度，实现政府治理同社会调节、居民自治良性互动，建设人人有责、人人尽责、人人享有的社会治理共同体。在市县层面，要聚焦人民群众关心的就业、收入、教育、卫生健康、社会保障、文化体育等问题，继续发挥党委、政府、社会、群众的协作优势和强大合力，推动党委领导、政府负责、民主协商、社会协同、公众参与、法治保障、科技支撑的社会治理体系不断完善，推动专项治理与系统治理、依法治理、综合治理、源头治理融合能力不断提高，形成一系列破解民生发展及社会治理难题的科学机制，让更多的社会主体和市场主体参与社会治理，以更加多元的方式实现社会治理，并且更加公平地享受社会治理成果，实现人民群众的就业质量、收入水平、受教育程度、卫生健康水平、养老服务水平、社会保障水平全面提升。在镇村层面，要推动部门单位与街道社区协同配合、共建共治，巩固和拓展社区、社会组织、社会工作者、社区志愿者“四社联动”机制，促进社区资源共享和优势互补，增强社会活力，促进社会和谐；加强和完善基层党组织领导、自治组织主导、社区各类主体多元参与、共同治理的社区治理体系，形成党组织领导下的自治、法治、德治相结合的基层善治格局，实现公共事务共商共办，提升城乡社区治理和服务能力。

第三节　重视动态治理的细节

社会治理是国家治理的重要组成，也是社会和谐稳定、人民安居乐业的前提和保障。党的十九大报告再次强调加强和创新社会治理，不仅在宏观层面提出要构建共建共享共治的治理格局，还明确了要求完善党委领导、政府主导、社会协同、公众参与、法治保障的治理体制，提高社会治理社会化、法治化、智能化、专业化水平。近年来，信息技术、人工智能等高科技领域发展迅速，为加强基层社会治理提供了新的支撑条件。在法治层面，如何依托智能科技和精细化管理方式来提高基层社会治理的现代化水平，如何运用创新性的体制机制来提高人民群众获得感，这些是基层社会治理创新与发展所面临的核心问题。

一、创新思路为新时代平安建设提供新能效

党的十八大以来，我国社会治理实践不断丰富，围绕构建系统完备、科学规范、运行有效的制度体系的目标，形成了党对社会治理工作的领导制度、国家政治安全捍卫制度、人民内部矛盾化解制度、社会治安防控制度、公共安全监管制度、网络安全管理制度、社会力量参与制度、社会基础管理制度、基层组织建设制度、智能化建设制度、社会治理队伍建设制度、平安建设责任督导制度等一系列具有原创性和生命力的制度性成果。然而，民生保障领域存在短板，社会治理领域还有弱项，仍是现阶段社会发展的客观事实。因而，社会治理制度建设，必须立足实际、创新思路，着力固根基、扬优势、补短板、强弱项。新时代“十个没有”平安建设，

通过动员宣传，提升了人民群众的知晓率和参与度；通过集中整治，增强了具体举措的覆盖面和靶向性；通过培育典型，提高了实践经验的示范性和引领性；通过健全机制，提升了创建活动的持续性和实效性。可以说，经过群策群力和有力推进，延安市不仅成功地从延安时期“十个没有”社会治理经验中汲取了智慧和力量，更在新时代的探索实践中形成了特色鲜明的“横向到边、纵向到底”的社会治理与平安建设机制，为加强推动社会治理体系和治理能力现代化提供了“延安素材”。

当前，要精准掌握和理性应对我国社会治理制度中存在的空白点和薄弱点，加强系统治理、依法治理、综合治理、源头治理，坚持优化完善顶层设计与鼓励支持基层大胆探索相统一，推进各地各部门制度创新和治理能力建设。既要推动大力强化政治引领作用，发挥自治作用，提升法治保障作用，发挥德治教化作用，加强智治支撑作用；又要提高维护国家政治安全能力，提升防范化解社会矛盾纠纷能力，提升公共安全风险防范能力，提升公共安全事件应急处置能力，不断加强和创新社会治理，推动社会治理工作高质量发展。与此同时，要继续总结、提炼社会治理和平安建设实践中行之有效的治理理念、治理方式、治理手段，坚持和推广新时代“枫桥经验”，完善社会矛盾纠纷多元预防调处化解综合机制，健全人民调解、行政调解、司法调解、行业调解与信访工作联动机制，强化依法化解社会矛盾、协调利益关系的制度保障。此外，还需全面提升干部队伍参与社会治理和平安建设的能力与水平，加强干部队伍的培训与学习，持续提高干部队伍运用法治思维和法治方式解决治理顽症难题的能力，引导广大干部严格按照制度履行职责、行使权力、开展工作，为形成权责明晰、高效联动、上下贯通、运转灵活的社会治理模式提供坚实的干部基础。

二、创新机制为新时代平安建设赋予新活力

党的十九届四中全会《决定》提出，“坚持和完善共建共治共享的社会治理制度，保持社会稳定、维护国家安全”；“社会治理是国家治理的重

要方面。必须加强和创新社会治理，完善党委领导、政府负责、民主协商、社会协同、公众参与、法治保障、科技支撑的社会治理体系，建设人人有责、人人尽责、人人享有的社会治理共同体，确保人民安居乐业、社会安定有序，建设更高水平的平安中国”。

社会治理是国家治理的重要方面，国家治理体系和治理能力现代化离不开社会治理的现代化。党的十八大以来，我国社会治理的理念思路、体制机制、方法手段不断创新，党中央对社会治理的经验总结和理论探讨日渐深入，对我国社会治理的规律性认识持续深化。无论是基层矛盾纠纷的化解、人际关系的修复、社会秩序的维系，还是广大城乡社区对疫情的成功防控，均充分说明社会治理的成效，不仅关乎人民群众的身体健康、社会生活的安定有序、国民经济的稳健发展，也与人民群众的获得感、幸福感、安全感以及对公平正义的追求紧密相连。尤其是基层社会治理越有效，国家治理的基础就越坚实。

新时代社会治理制度的核心要素在于“共建共治共享”，共建、共治、共享各有侧重，又相互交融、相互促进。共建是社会治理的基础，强调各类主体共同参与社会建设。习近平总书记指出：“治理和管理一字之差，体现的是系统治理、依法治理、源头治理、综合施策。”这就要求社会治理既要本着政府、社会合作的原则，通过一系列的政策安排，为市场主体和各种社会力量提供更多的发挥优势的机会；也要增进党委、政府与市场主体和社会各方的互信及沟通，打破简单的管理与被管理的关系，促进各类主体平等协商、合作互动。

共治是社会治理的关键，强调各类主体共同参与治理。党的十九届四中全会《决定》提出：“完善党委领导、政府负责、民主协商、社会协同、公众参与、法治保障、科技支撑的社会治理体系。”这一论述更加明确了各类主体在社会治理中的关系和地位，要求充分发挥各级党委的领导核心作用，强化各级政府的主体责任，增强社会各方参与社会治理的能力和活力。

共享是社会治理的目标，强调各类主体共同享有社会治理成果。习近平总书记指出：“我们追求的发展是造福人民的发展，我们追求的富裕是全体人民共同富裕。改革发展搞得成功不成功，最终的判断标准是人民是不是共同享受到了改革发展成果。”因此，社会治理归根结底是增进人民福祉，实现公平正义，保障人民群众的合法权益，让全体人民共同享受发展和治理成果。

构建“人人有责、人人尽责、人人享有的社会治理共同体”，是新时代社会治理制度的重要目标。这就意味着社会治理的主体由单一走向多样，由单纯的政府负责转向多元主体共治，党委、政府、社会、群众之间的关系更加融洽，社会治理变得更具科学性、民主性和凝聚力。

更加注重党委、政府、群众自治组织、社会组织、人民群众等对基层社会的共同治理，将矛盾纠纷化解在基层，将和谐稳定创建在基层。一个现代化的社会，应该既充满活力又拥有良好秩序，呈现出活力和秩序的有机统一；一个健康发展的社会治理共同体，也应该既心情舒畅又关系和谐，呈现出个人与集体的互利共生。以共建共治共享构建社会治理共同体，本质上包含了对全体人民共同意志的遵从，对全体人民合法权利的肯定，对全体人民根本利益的维护。这就意味着在城乡社区治理、基层公共事务和公益事业中，要增进党建引领、政府治理、社会调节、居民自治的良性互动，健全社会心理服务体系和危机干预机制，完善社会矛盾纠纷多元预防调处化解综合机制，着力推进基层社会治理的制度化、规范化、程序化，让社会治理共同体更具影响力和生命力。

三、创新文化为新时代平安建设增添新动能

新时代“十个没有”平安建设将弘扬延安精神、传承红色基因与社会治理创新结合起来，针对群众生产生活中的各种治理盲点和治理真空，科学制定治理标准，把与群众生产生活密切相关的各领域、各行业、各单位都纳入治理范围，注重党委、政府、社会组织、人民群众的共同治理，深化共建共治，增强共享效果，尤其是在矛盾纠纷多元化解机制的完善过程

中丰富人民群众说事、执法部门说法、驻村干部联户的“两说一联”调解工作机制，注重源头治理，加强风险防控，及时化解各类矛盾，社会治理短板逐步补齐，社会治理水平明显提升，为发展具有深厚历史底蕴与鲜明时代特色、彰显人民群众创造力的中国特色社会主义治理制度注入了新的内容。而且，“十个没有”平安建设将以延安精神为代表的中国精神融入社会治理，将平安建设活动与行业管理、基层治理深度融合，推动基层扬长补短、创新创优，形成了社会治理创新“百舸争流”的良好局面。这些成绩，凝聚了延安干部群众致力于社会治理现代化的集体智慧，也彰显了勤劳勇敢、自强不息的中华儿女立足实际、与时俱进、扎实建设以及共同追求国家富强、民族振兴、人民幸福的精神面貌，向世界传递出具有文化底蕴、优良传统、时代特色的治理方案和治理样本。

全面贯彻以人民为中心的发展思想，把社会治理变成亿万人民群众共同参与的生动实践。要增强人民群众的公共责任意识，弘扬民族精神和时代精神，把社会主义核心价值观要求融入社会治理，塑造共同的理想信念、价值理念、道德观念，鼓励人民群众发挥聪明才智，坚持自治、法治、德治相结合的治理路径，通过法治思维、法治方式及时化解各类社会矛盾纠纷；同时，做到从人民群众中凝聚共建的力量，在人民群众中吸收共治的智慧，让人民群众收获共享的成果，促使人民群众成为社会治理的最广参与者、最大受益者、最终评判者，让人民群众在参与治理的过程中感受到人人有责、人人尽责、人人享有的重要性。

总之，延安市立足新时代经济社会的发展实际，密切联系人民群众，从延安精神中汲取力量，将弘扬革命传统、传承红色基因与平安建设工作紧密结合，创新开展新时代“十个没有”平安建设活动，取得了一系列为人民群众广泛认可的治理成效，为全国各地进一步健全完善社会治理体系，持续提升社会治理活力，积极推进社会治理现代化提供了“延安样本”。“延安样本”不仅是延安干部群众在社会治理和平安建设领域集体智慧和创造力的最佳诠释，也向全世界展示了兼具深厚文化底蕴、厚重革命传统、鲜明时代特色的社会治理的中国智慧和中国方案。

后记

《新时代“十个没有”：平安中国建设的延安实践》是西北政法大学与延安市委政法委合作课题的重要成果。延安古称肤施、延州，是中华民族重要的发祥地和“中华文明的精神标识”黄帝陵所在地，是中国革命的圣地、新中国的摇篮，国务院首批公布的国家历史文化名城。1935年10月，中共中央和中央红军顺利到达吴起镇，延安成为中国革命的落脚点和出发点。党中央和毛主席等老一辈革命家在延安生活战斗了十三个春秋，领导了抗日战争和解放战争，培育了伟大的延安精神，创造出一个政通人和、风气纯正、文化繁荣、生机勃勃的新社会。2016年以来，延安市坚持从延安时期“十个没有”社会治理成功经验中汲取智慧和力量，深入开展新时代“十个没有”平安创建活动，实现行业领域全覆盖，经验做法在陕西全省推广。延安市平安建设满意度由2017年的93.6%提升至2020年的96.2%，延安市2017年荣获全国综治“长安杯”，连续多年被评为陕西省平安建设优秀市，获得首届陕西省“平安铜鼎”。

2020年7月，西北政法大学校长助理、中华法系与法治文明研究院院长、枫桥经验与社会治理研究院院长、博士生导师汪世荣教授主持的陕西省“三秦学者”创新团队支持计划“西北政法大学基层社会法律治理研究团队”与延安市委政法委达成合作意向，组建课题组，深入开展新时代“十个没有”平安建设经验总结与理论提升工作。课题组以汪世荣教授为首席专家，成员包括：西北政法大学中华法系与法治文明研究院执行院长、枫桥经验与社会治理研究院副院长王斌通博士，政治与公共管理学院院长侯学华教授，枫桥经验与社会治理研究院执行院长褚宸舸教授，枫桥经验与社会治理研究院学术委员会主任朱继萍教授，《法律科学》编辑部何柏生编审，马锡五审判方式研究院院长马成教授，法治学院董青梅副教授、杨静博士、张永林博士，哲学与社会发展学院汪小宁副教授，政治与公共管理学院魏毅娜博士，行政法学院乔良博士，西北大学法学院闫强乐博士、丁天立博士，陕西警官职业学院吕江鸿博士，陕西省纪委监委干部刘学涛博士以及西北政法大学博士生高娟、汤强、齐飞、刘晓峰，西安交通大学博士生薛永毅，陕西师范大学博士生赵俊鹏，西北政法大学硕士生仝孟玥，延安大学硕士生董彤等。

课题组成立以来，先后赴延安蹲点调研十余次，足迹遍布延安市委平安建设领导小组成员单位、各县（市、区）以及代表性乡镇（街道）、村(社区)。为了加深对延安市社会治理与平安建设情况的了解，更好地服务于新时代“十个没有”研究，西北政法大学与延安市委政法委签订《延安市“十四五”社会治理现代化规划》，与延安市司法局签订《延安市“十四五”法治延安建设规划》《以红色法治文化引领法治延安建设研究》，与延安市宝塔区枣园街道办事处签订《党建引领“十个没有”基层社会治理标准体系研究》等科研项目，与延安市司法局签订《战略合作协议》，并相继与延安市宝塔区枣园街道办事处以及延安市志丹县、洛川县、黄陵县、吴起县、延川县等共建“中华法系与法治文明教学科研实践基地”“枫桥经验与社会治理现代化教学科研实践基地”“马锡五审判方式与人民司法优良传统教学科研实践基地”“能动检察推动诉源治理教学科研实践基地”。课题组在深入调研以及充分研讨的基础上，圆满完成上述课题，并形成了《新时代“十个没有”平安建设指导性标准体系》和《新时代“十个没有”：平安中国建设的延安实践》书稿。

2021年12月9日，市域社会治理现代化延安实践——新时代“十个没有”高峰论坛在西北政法大学召开，本次高峰论坛旨在认真践行习近平法治思想，大力弘扬延安精神，深化平安建设理论研究，研讨制定《新时代“十个没有”平安建设指导性标准体系》、鉴定《新时代“十个没有”：平安中国建设的延安实践》书稿，加快推动市域社会治理现代化，共同谱写平安建设和法治建设新篇章。会议提出，西北政法大学作为西部法学教育和研究的重镇，将持续加强与延安市的合作，深入挖掘红色资源，大力传承红色基因，在陕甘宁边区法制史研究、市域社会治理现代化等领域开展课题研究，切实把延安精神弘扬好、传播好，共同助力平安陕西、法治陕西建设。双方将进一步加强合作，推动法学教育研究与地方法治实践有机结合，更好地指导延安市各级政法单位坚持以延安精神为灵魂强化思想引领，以“十个没有”为目标推进平安联创，以“两说一联”为载体推进矛盾联调，以综治中心为抓手推进问题联治，以全科网格为依托推进服务联抓，加快建设市域社会治理现代化试点合格城市。《法治日报》《陕西日报》《延安日报》等对会议进行了报道。

本次高峰论坛对《新时代“十个没有”：平安中国建设的延安实践》进行了鉴定，陕西省人大常委会社会建设工作委员会原主任王建领，陕西省委政法委基层社会治理处处长朱宏伟，西北政法大学刑事法学院院长冯卫国教授，人权研究中心执行主任常安教授，人权研究中心常务副主任钱锦宇教授，涉外法治研究中心副主任张金平教授，文化与价值哲学研究院刘亚玲研究员等发表鉴定意见。专家组一致认为，该书具有十分重要的理论价值、现代意义和实践意义，有助于升华市域社会治理现代化的“中国经验”。研究成果坚持问题导向、目标导向、实践导向，从治理理念、治理目标、治理方式、治理领域、治理成效等方面全方位、综合性地对以新时代“十个没有”平安建设为品牌的市域社会治理现代化延安实践进行写实性的呈现，较好地反映了红色法治文化传承与社会治理创新的有机结合。因此，《新时代“十个没有”：平安中国建设的延安实践》是一本新颖厚重、实事求是、具有一流水准、引领学术创新的优秀研究成果。同时，与会专家对书稿的修改完善提出许多建设性的意见和建议。

《新时代“十个没有”：平安中国建设的延安实践》写作情况如下：绪论部分由汪世荣撰写；第一章第一节由闫强乐撰写，第二节由赵俊鹏撰写，第三节由王斌通撰写；第二章由王斌通撰写；第三章由侯学华撰写；第四章第一节由王斌通、魏毅娜撰写，第二节、第三节、第四节由王斌通撰写；第五章第一节由王斌通撰写，第二节由吕江鸿、高娟、刘晓峰撰写，第三节由乔良撰写；第六章由王斌通撰写。

汪世荣教授、王斌通博士主持全书编写并负责全书的统稿工作。在写作和出版过程中，延安市委政法委、陕西人民出版社等单位给予了大力支持，在此，谨对所有给予本书帮助和支持的单位和同志表示衷心感谢！

由于水平有限，书中难免存在疏漏和错误之处，敬请广大读者对本书提供宝贵意见。

编　者

2022 年 11 月 1 日

图书在版编目（CIP）数据

新时代“十个没有”：平安中国建设的延安实践／汪世荣，王斌通主编. — 西安：陕西人民出版社，2023. 2
ISBN 978 – 7 – 224 – 14684 – 4

Ⅰ. ①新…　Ⅱ. ①汪…　②王…　Ⅲ. ①社会管理—经验—延安　Ⅳ. ①D674. 13

中国版本图书馆 CIP 数据核字（2022）第 179053 号

责任编辑： 管中洑　杨舒雯

封面设计： 姚肖朋

新时代“十个没有”：平安中国建设的延安实践

主　　编　汪世荣　王斌通

出版发行　陕西新华出版传媒集团　陕西人民出版社

（西安市北大街 147 号　邮编：710003）

印　　刷　陕西天地印刷有限公司

开　　本　787mm × 1092mm　1/16

印　　张　17. 75

字　　数　245 千字

版　　次　2023 年 2 月第 1 版

印　　次　2023 年 2 月第 1 次印刷

书　　号　ISBN 978 – 7 – 224 – 14684 – 4

定　　价　69. 00 元